NEW SERVICE DEVELOPMENT

신서비스개발 NSD

황혜미

정독
DEEP READING

독자에게 드리는 글

서비스기업이 고객과 긴밀한 관계를 형성하고 체계적으로 관리하는 것은 매우 중요하다. 그러나 서비스의 무형성, 동시성, 소멸성, 이질성과 같은 특성으로 인해 성공적인 운영 관리에 어려움이 따른다. 또한, 서비스 산업의 양적·질적 성장, 제품과 서비스의 융합, 기술과 서비스의 결합이 가속화되면서 차별화된 서비스 제공이 기업의 생존을 좌우하는 핵심 요소가 되었다.

이에 따라 서비스기업들은 독보적이고 지속적인 경쟁력을 확보하기 위해 다양한 노력을 기울이고 있다. 특히, 변화하는 고객 니즈에 부합하고 긍정적인 고객 경험을 제공하기 위해 새로운 서비스를 발굴하고 창출하는 데 집중하고 있다. 그러나 신서비스개발(NSD: New Service Development)은 아직 많은 기업에 낯설고 어색한 개념이다. 신제품 개발과의 차이점, 신서비스개발의 개념과 실행 방법, 성공적인 신서비스개발을 위한 조직 문화 구축, 그리고 고객과 직원을 어떻게 NSD에 효과적으로 참여시키는지 등에 대한 궁금증이 여전히 존재한다.

국내에서 신서비스개발에 관한 이론적 연구는 2000년대 초반 일부 논문을 제외하면 아직 미흡한 실정이며, 서비스기업의 실무적 사례 또한 전략적 중요성으로 인해 공유되지 않는 경우가 많다. 이에 최근 연구되고 있는 NSD 관련 이론과 실무 사례를 공유함으로써 서비스 경영의 발전과 활성화에 기여하고, 서비스기업이 더 적극적으로 신서비스개발에 참여하여 고객 가치를 창출하는 데 도움을 주고자 한다.

이 책에서는 신서비스개발의 기초 개념, 서비스 혁신의 주요 트렌드, NSD 프로세스의 세부 단계 등을 다루었다. 또한, 신서비스개발과 밀접한 관계가 있는 고객 경험 디자인과 비즈니스모델 설계를 살펴보고, 성공적인 NSD를 위한 조직 문화의 요건을 제시하였다. 더불어, 신서비스개발의 주요 사례를 통해 우리 생활 속에 깊숙이 자리 잡은 신서비스의 세계를 조망하였다.

신서비스개발은 우리나라 서비스기업이 지속적인 성장을 위해 반드시 거쳐야 할 과정이다. 이를 위해 서비스조직은 창의적인 문화를 조성하고, 직원, 이해관계자, 고객과 함께 공동 가치를 창출하는 데 앞장서야 한다.

이 책은 신서비스개발에 대한 학문적·실무적 이해가 필요한 대학생, 석·박사 과정 연구자, 서비스기업의 서비스전략 및 기획 부서, 고객경험 설계 담당자, 서비스강사 및 컨설턴트, 그리고 신서비스에 관심 있는 독자들에게 도전과 성취의 메시지를 전달하고자 한다. 앞으로 신서비스개발에 관한 연구가 더욱 활성화되어, 양적·질적으로 풍부한 논의가 이루어지기를 기대한다.

항상 세심한 배려와 아낌없는 지원을 보내주신 도서출판 정독 김중용 대표님, 꼼꼼하고 탁월한 편집력으로 정성을 다해주신 심성보 편집이사님께 깊은 감사를 드린다. 그리고 쉼 없이 도전하고 열정 가득한 모습으로 딸에게 귀감이 되는 전옥순 여사님에게 존경과 감사의 마음을 전한다.

2025년 7월

황혜미

차 례

CHAPTER 1 신서비스개발의 개념

CHAPTER 2 서비스 혁신 트렌드

CHAPTER 4 서비스디자인적 사고

CHAPTER 5 서비스 설계 및 프로토타입

CHAPTER 6 신서비스 파일럿 테스트와 실행

CHAPTER 7 고객경험 디자인

CHAPTER 8 NSD를 위한 비즈니스모델

CHAPTER 9 NSD를 위한 조직문화

CHAPTER 10 신서비스개발 사례연구

CHAPTER 1

신서비스개발의 개념

우체국 7kg 이상 소포상자엔 구멍손잡이가

이제부터는 7kg 이상 우체국 소포상자에 구멍손잡이가 만들어져 들기 쉽고 옮기기 편해진다. 또한, 소포상자 분류부터 배달까지 들기 쉽고 옮기기 편해져 집배원과 택배기사, 분류작업자 등의 노동 고충을 덜어 줄 것으로 보인다. 과학기술정보통신부와 우정사업본부는 23일부터 구멍손잡이가 있는 우체국 소포상자를 판매한다고 밝혔다.

이번에 개선하는 소포상자는 수요가 많은 수도권과 강원지역 우체국에서 먼저 판매하며 내년까지 전국으로 확대할 계획이다. 이에 따라 구멍손잡이 소포상자는 비대면 경제활동으로 택배 수요가 급격히 늘어나고 있는 상황에서 관련 업종의 노동자들의 고충을 덜어주는 것이어서 의미가 있다.

〈개선 전〉	〈개선 후〉

* 구멍형태는 이물질·이탈가능성과 내구성을 고려하여 반구멍으로 제작

우체국에서 판매하고 있는 소포상자는 총 6종으로, 구멍손잡이는 7kg 이상 고중량 소포에 사용하는 5호 소포상자에 만들었다. 재질도 원지배합을 강화해 고중량 적재에도 파손되지 않도록 내구성을 보강했다.

소포우편물은 접수에서 배달까지 평균 10번 정도 작업이 이뤄진다. 무거운 상자는 들기가 어렵고 장갑을 끼고 옮기면 미끄러지기도 해 작업이 어려웠지만 구멍손잡이를 통해 고충을 덜어 줄 전망이다.

노동환경건강연구소에서 발표한 '마트 노동자 근골격계 질환 실태조사'에 따르면 상자에 손잡이를 만들 경우 중량물 하중의 10% 이상을 줄일 수 있는 것으로 알려졌다. 지난해 우체국에서 판매한 7kg 이상 물품에 사용한 소포상자는 370만 개다.

최기영 장관은 이날 서울중앙우체국에서 구멍손잡이 소포상자를 들고 옮기는 등

소포상자 개선을 직접 체험했다. 최 장관은 이 자리에서 "택배노동의 수고를 덜어주고 싶은 마음에서 착안한 이번 우체국 소포상자가 모범사례가 되면 좋겠다"면서 "정부기업인 우체국에서 선도적으로 도입한 것은 바람직한 일이며 유통, 물류 현장 전반에 확산돼 여러 종사원의 고충이 조금이라도 개선되기를 기대한다"고 말했다.

출처: 시사더타임즈(2020. 11. 24)

01 서비스의 정의와 특징

1.1 서비스의 4대 특성

'서비스'라는 단어를 들으면 어떤 것이 떠오를까?

서비스는 다양한 학자들에 의해 여러 가지로 정의되지만, 일반적으로 고객과 서비스 직원, 물리적 환경, 서비스상품, 그리고 서비스시스템 간의 상호작용을 통해 고객 가치를 증진하고 경험을 창출하는 형태라고 할 수 있다.

과거에는 서비스가 단순한 거래 개념으로 인식되었지만, 오늘날에는 고객경험 중심의 개념으로 변화하고 있다. 경험은 개인마다 다르게 형성되며, 고객이 깊이 기억할 수 있도록 서비스에 능동적으로 참여하고 연계되는 과정에서 부가가치가 창출된다.

최근 서비스기업들은 고객에게 감동적이고 기억에 남을 만한 경험을 제공하며, 이를 통해 새로운 경험경제(Experience Economy)로 전환하고 있다. 즉, 단순한 서비스 제공을 넘어 고객이 경험 자체에 가치를 느끼고 비용을 지불하도록 유도하는 전략을 취하고 있는 것이다(황혜미, 2022).

서비스는 제품과 달리 고객에게 경험, 결과, 프로세스를 제공하는 행위로 정의할 수 있다. 이러한 서비스에는 고객 접촉성, 노동집약성, 측정의 어려움과 같은 여러 가지 특성이 존재한다.

서비스의 대표적인 네 가지 특성은 다음과 같다.

- 무형성(Intangibility) : 서비스는 물리적인 형태가 없어서 고객이 경험하기 전에는 품질을 평가하기 어렵다.
- 이질성(Heterogeneity) : 동일한 서비스라도 제공하는 직원, 환경, 고객 상황에 따라 서비스품질이 달라질 수 있다.
- 동시성(비분리성, Inseparability) : 서비스는 생산과 동시에 소비가 이루어지고, 대면이든 비대면이든 고객과 상호작용이 중요하다.
- 소멸성(Perishability) : 서비스는 재고로 저장할 수 없으며, 제공되는 순간 고객이 소비하지 않으면 사라진다.

이러한 특성들은 개별적으로 나타나기도 하지만, 여러 가지가 혼재되어 영향을 미치기도 한다. 따라서 서비스기업은 서비스의 특성을 이해하고, 고객 경험을 극대화할 수 있는 전략을 수립하는 것이 중요하다.

1.2 서비스 특성별 관리방안

① 무형성(Intangibility)

우리는 도넛 가게에서 도넛을 구매하기 전에 맛을 볼 수 있고, 립스틱을 사기 전에 립스틱의 색상을 확인하고 구매할 수가 있다. 이와는 달리 서비스는 형태가 없고 고객이 서비스를 보거나 만질 수 없으며 그 성능을 평가하기 어렵다. 이러한 특성을 무형성이라고 한다(황혜미 · 고정연, 2024).

무형성이라는 특성을 극복하기 위한 서비스기업의 노력은 다양하다. 고객의 긍정 경험을 향상시킬 수 있는 서비스스케이프*를 조성하여 고객의 만족 여부를 실시간으로 체크하고 점검한다. 예를 들어, 휴게소 물컵 자외선 소독기 위에 '컵 소독 현황'을 시간대별로 기재하여 고객에게 컵의 위생 상태 정보를 제공해 주거나, 병원을 내원하기 전 홈페이지 확인을 통해 치료 전·후 비교 및 내원 환자 수, 수술 건수 등의 정보를 제공하고 있다. 즉, 실체적 단서를 강조함으로써 고객이 가치 있는 무언가를 실제로 받게 된다는 믿음을 갖도록 한다.

또한 이런 유형적 단서를 통한 정보 제공을 해도 고객은 기업의 모든 메시지를 기억하기 어렵기 때문에 페이스북, 인스타그램, 유튜브 등 SNS(Social Network Service)를 활용하여 고객과 다채널로 소통하고 있다. 그리고 이용 경험이 있는 고객들의 참여를 독려하여 고객과의 커뮤니티 형성, 구매 후기 및 서비스상품 리뷰를 통한 구전 커뮤니케이션을 적극적으로 활용하고 있다.

> * 서비스스케이프(Servicescape)
>
> 비트너(Bitner)는 서비스 시설의 주변 환경, 공간배치와 기능성, 신호/상징물/인공물 3차원으로 분류하면서 서비스스케이프라고 물리적 환경을 처음 언급하였다. 자연적이고 사회적인 환경과는 다르게 기업의 통제안에 있는 객관적이고 인위적인 환경으로 정의하였다.
>
> 첫째, 주변 환경은 조명, 온도, 음악, 공기 맑기, 소음, 향기, 색상 등의 공조 환경을 의미하고 고객의 오감 만족에 영향을 준다. 둘째, 공간의 배치와 기능성은 장비, 기계, 가구 등의 배치 방법과 형태, 크기 등을 말하고 이는 서비스 전달을 촉진하는 능력을 말한다. 셋째, 신호(방향, 안내)와 상징 그리고 인공물은 서비스 제공시 장소에 대한 커뮤니케이션과 정보제공, 행동규범 등으로 설명하고 있다.
>
> 출처: 이혜정(2020), 고객경험의 서비스스케이프에서 서비스디자인의 진단 및 평가, 서강대학교 경영전문대학원 글로벌서비스경영학과 박사학위 논문

② 이질성(Heterogeneity)

서비스의 생산 및 제공 과정에는 물리적 환경, 투입 자원, 다양한 고객의 요구 등 가변적인 요소가 존재한다. 특히, 직원의 숙련도에 따라 같은 서비스라도 고객마다 다른 경험을 할 가능성이 크다.

예를 들어, 호텔에서 동일한 식음료(F&B) 서비스를 제공하더라도 C 직원은 친절하고 신속한 응대를 하지만, D 직원은 무뚝뚝하고 기계적인 태도를 보일 수 있다. 이에 따라 고객이 느끼는 서비스품질에는 차이가 발생한다.

기업들은 이러한 이질성을 극복하기 위해 서비스 표준 매뉴얼 및 지침 개발, 직원 교육 등을 통해 편차를 최소화하려고 노력한다. 하지만 매뉴얼만으로 해결되지 않으며, 직원들이 표준을 실행하고 지속적으로 개선하도록 체계적인 관리 시스템이 필요하다.

서비스기업들은 직원이 아닌 고객이 로봇, 키오스크, SST(Self-Service Technology) 등을 이용하여 편리하게 서비스를 받을 수 있도록 새로운 서비스를 개발하고 있다. SST란 고객이 직원의 직접적인 개입 없이 스스로 서비스를 생산하고 이용할 수 있도록 돕는 기술을 의미한다. 예를 들어, 무인 키오스크, 모바

일 주문 시스템, 자동화된 호텔 체크인 서비스 등이 이에 해당한다.

SST의 활용은 새로운 서비스의 등장을 촉진하며, 고객의 삶의 질을 향상시키고 온·오프라인 상거래 시장에도 큰 영향을 미친다. 하지만 고객들이 SST 기반 서비스를 적극적으로 이용하려면, 서비스가 제공하는 경제적 가치와 감정적 가치를 충분히 인식할 수 있어야 한다.

경제적 가치는 가격 대비 가치, 합리적인 가격, 높은 품질 유지, 가격에 상응하는 혜택을 제공하는 것이고, 감정적 가치는 서비스 이용의 즐거움, 매력도, 호감도, 편리함을 경험하는 것을 의미한다. 고객이 SST 서비스를 능동적으로 활용하게 하려면, 기업은 SST가 고객에게 제공할 수 있는 가치를 명확히 정의하고 이에 대한 전략을 수립할 필요가 있다(이혜연 외, 2019).

③ 비분리성(Inseparability)

서비스는 생산과 소비가 동시에 이루어지는 특성을 갖고 있다. 즉, 서비스 제공자가 서비스를 생산하는 순간, 고객도 그 서비스를 동시에 소비하게 된다.

제품의 경우, 제조 후 판매되어 일정 기간 보관되었다가 소비될 수 있지만, 서비스는 고객이 소비하는 시점에서 제공자와 함께 존재해야 한다. 예를 들어, 미용실의 헤어컷 서비스, 병원의 진료 서비스처럼 서비스 제공자와 고객이 직접 상호작용하는 순간에 서비스가 생성되고 소비된다.

최근에는 고객이 서비스 생산과정에 직접 참여하는 경우가 많아지고 있다. 이 과정에서 고객과 직원 간의 상호작용이 발생하며, 다른 고객들의 참여가 더해져 이들이 만들어내는 분위기 자체가 서비스 일부가 되기도 한다.

예를 들어, [그림 1−1]과 같이 제주도 휘닉스아일랜드 리조트 내 미술관에서는 고객이 관람 후 나가는 길에 소감을 직접 작성할 수 있도록 유도하고 있다. 이러한 방식은 고객이 자기 경험을 공유하게 만들고, 이를 본 다른 방문객들도 자연스럽게 경험을 확장할 수 있도록 한다. 결과적으로 여행과 관광의 즐거움이 배가되며, 고객 간의 상호작용을 통해 더욱 특별한 서비스 경험이 형성된다.

서비스기업은 비분리성 문제를 해결하기 위해 다양한 전략을 활용하고 있다. 먼저, 서비스 제공 인력의 선발과 교육을 강화하는 것이 핵심적인 방안이다. 서비스는 제공자의 역량과 태도에 따라 고객 경험이 크게 좌우되므로, 체계적

[그림 1-1] 휘닉스아일랜드 유민 미술관의 고객체험 활동

인 교육과 지속적인 역량 개발이 필수적이다.

또한, 고객 정보를 데이터베이스(Database)화하여 관리함으로써, 고객의 특성을 분석하고 이에 적합한 맞춤형 상품과 서비스를 제공하는 방식이 활용되고 있다. 이를 통해 고객 만족도를 높이고, 보다 개인화된 서비스 경험을 제공할 수 있다.

이와 같은 노력은 기업뿐만 아니라 공공기관과 지방공기업에서도 적용되고 있다. 고객 유형을 분류하여 효과적인 소통 전략을 수립하고, 이를 바탕으로 성과지표를 체계적으로 관리함으로써 보다 효율적인 서비스 운영을 도모하고 있다.

<표 1-1>은 국립박물관문화재단의 고객 분류 체계를 나타낸다. 이 재단은 고객 관리의 체계성을 높이기 위해 고객 분류의 정의를 명확히 하고, 이를 바탕으로 효과적인 관리 방안을 마련하고자 고객 분류 체계 점검회의를 실시하였다.

〈표 1-1〉 국립박물관문화재단의 고객 분류 체계

구분	가치영향고객	내부고객	가치구매고객	가치협력고객	가치향유고객
가치 모델	정책 결정	가치 생산	가치 구매	가치 전달	가치 수혜
정의	재단 사업 관련 정책 결정자	가치의 생산자	재단이 생산하는 서비스의 구매자	재단 주요사업 운영/추진 협력자	박물관 문화서비스 최종수혜자
구성	정부, 국회, 문체부, 박물관	재단 임직원, 노조	재단 핵심서비스 사업 고객	박물관, 지자체 유관기관, 협력사,	대국민, 지역사회, 박물관 관람객
대응 전략	우호전략 정부, 문체부, 박물관 정책과 활발한 교류를 통해 재단 사업에 긍정적 영향을 미칠 수 있는 환경 조성	공감전략 기관의 미션, 비전, 핵심가치 공감 및 내재화 조직문화 관련 의견 수렴	신뢰전략 국내유일 '박물관 문화서비스 전문 공공기관'으로서 축적된 전문성과 경험을 바탕으로 고객에게 신뢰와 만족 제공	협업전략 재단의 서비스가 전 국민, 전국 박물관(국·공·사립)과 지역 주민에 전달될 수 있도록 상호 협력 마케팅	참여전략 모든 국민이 만족할 수 있을 때까지 전 서비스에서 국민 의견을 적극 수렴하여 서비스 기획 및 개선

출처: 국립박물관문화재단 고객분류체계 점검회 회의자료(2024. 2)

해당 회의에는 전략기획, 경영지원, 상품기획 및 판매, 구매물류, 공연예술, 협력사업팀장 등이 참여하였으며, 기존의 고객 분류 체계를 자세히 검토하고 이를 수정 및 보완하는 과정을 거쳤다. 또한, 새롭게 정립된 고객 분류 체계에 따라 각 고객 유형에 적합한 대응 전략을 수립하였다.

이러한 활동은 일회성으로 끝나는 것이 아니라, 매년 지속해서 시행되고 있으며, 변화하는 환경과 고객의 요구를 반영하여 더욱 정교한 고객 관리 체계를 구축하는 방향으로 발전해 나가고 있다.

④ 소멸성(Perishability)

서비스는 나중에 판매를 위해서 저장할 수 없으므로 서비스가 제공되는 시점에 소비자가 소비하지 않으면 사라진다. 이러한 서비스의 특징을 소멸성이라고 한다. 예를 들어, 서울에서 제주까지 가는 항공 서비스의 경우 공항에서 비행기가 이륙하는 순간 빈 좌석의 항공 서비스는 그대로 사라져 버리는 이치와 같다. 소비되지 않은 서비스는 소멸함과 동시에 그 편익 또한 사라진다. 이러한 서비스의 소멸성은 시설이나 인력의 유휴, 판매 기회의 상실이라는 문제를 일으킨다. 따라서 수요와 공급 간의 조화를 이루는 전략이 필요하다.

롯데 호텔의 경우, 비수기에 직원과 그 가족들에게 저렴한 패키지 프로그램을 제공하여 객실 점유율을 높인다. 서비스기업에서는 비수기나 비(非)피크타임에 추가 서비스를 제공하거나 가격 할인을 통해 판매를 촉진하고 고객 이탈을 줄이기 위해 노력한다. 영화관에서는 조조할인이나 심야할인을 제공하여 피크타임의 초과수요를 비피크타임으로 분산시킨다.

또한 서비스기업에서는 불규칙한 수요에 대비하기 위해 예약시스템을 도입하고 운영한다. 레스토랑 예약 플랫폼은 코로나19 사태 이후 큰 변화를 맞이한 외식 산업의 니즈를 충족시켰다. 예약 관리를 AI가 맡게 되면서 외식업계의 인력난을 해소하는 데 도움을 줬다. 테이블 매니저의 경우, 유선 전화부터 카카오·네이버 등 다양한 플랫폼에서 쏟아지는 예약 정보를 하나의 플랫폼으로 관리할 수 있도록 해 점주들의 업무를 효율화했다.

외식업의 고질병인 노쇼(No show)를 방지할 수 있게 됐다는 것도 점주들의 좋은 평가를 받게 된 원인이다. 캐치테이블은 레스토랑을 예약하려면 예약금을 미리 지불해야 하고 식당을 방문해야 예약금을 돌려받을 수 있는 서비스를 시행 중이다. 또 '노쇼 없는 VIP'에 선정되면 '빈자리 알림' 등의 서비스를 받게 돼 고객들도 차별화된 혜택을 누릴 수 있다(한경비즈니스, 2022).

02 신서비스개발(NSD)의 개념

2.1 신서비스개발의 중요성

우리나라 서비스기업의 경영현황 및 운영실태를 살펴보면, 신서비스개발이라는 단어는 범용적으로 사용하고 있지 않다. 아직 학문적이나 실무적으로 신서비스개발에 대한 정확한 정의가 내려지지 않았고, 다양한 연구 활동도 실행되지 않았다. 우리나라에서는 2000년 초반부터 신서비스개발(NSD: New Service Development, 이하 NSD)이라는 용어가 등장하기 시작했고, 정성철과 김명숙(2006)의 국내여행 산업의 신서비스개발 문화의 필요성과 성공요인, 성백서(2007)의 NSD개발 방법론에 관한 연구 이후 추가적인 NSD 연구가 매우 미흡한 실정이다.

서비스 산업이 성장함에 따라 NSD의 중요성도 점점 커지고 있다. 성공적인 NSD를 구현하기 위해서는 서비스의 본질적인 속성을 정확히 이해하고, 최적화된 서비스전략과 계획을 수립해야 한다. 특히, NSD개발 과정에서는 다음과 같은 4가지 요소들이 중요하다.

- 시장 기회 분석: 새로운 서비스가 성공할 수 있는 시장 기회를 평가
- 프로젝트 개발: 서비스 기획 및 프로토타입 개발
- 서비스 제공의 공식화: 서비스 프로세스 및 운영 체계 확립
- 고객과의 상호작용: 서비스 전달 과정에서 고객과의 소통 및 피드백 반영

이러한 요소들을 종합적으로 고려할 때, NSD는 단순한 서비스 개선이 아니라, 시장 변화에 대응하고 지속가능한 경쟁력을 확보하는 중요한 전략적 접근 방식이라 할 수 있다.

2.2 서비스 R&D 관점의 정의

지식경제부(2010) 서비스 R&D를 "서비스업과 제조업에서 서비스를 제공하

[그림 1-2] 서비스 R&D 범주

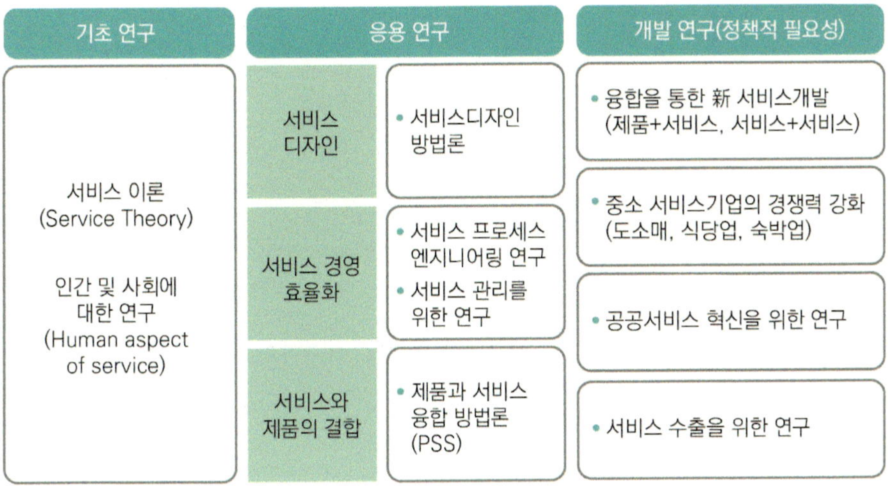

기 위한 제품 및 구성요소의 개발을 포함한, ① 새로운 혁신적인 서비스, ② 서비스경영의 혁신 방식, ③ 서비스와 제품의 결합을 통한 새로운 서비스 설계에 대한 연구와 개발"로 정의하였다. 지식경제부에서는 서비스 R&D의 범주를 기초연구, 응용연구, 개발연구로 구분하고, 연구개발 기술 범위를 [그림 1-2]와 같이 제시하고 있다.

서비스 R&D 개발 연구 분야를 살펴보면, ① 융합을 통한 신서비스개발, ② 중소 서비스기업의 경쟁력 강화, ③ 공공서비스 혁신을 위한 연구, ④ 서비스 수출을 위한 연구로 구분된다. 융합을 통한 신서비스개발은 제품+서비스, 서비스+서비스의 결합을 의미한다.

서비스 R&D는 '새로운 혁신적인 서비스의 개발, '서비스 전달체계의 개선'을 목적으로 기술, 문화, 인간, 사회 등의 측면에서 고도의 창의적 지식을 활용하여 수행하는 연구개발 활동이다.

부산과학기술기획 평가원에서는 서비스 혁신성과 서비스 R&D 투입 정도에 따라 서비스 R&D유형을 [그림 1-3]과 같이 개선형 서비스, 결합형 서비스, 파생형 서비스, 신서비스 4가지로 구분하였다.

[그림 1-3] 서비스 R&D 유형

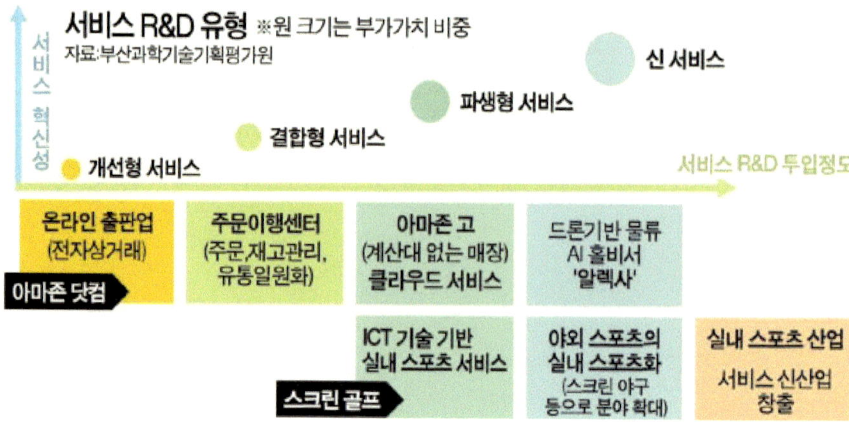

〈표 1-2〉 서비스 R&D 유형별 개념

구 분	개 념
개선형 서비스	기존 서비스의 개선을 통해 제공되는 고품질의 서비스
결합형 서비스	기술, 서비스 등의 결합이나 타 산업과의 결합을 통해 제공되는 서비스
파생형 서비스	기술, 신제품, 서비스 등의 도입을 통해 기존 서비스에서 파생된 신규 서비스
신서비스	서비스 모델 창출 및 다른 산업의 기능, 서비스, 기술 등의 융합을 통해 새로운 시장 형성

서비스 R&D 유형은 <표 1-2>와 같다. 개선형 서비스는 기존 서비스의 개선을 통해 제공되는 고품질의 서비스를 제공하는 것으로, 대표적인 사례는 아마존닷컴이 있다. 아마존닷컴은 인터넷 서점으로 시작해 현재 미국 온라인 쇼핑몰 매출 1위, 미국 전체 온라인 소매 시장의 약 절반가량을 차지하고 있다.

결합형 서비스는 기술, 서비스 등의 결합이나 타 산업과의 결합을 통해 제공되는 서비스이고, 아마존의 풀필먼트센터(Fulfillment center)에서 실행되는 주문, 재고관리, 유통의 일원화를 말한다. 기업들이 자사의 상품을 제조해 아마존의 물류센터에 입고시키면 재고관리, 홍보, 주문, 배송 및 반품을 아마존에 담당해서 처리한다.

파생형 서비스는 기술, 신제품, 서비스 등의 융합을 통해 기존 서비스에서 파생된 새로운 서비스를 의미하고, 계산대 없는 매장인 아마존 고, 클라우드 서비스, ICT 기반 스크린 골프장 등이 있다.

그리고 신서비스는 서비스 모델 창출이나 다른 산업의 기능, 서비스, 기술 등의 융합으로 새로운 시장을 만드는 것이다. 스크린 골프장은 야외 스포츠를 실내 스포츠로 변화시켰고, 스크린 야구장과 같은 새로운 실내 스포츠 분야를 생성하는 데 기여했다.

2.3 기업 및 고객관점의 정의

신서비스개발(NSD: New Service Development)은 서비스 산업에서 기존에 없던 새로운 서비스를 창출하거나, 기존 서비스를 점진적으로 개선하는 과정을 의미한다.

NSD는 서비스기업이 브랜드 차별화 및 경쟁력 강화를 위해 새로운 이이디어를 창출하고, 고객과 직원이 함께 참여하여 서비스를 설계·개발한 후, 고객의 피드백을 반영하여 완성하는 과정으로 정의할 수 있다.

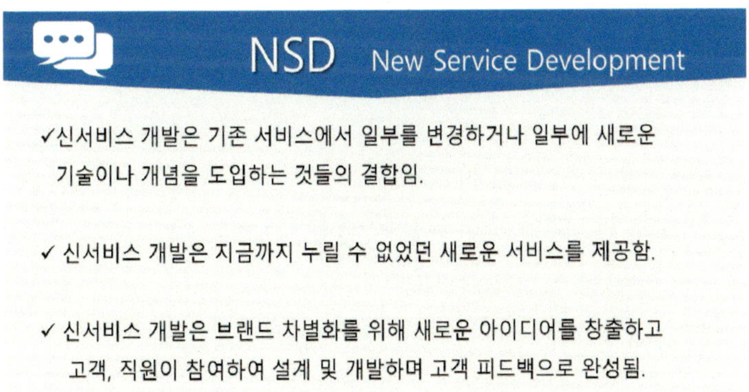

Griffin(1997)의 연구에 따르면, NSD는 NPD(New Product Development)와 다음과 같은 차이가 있다. 60% 이상의 서비스기업들이 제품개발처럼 공식적인 개발 프로세스를 사용하지 않는다는 점이다. 또한 서비스의 무형성으로 인해 개

〈표 1-3〉 기업, 제품 및 서비스, 고객 관점

관 점	기 업	제품 및 서비스		고 객
영 역	BM (Business Model)	NPD (New Product Development)	NSD (New Service Development)	Service Design

출처: 최은미(2017), 제조업의 서비스화 지원 컨설팅 프레임워크로서의 4E모델 연구, 국민대학교 테크노디자인대학원 박사학위 논문

발 속도가 빠르지만, 아이디어를 형상화하기가 어렵고, 개발된 서비스의 상용화를 위한 실험이나 테스트도 어려움이 있다고 주장하였다.

최은미(2017)는 <표 1-3>과 같이 기업, 제품 및 서비스, 고객 관점에 따라 BM, NPD, NSD, Service design으로 분류하였다. 기업 입장에서는 새로운 비즈니스모델을 꾸준히 개발하여 수익원을 확보하고 고객 만족을 증진하려고 한다. 이러한 비즈니스모델은 신제품이나 신서비스개발을 통해 구축이 가능할 것이다. 고객 관점에서는 본인의 경험을 향상시키는 서비스디자인으로 인식하게 된다.

James A. Fitzsimmons와 Mona J. Fitzsimmons(2006)는 'New Service Development: Creating Memorable Experiences'에서 신서비스개발 과정에서 고객 경험을 중심에 두고 혁신적이고 효과적인 서비스가 어떻게 만들어지는지를 다루고 있다. 이 책은 서비스 산업의 변화와 발전을 조명하며, 성공적인 서비스 개발을 위한 핵심 원칙과 전략을 제시한다.

신서비스개발(NSD)은 새로운 서비스를 창출하거나 기존 서비스를 혁신하는 과정으로, 고객의 기대를 초과하는 가치를 제공하고 기업이 지속가능한 경쟁 우위를 확보하는 데 중요한 역할을 한다. 특히, 고객의 기억에 남을 경험을 창출하는 것이 NSD의 핵심이며, 이를 위해 서비스기업은 고객 경험을 차별화하고 기대를 뛰어넘는 혁신적인 서비스를 제공해야 한다.

현대의 경쟁 시장에서 서비스는 제품보다 더 중요한 차별화 요소로 작용한다. 고객은 제품과 서비스를 경험하는 과정에서 느끼는 감정과 인상에 강한 영향을 받으며, 긍정적인 서비스 경험이 기업의 성공에 결정적인 역할을 한다. 따라서 서비스기업은 단순히 서비스를 제공하는 것을 넘어, 고객이 기억할 수 있는 특별한 경험을 설계·개발해야 한다.

03 서비스 혁신과 경쟁력 확보

3.1 서비스 혁신의 개념

서비스 혁신은 기업이 경쟁 우위를 확보하고 지속가능한 성장을 이루는 데 결정적인 역할을 한다. 다음과 같은 연구들은 서비스 산업에서 혁신이 지속적인 성장을 견인하는 핵심 동력임을 시사한다. Edvardsson, Gustafsson & Roos(2005)는 서비스품질과 혁신이 서비스 산업에서 기업의 경쟁력을 강화하는 핵심 요소임을 강조하며, 서비스품질과 서비스 혁신 간의 관계를 규명하였다. 연구에 따르면, 서비스기업은 단순히 고객의 기대를 충족하는 것을 넘어, 차별화된 고객 가치를 창출하는 것을 목표로 해야 하며, 이를 위해 지속적인 혁신이 필수적이다.

John Lovelock(1984)은 신서비스개발(New Service Development, NSD)의 개념을 체계적으로 정립하며, 서비스 특성과 고객 참여를 기반으로 한 NSD 구조화 접근법을 제시하였다. 그는 성공적인 신서비스개발을 위해 체계적인 과정과 전략적 설계가 필수적이라고 강조하였다.

Lovelock(1984)은 서비스 혁신의 유형과 정도에 따라 다음과 같이 서비스를 여섯 가지로 분류하였다. 이 분류는 서비스기업이 사업 기회를 탐색하고, 포트폴리오를 확장하거나 개선하는 데 유용한 프레임워크(Framework)로 활용된다.

① 대혁신(Major Innovation)

기존에 없던 새로운 시장을 창출하거나 기존 시장을 근본적으로 변화시키는 획기적인 서비스 혁신을 의미한다. 주로 신기술 발전이나 급격한 사회 변화와 결합되며, 기존 경쟁 구도를 무너뜨리는 파괴적 혁신(Disruptive Innovation)이 특징이다. 대표적인 사례는 넷플릭스의 스트리밍 서비스와 우버의 모바일 기반 차량 호출 서비스 도입이 있다.

② 신규 사업화(Start-Up Businesses)

기존 서비스와는 다른 새로운 시장을 타깃으로 하는 사업 모델을 의미한다. 기존 기술이나 비즈니스모델을 활용하지만, 새로운 고객층을 대상으로 조직의 자원과 역량을 활용하여 새로운 사업 영역에 진출하는 방식이다. 대표적인 사례는 은행의 디지털 뱅킹 서비스 도입, 항공사의 저가 항공 서비스(LCC) 진출이 있다.

③ 신서비스개발(New Services for the Market)

기존 고객에게 새로운 가치를 제공하는 서비스 개발을 의미한다. 기존 시장에서 차별화된 기능과 가치를 추가하며, 새로운 고객 경험을 창출하는 방식이다. 대표적인 사례는 헬스클럽의 맞춤형 웰니스 코칭 서비스, 기존 택시 회사의 차량 공유 서비스 등이 있다.

④ 라인 확장(Service Line Extensions)

기존 서비스 라인에 새로운 서비스를 추가하는 방식으로, 동일한 고객층과 유사한 시장을 대상으로 한다. 기존 서비스의 확장판으로 고객의 선택지를 넓히는 역할을 한다. 대표적인 사례는 레스토랑의 새로운 메뉴 추가, 항공사의 특별 기내식(Special Meals) 서비스 제공이 있다.

⑤ 서비스 개선(Service Improvements)

기존 서비스의 품질을 향상시키거나 운영 방식을 개선하는 소규모 혁신을 의미한다. 고객 경험을 강화하는 데 초점을 맞추며, 서비스의 효율성과 만족도를 높인다. 대표적인 사례는 호텔의 셀프 체크인 키오스크 도입, 고객 상담센터의 챗봇 서비스 도입 등이 있다.

⑥ 형태 변경(Style Changes)

서비스의 본질적인 기능을 변경하지 않고, 디자인, 사용자 경험(UX), 브랜드 요소 등의 형태를 개선하는 방식을 의미한다. 주로 고객의 서비스 이용 만족도를 높이기 위해 시각적 또는 운영적 요소를 최적화한다. 대표적인 사례는 모바일 앱의 UI/UX 개선, 패키지 디자인 변경, 브랜드 로고 및 색상 변경 등이 있다.

이와 같은 분류는 기업이 신서비스개발을 체계적으로 접근하고, 적절한 전략을 수립하는 데 도움을 준다. 특히, 급변하는 시장 환경에서 서비스 혁신의 방향성을 설정하는 데 중요한 기준이 된다.

3.2 급진적 혁신 vs 점진적 혁신

Miles(1993)는 급진적 서비스 혁신이 기술적 혁신과 마찬가지로 산업 구조를 근본적으로 변화시킬 잠재력을 지니고 있다고 강조하였다. 급진적 혁신은 완전히 새로운 서비스를 창출하거나 기존 서비스의 구조를 혁신적으로 변화시키는 것이며, 점진적 혁신은 기존 서비스의 효율성을 향상하고 품질을 개선하는 과정을 의미한다.

Sundbo와 Gallouj(2000)도 서비스 혁신을 급진적 혁신과 점진적 혁신으로 구분한다. 급진적 혁신이 기존 시장과 산업의 경계를 허물거나 새로운 시장을 창출하는 방식으로 기존의 서비스 패러다임을 뛰어넘는 혁신적 아이디어를 중심으로 변화하는 것이라고 설명하였다. 반면, 점진적 혁신은 기존 서비스의 미세한 개선과 최적화를 의미한다.

Vargo와 Lusch(2004)는 서비스 주도 논리(Service-Dominant Logic)를 통해 서비스 혁신의 개념을 재정의하였다. 이들은 급진적 서비스 혁신을 가치 공동 창출(Value Co-Creation) 방식의 근본적 변화로 보았으며, 점진적 서비스 혁신은 고객과의 상호작용과 경험을 기반으로 한 지속적인 개선 과정으로 설명하였다. 이에 따라 서비스 혁신은 고객과의 상호작용을 통해 동적으로 발생하는 과정으로 이해되기 시작했다.

<표 1-4>는 급진적 서비스 혁신과 점진적 서비스 혁신을 주장한 학자들

〈표 1-4〉 급진적 서비스 혁신과 점진적 서비스 혁신 비교

구 분	급진적 서비스 혁신	점진적 서비스 혁신
Miles (1993)	새로운 시장과 서비스를 창출	기존 서비스의 효율성 및 품질 개선
Gallouj & Weinstein (1997)	새로운 서비스 시스템 도입 및 고객 가치 변환	기존 서비스 요소의 미세한 개선
Sundbo & Gallouj (2000)	서비스 구조와 프로세스를 근본적으로 변화	세분화된 고객 요구 충족을 위한 개선
Vargo & Lusch (2004)	가치 공동 창출의 새로운 모델 도입	고객 참여를 기반으로 한 점진적 변화

〈표 1-5〉 급진적 서비스 혁신 유형

구 분	내 용	예 시
새로운 서비스 제공 시스템	고객이 서비스를 경험하는 방식의 근본적인 변화임. 서비스 설계에서 기술적, 조직적 혁신이 결합함.	에어비앤비(Airbnb): 기존 호텔 시장을 대체한 숙박 공유 서비스
새로운 서비스 카테고리 창출	이전에 존재하지 않던 서비스 개념이나 카테고리를 도입함. 새로운 비즈니스모델이나 기술을 활용함.	넷플릭스(Netflix)의 스트리밍 서비스
기술 기반 서비스 혁신	첨단 기술을 활용하여 기존의 서비스를 대체하거나 혁신함. 인공지능(AI), 사물인터넷(IoT), 클라우드, 블록체인 등 기술을 활용함.	아마존의 음성 비서 알렉사(Alexa)
고객중심 서비스 설계의 근본적 전환	고객의 요구와 기대를 중심으로 서비스를 재설계하는 새로운 접근 방식임. 고객 경험(CX) 혁신과 맞춤형 서비스를 제공함.	스타벅스의 사이렌오더, 버디패스
서비스와 기술 융합 (Convergence)	기존에 분리된 산업 또는 기술을 융합하여 새로운 형태의 서비스를 창출함. 디지털 전환(Digital Transformation)의 핵심임.	스마트 헬스케어 서비스 (예: 원격 진료, 웨어러블 기기)

의 주요 내용을 요약하였다.

이처럼 급진적 서비스 혁신(Radical Service Innovation)은 기존 시장과 산업 구조를 근본적으로 변화시키거나 새로운 시장을 창출하는 혁신이다. 여러 학자가 연구한 급진적 서비스 혁신은 <표 1-5>와 같이 5가지 유형으로 나뉘며, 이는 주로 기술, 조직, 시장 접근 방식에서 혁신을 이끄는 요소에 따라 구분된다.

점진적 서비스 혁신(Incremental Service Innovation)은 기존 서비스나 프로세스를 점차적으로 개선하거나 수정하여 가치를 높이는 혁신을 말한다. 점진적 서비스 혁신은 급진적 혁신과 달리 기존 시장 내에서 경쟁력을 강화하고, 서비스의 효율성, 품질, 또는 고객 경험을 개선하는 방향으로 진행된다. 점진적 서비스 혁신의 주요 유형은 <표 1-6>과 같다.

〈표 1-6〉 점진적 서비스 혁신 유형

구 분	내 용	예 시
서비스품질 개선	기존 서비스를 개선하여 품질을 향상하는 것임. 서비스의 일관성과 신뢰성을 높임	공공 서비스 프로세스 관리를 통한 국민과의 소통강화
고객 긍정 경험 향상	고객이 경험하는 전반적인 프로세스를 개선하는 활동임. 고객의 만족도 향상 및 상호작용 증진을 통한 충성도 확보	삼성전자 CX혁신센터 운영 • VOC(Voice of Customer) 활용하여 제품/서비스/고객지원 전반 개선
고객 맞춤형 서비스 제공	고객의 개별적인 요구나 특성에 맞춘 서비스를 제공함. 고객의 선호와 행동을 분석하여 최적화된 서비스를 제공함	유튜브 뮤직 추천 • 청취 시간대, 플레이리스트 선호, 장르 선호도 등을 분석하여 맞춤형 음악 제공
서비스 이용 채널 다양화	고객의 접근성을 높이기 위해 다양한 채널을 제공하여 편리성을 높임. 고객이 원하는 시간, 장소에서 서비스를 이용함	콜센터, 모바일 앱, 웹사이트 등을 통한 다채로운 고객 서비스 경로
새로운 서비스 기능 추가	기존 서비스에 새로운 기능이나 부가 서비스를 추가하여 가치를 높임. 고객의 변화하는 요구에 맞춰 서비스를 개선함	호텔 서비스에 고객 요청 기반의 맞춤형 서비스 기능 추가

Johansson, Hultén, & Wikström(2001)의 연구는 서비스 혁신이 고객 가치 창출의 중요한 수단이자, 서비스 경제에서 기업의 경쟁력을 강화하는 핵심 요소임을 강조한다. 혁신은 단순히 새로운 서비스를 제공하는 것에 그치지 않고, 고객의 경험을 향상시키며 만족을 넘어서는 가치를 창출하는 과정이다. 연구에서는 서비스 혁신이 점진적인 변화뿐만 아니라, 급진적이고 창의적인 방식으로도 이루어져야 한다는 점을 강조하였다.

그러나 현실적으로 기존 서비스기업이 급진적 서비스 혁신을 시도하는 것은 쉽지 않다. 이는 수직적인 조직문화, 지속적인 자원 투입, 인적자원의 역량, 신서비스개발 기간 등의 요소를 고려해야 하기 때문이다. 이에 따라 많은 기업은 즉각적인 효과를 기대할 수 있으며 고객이 쉽게 인지할 수 있는 점진적 서비스 혁신 활동을 유지하고 관리하는 전략을 채택하고 있다.

조조할인 4,000원 … 가성비로 승부하는 반값 영화관 뜬다

주말 영화 티켓 값 1만5,000원, 둘이서 팝콘과 음료까지 사면 4만원이 훌쩍 넘는다. 고물가 시대, 대형 멀티플렉스의 반값 수준으로 영화를 볼 수 있는 소규모 영화관들이 주목받고 있다. 저렴하게 영화를 즐길 수 있는 곳으로 소문이 나 알음알음 찾는 이도 늘었다. 아이맥스 등 특수관이나 프리미엄 상영관을 늘리는 대기업 멀티플렉스의 고급화 전략과 반대로 '가성비'로 승부하는 영화관들이다.

27일 오전 서울 성북구 아리랑 시네센터. 상영관이 3관까지밖에 없는 작은 공립 영화관이지만 이날 개봉한 '댓글부대' 첫 회차를 보러 온 30여 관객으로 평일 아침인데도 상영관 앞이 분주했다. 관객 연령대도 2030 청년층부터 70대 이상까지 다양했다. 이곳의 티켓 값은 평일·주말 상관없이 성인 7,000원. 조조할인이나 경로우대를 받으면 영화 한 편을 4,000원에 볼 수 있다.

지난해 아리랑 시네센터의 관람객은 전년 대비 19% 증가했고, 올해 1~2월 관객도 전년 동기 대비 25% 증가했다. 영화 '파묘' 개봉 2주 차 주말에는 전 회차가 매진될 정도로 인기였다. 성북구청이 만든 국내 최초의 공립 영화관으로 성북구가 일부 예산을 지원해 저렴한 티켓 값을 유지하고 있다. 아리랑 시네센터의 심희장 차장은 "관내에 8개 대학이 있어 청년들을 위한 영화제를 열고, 아이가 칭얼댈까 봐 영화관에 가기 어려웠던 엄마들을 위해 '맘스 데이(Mom's Day)'를 여는 등 지역주민 맞춤형으로 운영하고 있다"고 했다.

국내외 고전 영화를 2,000원에 관람 가능한 실버 전용 영화관은 하루 수백명이 찾을 정도로 '핫플레이스'가 됐다. 28일 서울 종로구 낙원상가에 있는 '실버 영화관'에 들어서자 1980년대 팝송이 흘러나왔다. 이날의 상영작은 매릴린 먼로의 대표작 중 하나인 '나이아가라'(1955). 55세 이상부터는 경로 우대 요금 2,000원, 일반 요금은 7,000원을 받는다. 간식도 어르신 입맛에 맞는 다방 커피와 가래떡 구이를 2,000원대에 판매한다.

아이를 데리고 영화관에 가기 어려운 가족 관객을 겨냥해 어린이 전용 영화관도 생겼다. 지난해 경기 김포시의 한 대형 마트엔 폐관한 CGV 자리에 키즈 영화관 '포포시네마'가 들어섰다. 평일·주말 모두 어린이 요금은 1만1,000원, 보호자 요금은 9,000원으로 일반 영화관에 비하면 저렴하다. 영화 상영 전엔 음악에 맞춰 춤추는 시간이 있고, 계단이 아닌 평평한 바닥에 빈백을 놓아서 아이들이 자유롭게 영화를 관람할 수 있도록 했다. 포포시네마를 운영하는 모노플렉스의 채주은 마케팅 파트장은 "일반 영화관은 조도나 음향이 어른들에게 맞춰져 있어 무서워하거나 놀라는 아이가 많다. 키즈 카페와 영화관을 합친 공간으로 주말엔 두 상영관이 꽉 찰 만큼 반응이 좋다"고 했다.

출처: 조선일보(2024. 3. 29), www.chosun.com/culture-life

함께 이야기해 봅시다

1. 여러분이 생각하는 신서비스개발의 개념을 정리해 보고, 팀 구성원들과 함께 의논해서 1~2개의 문장으로 정의해 봅시다.

2. 급진적 서비스 혁신 사례를 찾아 공유하고, 우리 사회에 미치는 긍정적인 점과 부정적인 점을 토의해 봅시다.

3. 기억에 남은 서비스기업의 점진적 서비스 혁신 사례를 찾아 공유하고, 어떤 가치를 느낄 수 있었는지 이야기해 봅시다.

참고문헌

〈단행본〉

이유재(2022), 고객만족을 넘어 고객가치로, 한경 CMO Insight.

정승환·이돈희·이상식(2022), 「프로세스관점의 서비스품질경영」, 한경사.

황혜미(2022), 「서비스경영-고객접점 실무중심」, 정독.

황혜미·고정연(2024), 「서비스KS인증실무」, 정독.

Fitzsimmons, J. A., & Fitzsimmons, M. J. (2006), New Service Development: Creating Memorable Experiences. McGraw-Hill.

Lovelock, C., & Wirtz, J. (2004), Services Marketing: People, Technology, Strategy(6th ed.), Pearson Prentice Hall.

〈학위 및 학술 논문〉

성백서(2007), 신서비스개발의 방법론에 관한 연구: 문헌고찰, 32(1), 61-91, 商經硏究.

유귀진(2010), 산업간 융합 서비스 모델 개발 프레임워크 연구, 중앙대학교 경영학과 박사학위논문.

이혜연·이슬기·서창적(2019), SST(Self-Service Technology)의 서비스품질 및 지각된 가치가 고객 인게이지먼트에 미치는 영향: 스타벅스 사이렌 오더를 중심으로, 서비스경영학회지, 20(5), 69-92.

이혜정(2020), 고객경험의 서비스스케이프에서 서비스디자인의 진단 및 평가, 서강대학교 경영전문대학원 글로벌서비스경영학과 박사학위 논문.

최은미(2017), 제조업의 서비스화 지원 컨설팅 프레임워크로서의 4E모델 연구, 국민대학교 테크노디자인대학원 박사학위 논문.

Edvardsson, K., Gustafsson, B., & Roos, T. (2005), Service quality and service innovation: An overview of research in the service industry. Managing Service Quality: An International Journal, 15(2), 129-140.

Johansson, J. K., Hultén, P., & Wikström, P. (2001), Service innovation and value creation in the service economy. Journal of Business Research, 53(3), 179-187.

Mendes, Glauco H. S., de Lima, Carlos M. P. & Nascimento, Emmanuel J. M. (2017), Uncovering the structures and maturity of the new service development research field through a bibliometric study(1984-2014), Journal of Service Management, 28(1), 182-223.

Miles, I. (1993), Services and innovation: The role of services in the innovation process. Technovation, 13(4), 203-214.

Sundbo, J., & Gallouj, F. (2000), Innovation in services: The service economy and service innovation: Concepts and typology. In Services Innovation: New Concepts and New Perspectives, 1-16.

〈기타〉

지식경제부(2010), 2010 지식서비스산업 백서.

한경비즈니스(2022), 10년 새 4배 뛰는 이 시장 … 대기업·스타트업 이 서비스에 사활 건다.

CHAPTER 2

서비스 혁신 트렌드

한전, 고객 전력설비 '정전예방 원격감시' 신서비스개발

한국전력이 LS일렉트릭과 전력 빅데이터를 활용한 '고객 전력설비 정전예방 원격감시 신서비스'개발에 나섰다. 한전은 지난 18일 서울 한전 아트센터에서 LS일렉트릭과 '고객 전력설비 상태 원격감시 디지털 신서비스개발' 협력을 위한 업무협약을 체결했다고 19일 밝혔다.

해당 솔루션은 최근 여름철 폭염 등 기상 이변의 증가와 건조기, 스타일러 등 새로운 가전제품의 보급 확대로 전력 사용량이 지속적으로 증가하면서 높아진 정전 발생 가능성에 대응하기 위해 개발에 착수했다.

또 수도권의 1기 신도시 아파트 입주 이후 30년이 경과하는 등 고객 전력설비의 노후화와 용량 부족으로 인한 정전 발생 가능성 상승과도 무관치 않다.

한전은 이러한 문제의 해결책으로 전력설비에서 수집한 데이터를 인공지능(AI)과 데이터 분석기술 등 디지털 기술을 적극 활용해 과부하 위험 신호를 사전에 알리는 서비스를 고안하고 있다.

협약을 통해 LS일렉트릭과는 '고객 전력설비 원격감시 디지털 신서비스 사업모델 개발', '노후·취약 고압아파트 대상 신서비스 기술 검증 사업 시행', '전력계량 데이터·수전설비 전력데이터 공유, 기술 교류 협력' 등을 추진한다.

한전은 자체 보유한 전력 빅데이터 분석 역량과 LS일렉트릭의 스마트 전력, 자동화 솔루션 개발 역량을 결합하면 전력설비에서 발생하는 정전 예방과 공공의 안전 증진에 기여할 것으로 기대하고 있다.

한전은 이미 '파워체크 모바일' 앱을 통해 아파트 원격검침 전력데이터를 분석하고 전력사용량을 예측해 주는 서비스를 제공하고 있다. 이번 LS 일렉트릭과의 협력을 통해선 고객 전력설비에 설치된 차단기 등 주요 설비의 데이터를 수집하고 융합·분석해 정전 예방·관련 신서비스를 추가로 개발할 계획이다.

출처: 뉴시스(2022. 8. 19)

01 디지털 전환과 서비스 혁신

1.1 디지털 트랜스포메이션과 신서비스

경제학자 조셉 슘페터(Joseph Schumpeter)는 자본주의의 발전이 창의성과 혁신적인 아이디어를 가진 경쟁력 있는 젊은 기업들의 등장으로 이루어진다고 주장하였다. 그는 기존의 비대한 질서를 무너뜨리고 더 큰 부가가치를 창출하는 과정을 통해 경제가 성장한다고 보았다. 또한, 혁신을 지속하기 위해서는 다음과 같은 요소들이 필요하다고 강조하였다.

- 새로운 제품 및 서비스 개발
- 혁신적인 생산방식 도입
- 새로운 시장(거래처) 개척
- 신규 원재료 및 반제품 공급자의 확보
- 조직 구조 및 운영 방식의 변화

조직의 규모와 형태, 운영 방식, 조직 문화가 다르지만, 기업 대부분은 지속적인 혁신 활동을 수행하고 있다. 슘페터가 언급한 혁신의 원천은 기술과 시장의 결합뿐만 아니라, 생산 및 판매 방식 등 다양한 요소의 새로운 결합이 중요하다는 점에 있다(박철주, 2020).

서비스 부문의 성장은 정보 기술의 발전, 혁신, 그리고 인구 통계 변화에 따른 새로운 수요 창출에 의해 촉진된다. 특히, 정보 기술은 디지털 서비스의 성장에 필수적인 역할을 하며, 금융 및 정보통신과 같은 정보 서비스(information services) 부문은 미국 GDP(국내총생산)의 53%를 차지할 만큼 확대되었다. 또한, 교통 및 유통과 같은 물리적 서비스(physical services) 부문도 미국 GDP의 31%를 차지하며 지속적인 성장 가능성을 보인다(S. Bordoloi, J. A. Fitzsimmons, M. J. Fitzsimmons, 2023).

디지털화 시대에는 커뮤니케이션 메커니즘이 계속 변화하며, 이는 기업이 고객에게 새로운 서비스 콘텐츠를 제공하는 능력에 중요한 영향을 미친다. 기업 간 협업 구조와 함께 신제품 및 신서비스의 출시는 기업의 주요 성공 요인으로 작용한다.

서비스 마케팅 영역에서는 디지털화가 비즈니스 행위자들 간의 협업 구조를 촉진하는 핵심 요소로 인식된다. 또한, 기업이 비즈니스 혁신과 개선을 위해 정보 기술(예: 인터넷 및 기술 기반 정보 시스템)을 활용해야 할 필요성은 오랫동안 연구되어 왔다(Cecilia Lindh, Emilia Rovira Nordman, 2018).

디지털 트랜스포메이션(Digital Transformation, DT)은 글로벌 기업 및 디지털 기반 스타트업이 기존 사업을 강화하거나 새로운 사업영역으로 진출하기 위해 디지털 기술과 비즈니스모델을 활용하는 과정을 의미한다. 애플, 구글, 페이스북, 아마존, 에어비앤비, 스타벅스 등은 모바일 통신, 스마트폰, 디지털 기술을 바탕으로 디지털 가치를 창출하며, DT를 선도하는 대표적인 기업들이다.

DT는 ① 디지털 고객 경험 혁신, ② 디지털 비즈니스모델 혁신, ③ 디지털 운영 모델 혁신으로 구분된다(권병일 외, 2018). 이 세 가지 혁신 유형의 공통점은 다음과 같다.

- 고객의 니즈와 원츠를 파악하여 고객의 본질을 이해한다.
- 고객 경험이 현실화할 수 있도록 최적화된 기술과 이론을 적극적으로 채택한다.
- 비즈니스모델 및 플랫폼 기반의 생태계 모델을 적용한다.
- 운영 모델을 혁신하며, 기업혁신을 넘어 산업 혁신을 지향한다.

국내 서비스기업의 DT 기반 신서비스개발에서 가장 간과되는 부분은 신기술 중심의 설계에 집중하는 것이다. 그러나 새로운 기술이 고객이 원하는 경험과 일치하지 않는다면 시장 도입 및 활용에 실패할 가능성이 크다. 따라서 고객의 본질을 정확히 파악하고, 이에 적합한 기술을 접목해야만 성공적인 서비스 혁신을 달성할 수 있다.

서비스의 경우 고객이 서비스 제공 과정에 직접 참여하기 때문에 “서비스 프로세스가 곧 상품”이라고 할 수 있다. 특히 고객 접점에서의 기술 혁신 성공 여부는 고객의 기술 수용도에 달려 있으며, 이에 따라 서비스기업은 신서비스를 개발할지 또는 포기할지를 결정하게 된다.

예를 들어, 국내 대형 베이커리 프랜차이즈 기업은 매장 내 로봇 도입이 고객 경험을 증진하고 직원의 업무 부담을 줄이는데 효과적인지 판단하기 위해 고객을 대상으로 기술 수용도 조사를 실시하였다. 로봇 활용 여부를 결정하기 위해 실제 매장 이용고객을 대상으로 기술 수용도에 대한 정량적·정성적 평가를 진행한 것이다.

<표 2-1>은 Dabholkar와 Bagozzi(2002)의 연구를 기반으로 구성된 기술 수용도 조사 항목을 제시하고 있다. 이 연구에서는 고객의 라이프스타일, 상호

〈표 2-1〉 기술수용도 조사항목

분 류	질문 내용
라이프 스타일 (User Life Style)	새로운 물건이나 제품에 대해서 긍정적으로 받아들이고, 구입하는가?
	AI로봇에 대해서 관심이 있는가?
	AI로봇하면 이떤 이미지가 떠오르는가?
상호작용 (Interaction)	일반 직원 이외에 AI로봇 직원이 매장에 있는 것에 대해 어떻게 생각하는가?
	일반 직원과 AI로봇 직원의 차이는 무엇이라고 생각하는가?
	AI로봇 직원이 어떤 역할을 해주면 좋겠는가?
사용성 (Usability)	AI로봇을 떠올리면 어떤 일을 해줄 것 같은가?
	매장에 로봇직원이 있으면 어떤 형태로 있는 것이 좋을까?
	로봇직원은 어떤 형식의 인터페이스를 가지고 있으면 좋을까?
	사용함에 있어 바라는 점이 있는가?
로봇행동 (Motion)	로봇직원의 움직임이 어느 정도까지 허용되었으면 하는가?
	명령에만 움직이는 것이 좋은가? 자유롭게 움직이는 것이 좋은가?
로봇인지력 (Intelligent)	로봇직원은 어느 정도 수준의 지능과 반응을 보였으면 하는가?
	시즌별로 메뉴를 추천해주거나 빵의 칼로리 등을 알려주는 것에 대해서 어떻게 생각하는가?
즐거움 (Enjoyment)	로봇직원과 만나는 일이 즐거울 것 같은가?
	메뉴(커피)를 주문하는 동안 재미있을 것 같은가?
	로봇직원을 통해 새로운 정보를 획득하는 것이 흥미롭게 느껴질까?

작용, 사용성, 로봇 행동, 로봇 인지력, 즐거움의 6가지 요소를 중심으로 설문지를 구성하였다. 또한, 파일럿 테스트를 거친 후, 3개 직영 매장 이용고객을 대상으로 정량 평가를 실시하였다(황혜미, 2022).

이처럼 기술 수용도 조사는 신기술 도입의 효과를 사전에 예측하고, 고객 경험을 기반으로 혁신 전략을 수립하는 데 중요한 역할을 한다. 조사 전에는 공급자 관점에서의 AI로봇 직원의 역할과 기능에 초점을 두었다면, 조사 시행 후 수요자인 고객 관점에서 AI로봇 직원에 대한 수용 및 활용 여부를 고민하게 되었다.

서비스 제공 시스템을 변경할 때는 고객이 서비스 프로세스에 적극적으로 참여하는 공동 생산자(Co-producer)로서 어떤 역할을 수행할지, 그리고 그 참여 범위를 어떻게 설정할지를 신중하게 고려해야 한다.

<표 2-2>는 베이커리 주요 타깃 고객인 주부 그룹과, 경험 공유 및 의견 제시에 적극적인 서포터즈 대학생 그룹을 대상으로 실시한 기술 수용도 인터뷰의 분석 결과를 요약한 것이다.

분석 결과, 대학생과 주부 그룹 간의 기술 활용 니즈에는 차이가 있는 것으로 나타났다.

〈표 2-2〉 기술수용도 정성 인터뷰 결과

구 분		대학생 그룹	주부 그룹
로봇 행동	움직임	고객을 방해하지 않는 적은 움직임	시각적 효과를 위한 퍼포먼스와 로봇 전용공간 확보
	제어방식	고객의 명령에만 움직임: • 1인 고객은 로봇직원과 상호작용 불필요 • 2인 이상은 호기심 유발과 자연스러운 대화가능	고객 명령 없이도 자유롭게 움직임: • 1인 고객을 위한 감정적 파트너 • 재미있는 유머 제공
로봇 인지력	정보처리 능력	빅테이터를 활용한 구매촉진	사람처럼 느껴지는 신속한 반응
	정보의 종류	개별화된 추천 정보 및 할인, 이벤트 안내	결제시간 단축 및 할인, 이벤트 정보 제공

예를 들어, 로봇의 제어방식과 관련하여 대학생 그룹은 고객의 명령에 의해서만 작동하는 방식을 선호했지만, 주부 그룹은 고객의 명령 없이도 자유롭게 움직이며, 1인 고객을 위한 감정적 파트너 역할을 수행하면서 재미있는 유머를 제공하는 기능을 원했다.

이처럼 고객 그룹별 니즈를 분석하고 이를 기반으로 서비스를 개발하여 맞춤형 서비스를 제공한다면, 고객의 긍정적 경험을 강화하고 재방문 의도를 높이는 효과를 기대할 수 있다(황혜미, 2022).

1.2 서비스 혁신의 주요과제

최근 연구에 따르면, 개인적 상호작용(비즈니스 관계에서의 접촉 강도)과 IT 통합(IT 적응, IT 중요성, IT 투자 등 IT의 의도적 활용)이 서비스기업의 고객관계 및 신서비스개발에 유의미한 영향을 미친다는 사실이 밝혀졌다. 주요 결과는 다음과 같다.

① 개인적 상호작용과 IT 통합의 관계

개인적 상호작용은 IT 통합을 지원하는 역할을 하며, 이는 새로운 서비스 개발과 같은 혁신적 활동을 강화하는 데 중요한 역할을 한다.

② B2B 서비스 제공업체의 활용

B2B 서비스 제공업체는 고객과의 관계를 활용해 개인적 상호작용과 IT 통합을 강화할 수 있다. 이를 통해 신서비스개발에 필요한 지식과 데이터를 획득할 수 있다.

③ IT 통합의 중재 역할

IT 통합은 개인적 상호작용과 신서비스개발 사이의 핵심 중재자 역할을 한다. 즉, 고객과의 상호작용이 효과적으로 이루어질수록 IT 시스템이 이를 뒷받침하고, 결과적으로 혁신적인 서비스개발이 촉진된다는 것이다.

이 연구는 서비스기업이 고객과의 관계를 적극적으로 활용하고, IT 기술을 전략적으로 통합할 때 신서비스개발을 더욱 효과적으로 추진할 수 있음을 시사한다(Cecilia Lindh & Emilia Rovira Nordman, 2018).

서비스기업의 관리자들은 새로운 기술을 도입할 때 다양한 문제에 직면하게 된다. 크게 3가지 관점에서 고려해야 할 것이다. 기술 도입 시 고객과 직원의 준비도를 충분히 고려하고, 이에 맞춰 적절한 기술과 지원 방안을 마련하는 것이 서비스 혁신의 성공을 결정짓는 중요한 요소가 된다.

① 고객의 기술 준비 수준 평가

새로운 기술 기반 서비스가 영향을 미치는 고객층의 전반적인 준비 수준을 파악하는 것이 중요하다. 이를 평가하면 도입할 기술의 범위, 적절한 기술 선택, 구현 속도, 그리고 고객 지원 방안을 효과적으로 결정할 수 있다.

② 직원의 기술 준비도 및 인터페이스 설계

직원의 기술 준비도를 평가하는 것은 서비스 인터페이스의 설계, 구현, 운영 관리에 있어 필수적인 요소다. 특히, 고객이 기술 사용 중 문제를 겪을 때 도움을 줄 수 있는 접점 직원의 역할이 중요하다. 대인관계 능력과 기술 적응력이 모두 높은 직원이 기술 지원 역할에 적합하다.

③ 서비스 혁신의 프로세스 및 공통 과제

서비스 혁신은 단순한 기술 개발을 넘어 고객 경험, 운영 프로세스, 비즈니스모델의 변화까지 포함하는 복합적인 과정이다. 서비스 혁신을 성공적으로 수행하기 위해 기업이 공통적으로 직면하는 과제는 <표 2-3>과 같다(S. Bordoloi, J. A. Fitzsimmons, & M. J. Fitzsimmons, 2023).

서비스 혁신은 기술뿐만 아니라 고객 경험, 운영 시스템, 조직문화, 데이터 관리 등 다양한 요소를 종합적으로 고려해야 하는 복합적인 과정이다. 기업이 이러한 공통 과제를 해결할 수 있도록 체계적인 접근 방식을 취해야 한다. 특히 새로운 서비스를 개발하려면 제품처럼 실험실에서 테스트할 수 없어서 신서비스 출시 후 수정 및 보완사항이 지속해서 발생한다. 이러한 개발 프로세스를 이해하고 피드백 시스템을 운영하다면 지속가능한 혁신을 달성할 수 있을 것이다.

〈표 2-3〉 서비스 혁신의 공통 과제

구 분	내 용
고객 중심 혁신 (Customer-Centered Innovation)	• 고객 니즈와 페인포인트(Pain point)를 정확히 분석 • 서비스 개발 초기 단계부터 고객 참여를 유도하는 전략
서비스 전달 시스템의 설계 (Service Delivery System Design)	• 온라인·오프라인 채널을 통합하는 하이브리드 시스템 구축 • 자동화 및 AI 기술을 활용한 효율적인 서비스 운영
직원 및 조직 문화 변화 (Workforce and Organizational Culture Change)	• 직원들의 기술 역량 강화 및 변화 수용 교육 • 서비스 혁신을 촉진하는 고객지향적인 기업 문화 조성
서비스품질 및 표준화 (Service Quality and Standardization)	• 혁신적인 서비스의 품질 측정 기준 수립 • 고객 맞춤형 서비스 제공과 표준화된 서비스품질 간의 균형 유지
데이터 및 개인정보 보호 (Data and Privacy Management)	• 데이터 보안 및 개인정보 보호를 위한 법적·윤리적 규제 • 고객이 안심하고 서비스를 이용할 수 있도록 데이터 관리 시스템 구축

고객관점의 발상전환, 김천김밥축제

국내여행 트렌드 조사를 위해 우리나라 트렌드를 이끄는 MZ세대들에게 물었습니다.

"김천하면 어떤 이미지가 떠오르시나요?"

"김천이요? 김밥천국 말씀하시는 거죠?"

정말 웃픈 설문 결과였지만 우리는 좌절하지 않았습니다. 그래, 우리가 진짜 김밥천국이 되어보는 거야! 김천이 김밥천국 줄임말 아니냐는 웃픈 오해도 우리에게는 오히려 럭키비키잖아?

"이왕 이렇게 된거 김밥축제를 열어볼까?"

출처: http://www.gimbapcity.kr

02 AI, IoT, 빅데이터를 활용한 서비스 개발

2.1 AI를 활용한 서비스개발

AI GhatGPT의 등장은 초등학생부터 시니어의 일상생활에 거대한 혁명적인 변화를 가져왔다. 과제를 하거나 보고서를 작성하는 대학생이나 석, 박사생들은 ChatGPT를 활용해 단순 번역에서 관심분야 논문 요약, 통계 보고서 작성 및 그래프 작업 등 한 달 걸리던 작업이 불과 몇 시간, 몇 분 만에 자료를 분석해서 완성해서 고객의 만족도를 확인하며, 불만족할 경우 다시 내용 요약한다. 물론 아직 고객이 원하는 모든 답변을 완벽하게 하지 못하지만, 본인이 원하는 내용을 다시 세부적으로 질문하면 모르는 분야의 내용에 대한 전체적인 프레임을 얻을 수 있어 매우 효과적이다.

중소기업중앙회가 중소기업 500개 사를 대상으로 '사자성어로 풀어 본 중소기업 경영환경 전망 조사'를 실시했다. 5개의 보기 가운데 2025년을 맞이하는 자세를 잘 표현한 사자성어를 고르라고 했다. 가장 많이 선택된 것이 [그림

2-1]과 같이 '인내외양'이었다. 중기중앙회는 2014년부터 매년 올해의 사자성어를 발표해 왔는데, 최근 디지털 전환 흐름에 맞춰 인공지능 챗봇 ChatGPT를 활용해 폭넓게 사자성어 후보를 수집했다. 국내 중소기업이 처한 상황을 설명해 주고 그에 맞는 사자성어를 물어보니 '인내외양'이라는 새로운 사자성어를 지어낸 것이다(KBS 뉴스, 12월 23일자).

[그림 2-1] 사자성어로 풀어 본 중소기업 경영환경 전망

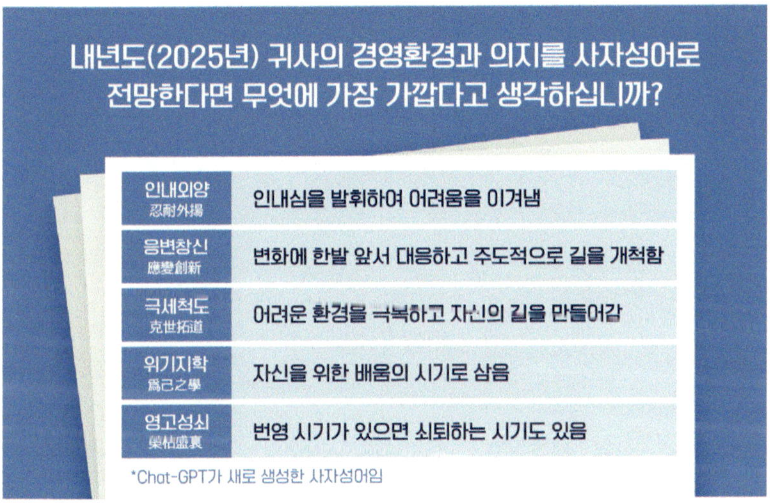

기업에서 고객과 가장 가까운 지점은 어디라고 생각하는가? 바로 '고객상담 콜센터'이다. 상담원이 고객 문의와 불편에 제대로 대응하지 못한다면 기업 브랜드엔 직접적인 타격이 가해질 수 있다. 고객이 콜센터에서 부정적 경험을 하면 그 브랜드를 피하게 될 가능성이 높다는 조사 결과가 있다. 삼일회계법인(PwC)의 콜센터 상담 고객 조사를 보면, 고객의 32%가 한 번의 나쁜 고객 서비스를 경험하면 경쟁사로 전환할 것이라고 답했다. 3명 중 1명은 브랜드 선호도를 가르는 결정적인 요인으로 고객 서비스로 꼽은 셈이다. 불만족스러운 콜센터 경험은 신규 고객뿐 아니라 기존 고객과의 관계도 위협한다는 점에서 주의가 필요한 대목이다(KT 홈페이지, 2022).

코로나19가 확산하면서 기존 콜센터로는 비대면 서비스 수요를 감당하지

못하게 됐고, 이에 따라 챗봇 등의 AI를 활용한 고객 대응 서비스에 관심을 두게 된 기업이 늘었다. 금융권 등에선 이러한 비대면 서비스 수요에 대응하기 위해 AI음성봇을 활용한 AICC(AI컨택 센터)를 도입하고 있다. 국내 AICC 산업은 빠른 속도로 성장하고 있다. 인건비 부담을 줄이며 24시간 가동이 가능하고 고객 서비스 질을 높일 수 있다는 이유로 많은 기업이 도입하고 있어서, IT기업과 통신사들의 미래 먹거리로 여겨진다. 시장조사업체 얼라이드마켓리서치는 국내 AICC 시장이 2020년 4,214만 달러(약 500억원)에서 2030년 3억 5,008만 달러(약 4,200억원) 규모로 연평균 23.7%씩 성장할 것으로 전망했다.

KT는 자사 콜센터를 AICC로 전환했고 관련 비즈니스 상품을 출시했다. 평일에는 KT 상담 건수의 40%를 AI가 응대하고 있다. 인간 상담사가 받는 전화량은 월 17만 건 정도 줄었다. 단순 문의부터 시작해서 요금제 전환 등의 복잡한 문의도 AI로 해결이 가능하다. 본인인증 시간도 AI음성봇를 통해 24초에서 5초로 단축할 수 있었다. AI가 대화 내용을 실시간으로 문자로 변환시키고, 이를 분석해서 적절한 답변과 상품을 추천하는 것이다. AI 어시스턴트를 도입하고 KT 고객센터의 상품 판매 성공률은 25.8%에서 30%로 올라갔다(KT 홈페이지, 2022).

현재 AI는 '보통, 화남, 매우 화남' 수준으로 고객의 심리를 파악할 수 있을 정도로 발전했다. 상담 과정에서 AI를 적극적으로 활용한다면 더 효율적이고 개인화된 상담이 가능하다. 특히, 개인 데이터를 분석해서 상담원에게 맞춤형 답변을 추천하는 AI는 고객의 만족도를 높이는 데 크게 기여할 수 있다. 하지만 아직 AI상담을 이용하는 고객 입장에서는 불편함이 있다. 고객이 한 가지 문의가 아니라 2~3가지 문의에 대한 답변을 한꺼번에 얻기를 원한다거나 상담 과정에서 발생하는 문제점(용어 이해의 어려움, 해석의 차이, 고객 조건 및 상황 등)을 모두 고려한 상담을 하기 어렵기 때문이다.

이처럼 정보 기술은 서비스 제공 과정에 영향을 미치고 창의적인 중개자로서 새로운 비즈니스 기회와 함께 새로운 서비스 가치 사슬을 창출하고 있다(S. Bordoloi, J. A. Fitzsimmons, & M. J. Fitzsimmons, 2023). 인터넷 연결을 위한 스마트폰과 같은 정보 기술 기기의 소형화 추세는 서비스 제공을 위한 물리적 근접성의 필요성을 없애고 대체 전달 형식을 허용한다. 예를 들어 은행 업무는 자금

이체, 청구서 납부 등의 활동을 위해 개인 계좌에 온라인으로 액세스할 수 있는 전자 서비스가 활성화되었다. 의료 분야에서는 엑스레이를 디지털화함으로써 해외로 전송하여 방사선 전문의의 판독을 받는다.

2.2 IOT를 활용한 서비스개발

서비스기업은 푸시 알림을 통해 고객에게 다양한 정보를 실시간으로 계속 보낼 수 있다. 기존에는 상상도 못했던 무수히 많은 행사 및 이벤트, 판매 상품 정보 등을 개인정보 동의한 고객에게 제공하고 있다. 고객은 유용한 정보를 얻을 수도 있지만, 불필요한 푸시 알림을 일일이 차단하는 불편함을 감수해야 한다.

서울역 2층 한 카페에서는 [그림 2-2]와 같이 고객이 직접 직원에게 다가가지 않아도 테이블에서 손쉽게 주문할 수 있다. 테이블로(Tablero)란 매장에 착석한 고객님의 스마트폰을 NFC 스티커에 올리고, 자리에서 주문부터 결제까지 간편하게 이용하는 스마트 테이블오더 서비스이다. 매장을 운영하는 고객은 앉아서 편하게 메뉴를 고를 수 있다. 매장에 들어가 메뉴판을 처음 보게 되면 메뉴가 한눈에 보이지 않고 고르는 시간이 소요된다. 특히 뒤에 누군가 기다리게

[그림 2-2] 테이블로 수분 사례

되면 먹고 싶은 걸 고르기보다는 그냥 평소 먹던 메뉴를 고르게 되는 경우가 많다. 어떤 걸 고를지 망설이는 이런 미묘한 순간에 불편한 경험을 해소할 수 있어 비대면 주문을 적극 활용하게 되는 것이다. 또한 매장을 운영하는 사장은 인건비 절약뿐 아니라 고객이 선호하는 음료를 파악하고, 매출 데이터 분석과 테이블 회전율 등의 정보를 손쉽게 파악할 수 있다.

코웨이, 서비스매니저 실시간 알림 서비스 시행

코웨이가 자사 제품에 대한 설치 또는 AS를 신청한 개인 고객들을 대상으로 '서비스매니저 도착 알림 서비스'를 시행한다고 15일 밝혔다. 해당 서비스는 고객에게 서비스매니저(설치·AS 기사) 방문에 대한 정보를 알림톡으로 미리 안내하는 서비스이다. 고객은 전달받은 알림톡을 통해 도착 안내 화면에서 서비스매니저의 출발에 대한 정보부터 현재 위치, 도착 시간 등을 확인할 수 있다.

이번 서비스는 고객 중심 경영의 일환으로 마련됐다. 서비스매니저들이 기존에 전화나 문자로 안내하던 방식에서 벗어나 시각화된 정보를 고객에게 제공함으로써 서비스 만족도를 높이는 것은 물론 서비스매니저의 업무 편의성을 개선하기 위한 목적으로 도입됐다.

코웨이 관계자는 "서비스매니저 도착 알림 서비스를 통해 고객과의 신뢰를 더욱 강화하는 것은 물론 서비스 품질을 한 단계 높이는 계기가 될 것으로 기대한다"며 "앞으로도 고객 경험을 혁신하기 위해 다양한 고객 서비스를 지속적으로 도입할 것"이라고 말했다.

출처: 서울경제(2025. 1. 15), 코웨이, 서비스매니저 실시간 알림 서비스

2.3 빅데이터를 활용한 서비스개발

빅데이터를 활용한 비즈니스는 이제 대기업에 국한하지 않고 소상공인 지원사업 플랫폼에도 적극 도입되고 있다. 중소벤처기업부와 소상공인시장진흥공

단은 예비창업자 및 소상공인을 위한 데이터 기반 경영지원 플랫폼인 '소상공인 365(bigdata.sbiz.or.kr)'의 시범운영을 마치고, 2025년 1월 2일(목) 9시부터 정식 서비스를 개시하였다. 소상공인 365는 2006년부터 운영해온 '상권정보시스템'을 고도화한 플랫폼으로, 64개의 공공 및 민간 데이터를 수집, 22종으로 융합해 데이터의 품질과 범위를 개선했으며, ① 빅데이터 상권분석, ② 내 가게 경영진단, ③ 상권·시장 핫트렌드, ④ 정책정보 올가이드 등 다양한 서비스를 제공해 예비창업자와 소상공인의 데이터 기반 창업·경영 의사결정을 지원한다(중소벤처기업부, 2025).

소상공인 365의 주요 기능은 다음과 같다. 첫 번째, '빅데이터 상권분석'은 과밀창업을 방지하고 경쟁력을 갖출 수 있도록 지원하는 서비스로, 기존의 상권정보 시스템에서 사용자들의 큰 호응을 얻었던 상권분석 서비스를 더욱 강화한 것이다. [그림 2-3]과 같이 입지 평가와 배달 정보 분석 리포트를 추가해 사업장 입지 및 업종 선택에 필요한 정보를 제공하며, '따라하기' 기능을 새롭게 도입해 디지털 활용이 익숙하지 않은 사용자도 손쉽게 서비스를 이용할 수 있도록 설계했다.

두 번째, '내 가게 경영진단'은 매출액, 고객 관심도 등을 바탕으로 개별 사업장의 경쟁력, 성장 전망, 생존 가능성 등을 분석한다. 또한, 시간대별 인기 메뉴, 유동인구 등 소상공인의 경영전략 수립에 필요한 정보를 제공한다. 세 번째,

[그림 2-3] 소상공인 365

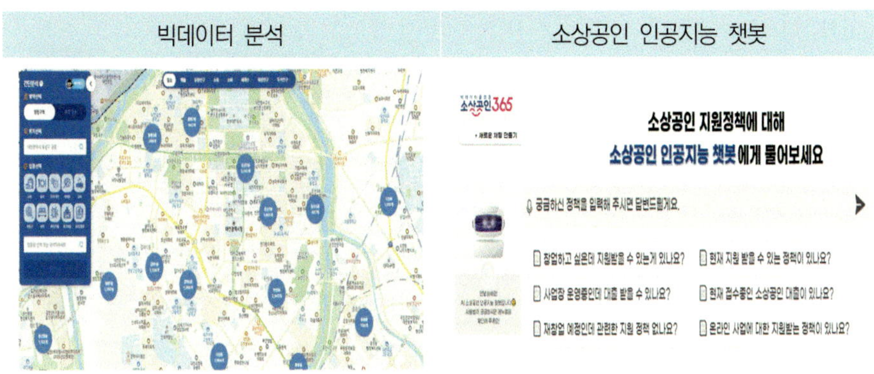

'상권·시장 핫트렌드'는 직장인구가 많은 회식 상권, 배달 매출이 높은 배달 상권 등 특정 고객층 및 소비 트렌드를 반영한 핫플레이스 상권정보를 제공해 창업 아이템과 연계한 입지 선택이 가능하도록 돕는다. 마지막으로, '정책정보 올가이드'는 소상공인 정책정보 안내 플랫폼인 '소상공인 24'와 연계해 정부 지원 사업 정보를 제공한다.

03 고객 데이터 분석을 통한 인사이트 발굴

3.1 고객의 소비성향 분석

고객 경험(Customer eXperience: CX)의 시대, 고객을 제대로 파악하기 위해서는 완전한 '경험' 관점으로 전환해 새로운 시각으로 고객에게 접근할 필요가 있다. 새로운 고객 경험의 관점에서 고객 경험 패턴을 정의해 모델링하고, 이를 분석해 타깃을 선정한 뒤 이를 대상으로 한 맞춤형 고객 만족(CS)을 추진해야 하는 것이다. 선도적인 기업들은 현재 기술로 이용 가능한 풍부한 데이터를 최대한 활용하는 더 나은 접근 방식을 개척하고 있다. 고객, 재무 및 운영 시스템 전반에서 상호작용 데이터를 정기적으로 수집해 고객에 대한 깊은 통찰력을 얻을 수 있는 토대를 구축하고 있다(한국경제, 2023년 10월 17일자).

[그림 2-4]는 현대카드에서 제공하는 고객의 소비성향 분석 내용이다. 앱카드를 사용하는 고객이 자신이 1년간 사용한 패턴을 세부적으로 알려주고 결제 성향(내향, 외향)을 구분하여 보여주며 하루 어느 시간대에 주로 카드 결제를 하는지, 어느 요일에 사용이 많은지, 어떤 음식을 주로 먹는지까지 알 수 있다. 또한 다른 사람과의 비교도 할 수 있다. 기존에는 연간 명세서와 같이 고객의 월평균 결제 금액, 총결제 건수, 월평균 결제 건수, 가장 많이 결제한 업종 등과 같은 정보만 제공했지만, 제공 정보에 고객 경험 및 흥미 요소를 추가함으로써 고객이 앱 카드 방문 빈도 및 이용률을 높이는 데 기여할 수 있다.

[그림 2-4] 현대카드 고객정보 서비스

고객을 깊이 이해하는 기업은 고객을 위한 탁월한 가치를 창출할 수 있다. 특히 서비스기업의 경우, 고객과의 긴밀한 관계가 더욱 중요하게 여겨진다. 이는 서비스의 주요 특성인 무형성(intangibility), 불가분성(inseparability), 소멸성(perishability), 이질성(heterogeneity) 때문이며, 이러한 특성으로 인해 서비스기업은 제품 중심의 기업보다 고객 집중도가 더욱 요구된다. 또한, 서비스기업은 고객을 서비스 제공 과정에 직접 참여시키는 경우가 많아, 서비스 구매가 고객의 헌신과 친밀한 관계 형성으로 이어지는 경향이 있다(C. Lindh & E. R. Nordman, 2018).

신한카드는 고객의 결제 데이터와 소셜 데이터 분석을 통해 2025년 소비 트렌드 키워드로 [그림 2-5]와 같이 리바이브(R.E.V.I.V.E)를 제시했다. 리바이브는 불확실한 일상 속에서도 새로운 출발을 모색하고 삶의 의미와 활력을 되찾으려는 부활과 회복의 의미를 담았다.

신한카드 빅데이터연구소는 'R.E.V.I.V.E'의 세부 키워드로 페스티벌 코어(Redefine Festivities), 셀프 디깅(Exploring Identity), AI 네이티브(Virtual Companions), 콘텐츠 커머스(Integrated Contents Commerce), 다정력(Value of Tenderness), 기후 이코노미(Environment First)를 전망했다(연합뉴스, 2025).

신한카드는 자신을 깊이 이해하고 표현하는 소비 목적의 변화로 '셀프 디깅'을 제시했다. 외모, 건강, 심리, 운세에 이르기까지 자신을 잘 알기 위한 분석이 유행하면서 유전자 검사, 심리 검사, 퍼스널 컨설팅, 생활기록부 열람 등 셀프 진단이 다양해지고 사주나 타로도 자신을 알기 위한 방법으로 이용되는 것이 확인됐다. 신한카드의 2024년 1~9월 오프라인 철학관 및 운세 관련 가맹점의 이용 변화를 보면 전년동기 대비 이용자수는 5.4%, 이용건수는 4.9%, 이용금액은 13% 늘어났다. 특히, 20대의 이용건수 증감률은 6.1%, 30대는 9.9%로 전체 증감률 4.9%를 상회했다.

[그림 2-5] 신한카드 선정 2025년 소비 트렌드

출처: 연합뉴스(2025. 1. 16), 올해의 소비 트렌드는 'REVIVE'

3.2 고객의 숨겨진 니즈 발굴

Janet R. McColl-Kennedy 외(2019)는 고객 경험(CX)이 최근 수년간 마케팅 및 서비스 분야에서 중요한 전략적 개념으로 자리 잡았다고 언급하면서, 기존 연구들이 대부분 B2C(기업-소비자) 환경에 집중되어 있다는 한계를 지적하였다. 이에 따라 이들은 B2B(기업-기업) 환경에서 고객 경험을 분석하기 위한 새로운 개념적 프레임워크를 제시하였다.

이 연구는 정량적 데이터와 정성적 데이터를 통합적으로 분석하여 고객의 목소리(Voice of Customer)를 보다 심층적으로 이해하고자 하였다. 특히 텍스트 마이닝 기법을 활용하여 고객의 코멘트를 분석하고, 그 속에서 유의미한 패턴을 도출하였다. 이를 통해 고객의 의견으로부터 감정 및 인지 반응을 추출함으로써, 정성적 데이터의 활용 가능성을 발굴하였다.

고객 의견의 40%는 가치 창출 요소와 관련되며, 아래 5가지로 분류된다.

① 자원(Resources): 고객이나 기업이 사용하는 장비, 시스템, 인력 등(예: 엔진, 부품, 서비스 직원 등)

② 활동(Activities): 부품 주문, 수령, 현장 서비스 요청 등. 기업의 활동이 가장 많은 비중(33%)을 차지함.

③ 맥락(Context): 서비스가 일어나는 환경적 상황 또는 조건(예: 주말 서비스 제공 여부, 온라인 주문 가능성 등. 전체의 21%를 차지함)

④ 상호작용(Interactions): 고객과의 커뮤니케이션 품질, 후속 대응 방식 등

⑤ 고객의 역할(Customer Role): 고객이 서비스 제공에 직접 참여하거나 협조하는 정도

고객의 감정 표현도 분석에 포함되었으며, 주요 감정은 기쁨(joy), 사랑(love), 놀람(surprise), 분노(anger), 슬픔(sadness), 공포(fear)로 나타났다.

〈감정 분석(Discrete Emotions) 예시〉

- "서비스에 매우 만족합니다." → 기쁨
- "비용이 터무니없습니다." → 분노

- "고장 난 부품이 여전히 작동하지 않습니다." → 슬픔
- "서비스 후 연락이 없었습니다." → 불안감 (공포)

고객의 인지 반응(Cognitive Responses)에 대한 연구 결과는 크게 세 가지 범주로 분류되었다. 첫째, 가격, 품질, 커뮤니케이션 문제 등과 관련된 불만(Complaints), 둘째, 정확한 서비스 제공, 친절한 태도, 빠른 응답 등과 같은 긍정적 평가(Compliments), 셋째, "부품 스토어를 더 간단히 만들어주세요"와 같은 개선을 위한 제안(Suggestions)이 그것이다.

이 중에서 가장 높은 비중을 차지한 것은 긍정적 서비스 평가(Compliments)로, 전체의 42%를 차지하였다. 이는 고객들이 기업의 서비스 성과를 긍정적으로 평가하는 경향이 강하다는 점을 보여준다.

CES 2025를 다녀온 이들의 이야기에 따르면, 이번 전시회는 경이로움과 두려움이 공존하는 경험이었다고 한다. 그 중심에는 양자컴퓨팅이 있다. 양자컴퓨팅이 가져올 변화는 상상조차 어려울 만큼 거대한 가능성을 품고 있기 때문이다.

양자컴퓨팅은 컴퓨터 과학, 물리학, 수학이 융합된 첨단 분야로, 양자역학의 원리를 활용하여 기존 컴퓨터보다 훨씬 빠르게 복잡한 문제를 해결할 수 있

는 기술이다. 아직은 일반 대중에게 생소하고 정확한 이해가 어렵지만, 이 기술은 인류가 직면한 수많은 문제를 근본적으로 해결할 수 있는 잠재력을 지닌 혁신으로 인식되고 있다.

기업은 이처럼 급속도로 진화하는 기술 환경에 발맞추어 '퀀텀 매니지먼트(Quantum Management)'를 도입할 필요가 있다. 실제로 이러한 접근 방식을 기반으로 성공을 거둔 사례들이 등장하고 있다. 대표적인 예로, 쿠팡은 설립 초기 막대한 비용 부담으로 인해 지속적인 적자에 직면했으나, 팬데믹 시기 '로켓 배송'이라 불리는 당일 배송 시스템을 통해 소비자의 일상에 혁신을 가져오며 유통업계 1위로 도약하였다. 이는 기업이 퀀텀 점프를 실현한 대표적인 사례로 평가된다.

신서비스개발은 단순히 새로운 서비스를 창출하는 것을 넘어, 기존 서비스의 혁신을 포함하는 전략적 과정이다. 이 과정은 고객의 기대를 뛰어넘는 가치를 제공함으로써 기업의 경쟁력을 확보하는 데 핵심적인 역할을 한다. 특히 고객에게 강한 인상을 남기는 경험을 창출하는 것이 중요하며, 기업은 고객의 마음에 깊이 각인될 수 있는 특별한 경험을 설계하는 데 집중해야 한다.

와이즈에이아이(WISE AI)의 서비스 영역 확장

와이즈에이아이(WISE AI)는 인공지능(AI) 기술을 활용하여 다양한 산업 분야에 혁신적인 솔루션을 제공하는 기업이다. 최근에는 AI 고객센터 플랫폼 'SSAM(쌤)'을 통해 의료기관, 법률 사무소 등 다양한 분야로 서비스 영역을 확장하고 있다.

SSAM(쌤) 플랫폼은 다음과 같은 주요 기능을 포함한다.

- AI 인바운드 콜: 고객의 문의를 24시간 자동으로 응대하여 예약, 상담 등을 처리한다.
- AI 아웃바운드 콜: 고객에게 진료 안내, 예약 확인 등 사전 정보를 제공하여 고객 관리를 지원한다.
- AI 홈페이지: 음성, 영상, 텍스트를 활용한 인터랙티브한 웹 서비스를 제공하여 고객이 쉽게 정보를 얻을 수 있다.
- AI 안내로봇: 자율주행 및 정보 제공 기능을 갖춘 로봇으로, 고객 안내 및 에스코트 서비스를 제공한다.

- AI 관리자 시스템: 상담 리스트, 학습 현황, 통계 등을 제공하여 AI 서비스의 효율적인 관리를 지원한다.

이러한 서비스를 통해 와이즈에이아이는 병원, 법률 사무소 등 다양한 분야에서 고객 응대의 효율성을 높이고 있다. 특히, 특허법인 메이저와의 협력을 통해 법률 분야로의 서비스 확장을 이루었으며, NHN KCP와의 제휴를 통해 전자상거래 분야에도 AI 솔루션을 공급하고 있다.

출처: https://www.wiseai.co.kr/service/page07.html?utm_source=chatgpt.com

함께 이야기해 봅시다

1. AI와 빅데이터 기술과 접목된 새로운 서비스는 고객에게 어떤 혜택을 제공하는지 또는 어떤 불편함을 발생시키는지 이야기해 봅시다.

2. 고객의 정보와 데이터를 활용해 개발할 수 있는 신서비스를 예측해 보고, 미래 사회 소통 및 생활방식의 변화를 생각해 봅시다.

참고문헌

〈단행본〉

권병일 · 안동규 · 권서림(2018), 「4차 산업혁명의 실천 – 디지털 트랜스포메이션」, 청람.

황혜미(2022), 「서비스경영 – 고객접점 실무중심」, 정독.

Bordoloi, S., Fitzsimmons, J. A., & Fitzsimmons, M. J. (2023), Service Management, Tenth Edition, McGraw–Hill.

〈학위 및 학술 논문〉

Lindh, Cecilia & Nordman, Emilia Rovira (2018), New Service Development and Digitalization: Synergies of Personal Interaction and IT Integration, Services marketing quarterly, 39(2), 108–128.

McColl–kennedy, Janet R., Zaki, Mohamed, Lemon, Katherine N., Urmetzer, Florian, & Neely, Andy (2019), Gaining Customer Experience Insights That Matter, Journal of Service Research, 22(1), 8–26.

〈기타〉

서울경제(2025. 1. 15), 코웨이, 서비스매니저 실시간 알림 서비스.

연합뉴스(2025. 1. 16), 올해의 소비 트렌드는 'REVIVE'.

중소벤처기업부 보도자료(2025. 1. 1), 데이터 기반 소상공인 경영지원 플랫폼, '소상공인 365' 정식서비스 런칭.

한국경제(2023. 1. 17), 데이터로 고객경험 분석_비즈니스 모델 혁신해야.

KT 홈페이지(2022. 6. 4), AI음성봇, 고객과의 최접점 '콜센터' 혁신의 시작 https://enterprise.kt.com

CHAPTER 3

신서비스개발 프로세스

시니어시장의 신서비스개발 사례

고령화가 빠른 속도로 진행되면서 시니어 세대에 대한 관심이 높아지는 가운데 이들의 인생 2막 지원을 위해 기업들이 나섰다. 이들은 안정적인 경제력을 갖추고 능동적인 자세로 자신의 삶을 대하는 액티브 시니어를 위한 폭넓은 배움의 기회를 제공하며 그들의 건강한 노후 준비를 지원하고 있다.

스타일링 등 메이크오버는 물론 자서전 독립출판 클래스 등 라이프스타일 전반을 아우르는 아카데미부터 시니어 세대만을 위한 학습지나 IT 교육, 대학교의 전공 개설 움직임까지. 시니어 교육을 통해 활기찬 인생 2막 준비를 돕는 기업들의 움직임은 점차 다채로워지고 있다.

◇ 지냄

라이프스타일·웰니스 기업 지냄은 메이크오버, 원 데이 클래스 등 액티브 시니어를 위한 프리미엄 클래스 중심의 '고:요 웰니스 아카데미'를 통해 시니어 라이프스타일을 위한 새로운 문화를 만들어 나가고 있다.

고:요 웰니스 아카데미는 단순 강의나 정보 공유가 아닌 직접적인 체험을 통해 내면과 외면을 가꾸는 체계적인 프로그램들을 제공한다. 대표 프로그램인 '고:요 맞춤형 메이크오버 - 새로운 나를 디자인 하다'는 '나에게 꼭 맞는 스타일링으로 시니어 모델 되어보기' 등을 주제로 전문가와 함께 자신에게 어울리는 헤어&메이크업 연출법을 배울 수 있다.

◇ 교원

학습지의 대명사로 잘 알려진 구몬은 지난 5월 50세 이상을 위한 '구몬 액티브라이프'를 선보이며 시니어 교육 분야에 핫이슈로 떠오르고 있다. '어른들의 학습지'를 표방하는 구몬 액티브라이프는 50세 이상 회원이 합리적인 가격으로 학습이 가능한 패키지 상품이다. 목표에 따라 원하는 과목을 선택해 패키지를 구성할 수 있으며 구몬 선생님이 주 1회 방문해 학습 관리를 돕는다.

여기에 시니어 전용 매거진을 더해 차별점을 더했다. ▲국어 ▲영어 ▲수학 ▲일어 ▲중국어 ▲한자 ▲브레인 쑥쑥 등 7과목의 학습 외에도 액티브 시니어들의 두뇌 인지 활동을 돕는 자체 제작 매거진인 '원더풀 라이프'를 함께 제공해 만족도를 높였다.

론칭 4주 만에 상품 계약을 맺은 총 과목 수에서 1만을 달성할 정도로 반응도 뜨겁다. 유치원 및 초등학생 대상 학습지의 월평균 신청 과목수가 5만 개 수준이란 점을 고려해 보면 구몬 액티브라이프의 성과는 그 의미가 크다.

신규 회원을 연령별로 살펴보면 ▲50대 43.9% ▲60대 29.2% ▲70대 이상 26.8%를 차지했고, 학습 과목으로는 한자와 영어, 일어 과목 순으로 나타났다.

출처: 조선에듀(2024. 9. 4), "인생 2막 지원"…시니어 교육으로 눈 돌린 기업들

01 신서비스개발의 실행 요소

1.1 신서비스개발의 연구

신서비스개발(New Service Development, NSD) 연구에서는 많은 학자가 다양한 프로세스를 제시해 왔다. 성공적인 신서비스개발을 위해서는 개발 단계의 수와 관계없이 단계별로 완성도 높은 실행이 이루어져야 하며, 단계 간의 연결이 체계적이어야 실패 가능성을 최소화할 수 있다.

현재 대기업 및 IT 기업들을 중심으로 신서비스개발이 활발히 이루어지고 있으나, 실제 개발 과정에 대한 구체적인 노하우는 외부에 공유되지 않는 경우가 많다. 이에 따라 국내에서는 일부 서비스경영 컨설팅 사례나 기업이 제한적으로 공개한 자료에 의존해야 하는 실정이며, 이는 신서비스개발 프로세스를 체계적으로 연구하고 일반화하는 데 한계로 작용하고 있다.

Mendes et al.(2017)은 1984년부터 2014년까지 발표된 NSD 관련 문헌을 대상으로 계량서지학적 분석을 실시하여 다음과 같은 주요 내용을 도출하였다.

계량서지학적 방법이란 문헌에 포함된 저자, 인용 정보, 키워드, 분류 코드 등의 요소를 기반으로, 수학적·통계적 기법을 활용하여 동시 발생 빈도(co-occurrence)를 측정하는 분석 방법이다. 이 방법을 통해 연구 동향, 지식 구조, 핵심 주제 등을 파악할 수 있다.

Mendes 등은 총 277편의 NSD 관련 논문을 다음의 네 시기로 구분하여 정량적 및 정성적 분석을 실시하였다. 이를 통해 NSD 연구의 역사적 전개와 학문적 진화를 보다 체계적으로 이해할 수 있는 기반을 마련하였다.

- 초기 저작물 시기(1984~1995)
- 문헌 발전기(1996~2001)
- 진보적 문헌기(2002~2008)
- 최근 연구 시기(2009~2014)

연구 결과에 따르면, NSD 분야는 소수의 연구자 네트워크로 구성되어 있으며, 이들 간의 연결은 비교적 느슨한 편이다. 기존의 성숙한 연구 네트워크가 해체되는 동시에, 새로운 연구자들이 고립되는 현상도 관찰되었다.

또한 NSD 연구는 새로운 제품 개발(NPD) 연구에 비해 상대적으로 단편적이며, 실무자들이 일반적으로 활용할 수 있는 도구나 성공 지침을 충분히 제공하지 못하고 있다. NSD가 NPD로부터 점차 독립된 연구 및 발견의 영역으로 자리 잡아가고 있음에도 불구하고, 신서비스개발 프로세스나 서비스 혁신 관리의 효과성을 정량적으로 측정하는 데에는 여전히 한계가 존재한다.

1.2 신서비스개발 수행의 핵심요건

신서비스개발을 효과적으로 수행하기 위해서는 실행 조직, 서비스 설계 프로세스 및 개발 도구, 그리고 혁신을 수용할 수 있는 조직 환경이 필요하다. 그러나 실제로 대부분의 서비스 기업은 신서비스개발을 위한 공식적인 조직을 구축하는 데 어려움을 겪고 있으며, 새로운 아이디어의 원천이 경쟁자인 경우도 많아 독창적인 아이디어를 발굴하는 데도 제약이 있다.

또한 개발 대상 서비스에 대한 전략과 개념이 수립되었다 하더라도, 시제품(Prototype)을 제작하는 과정에서 어려움을 겪는 경우가 많다. 더 나아가, 서비스가 개발되더라도 시간 부족 등으로 인해 파일럿 테스트나 사용자 피드백 없이 바로 시장에 출시되는 사례도 빈번하게 발생하고 있다.

이러한 현실적인 어려움에도 불구하고, 신서비스개발(NSD)을 성공적으로 수행하기 위해 서비스기업이 반드시 갖추어야 할 핵심 요건들이 존재한다.

NSD 프로세스가 효과적으로 운영되기 위해서는 개발팀과 관련 인력, 조직 구조, 지원 가능한 자원, 그리고 개발팀의 대내외적인 활동, 즉 네트워킹(Networking)

이 매우 중요하다.

De Jong et al.(2003)은 NSD의 성공을 위해 다음과 같은 이 네 가지 요소가 유기적으로 작동해야 함을 강조했으며, 특히 외부와의 긴밀한 협력과 정보 교환이 개발 성과에 큰 영향을 미친다고 지적하였다.

① 인적자원 및 개발팀 구성

신서비스개발(NSD)의 성공을 위해서는 고객접점 직원의 개발팀 참여가 필수적이다. Johne and Storey(1998)는 고객과 직접 상호작용하는 직원들이 고객의 니즈와 기대를 가장 잘 이해하고 있기 때문에, 이들의 참여가 개발 성과에 중대한 영향을 미친다고 강조하였다.

또한 개발팀 내에서는 혁신과 관련된 각 구성원의 역할 분담이 명확히 이루어져야 하며, 전문적인 개발 역량도 요구된다. NSD 팀은 고객에 대한 깊은 이해를 바탕으로, 관련 기술, 서비스 전달 프로세스, 그리고 개발 방법론에 대한 충분한 지식과 경험을 갖추고 있어야 한다.

이러한 역량과 역할이 유기적으로 결합될 때, NSD이 성공 가능성은 크게 향상될 수 있다.

② 조직 구조

NSD 프로세스가 성공적으로 운영되기 위해서는, 그 절차와 규칙이 공식적으로 문서화되어 있어야 하며, 각 프로젝트의 과업 설계(task design)가 명확하게 제시되어 개발팀이 이를 정확히 이해할 수 있어야 한다.

뿐만 아니라, 과업이 팀원들에게 도전적인 목표로 인식되어야 하며, 과업 순환(task rotation)을 통해 팀원들의 다양한 관점과 역량을 확장할 수 있도록 해야 한다. 이러한 접근은 팀의 유연성과 창의성 향상에 기여한다.

신서비스개발(NSD)에서도 다기능팀(cross-functional team)의 구성은 핵심적 요소이며, 내부 협력(internal collaboration)과 적절한 보상 시스템이 함께 뒷받침되어야 한다. 성백서(2007)는 이와 같은 조직적 요소들이 NSD 프로젝트의 성과를 결정짓는 중요한 요인임을 강조하였다.

③ 자 원

신서비스개발(NSD)에서 자원의 중요성은 더 말할 필요도 없이 핵심적인 요소로 간주된다. 투자 자금뿐만 아니라 시간 또한 중요한 자원이며, 이를 어떻게 효율적으로 관리하느냐가 개발의 성패를 좌우할 수 있다.

또한 정보기술(IT)은 아이디어 창출을 위한 정보 제공은 물론, NSD 전 과정에서 개발을 촉진하는 중요한 도구로 작용한다. 정보기술의 활용은 팀 간 협업, 고객 인사이트 수집, 시제품 테스트 등 다양한 단계에서 생산성과 효율성을 높이는 데 기여한다.

④ 네트워킹

신서비스개발(NSD)의 성공 가능성을 높이기 위해서는, 개발팀이 외부 기관, 경쟁자, 협력업체 등과의 관계에 전략적으로 집중하고, 가능한 한 협력적 관계를 유지하는 것이 중요하다. De Jong et al.(2003)은 이러한 외부 네트워크와의 유기적인 협력 관계가 NSD의 성과에 긍정적인 영향을 미친다고 강조하였다.

또한 서비스는 무형성(intangibility)이라는 특성 때문에 제품처럼 사전에 명확하게 테스트하기가 어렵다. 이로 인해 대부분의 서비스는 테스트와 출시를 동시에 진행하는 경향이 있지만, 가능하다면 출시 전 별도의 테스트 단계를 마련하는 것이 바람직하다. 사전 테스트는 서비스의 문제점을 조기에 발견하고 수정할 수 있는 기회를 제공함으로써, 전체적인 성공 가능성을 높일 수 있다.

1.3 NSD 프로세스 사이클 모형

Johnson et al.(2000)은 마케팅 분야의 연구자들과 현장 서비스 경영자들의 관점을 반영하여, 신서비스개발(NSD) 프로세스 사이클 모형을 제시하였다([그림 3-1] 참조).

이 모형은 디자인(design), 분석(analysis), 개발(development), 출시(launch)의 네 가지 주요 단계(phases)로 구성되어 있으며, 비선형적이며 반복적인 사이클 구조를 갖는다. 이러한 구조는 서비스 개발 과정에서 각 단계가 선형적으로 진행되기보다는, 상황에 따라 여러 차례 반복되거나 역류(reiteration)될 수 있음을 시사한다.

특히 이 모형에서는 피드백의 중요성을 강조하며, '주요(major) 피드백'과 '부(minor) 피드백'으로 구분하고 있다. 주요(major) 피드백은 전체 프로세스를

[그림 3-1] NSD 프로세스 사이클 모형

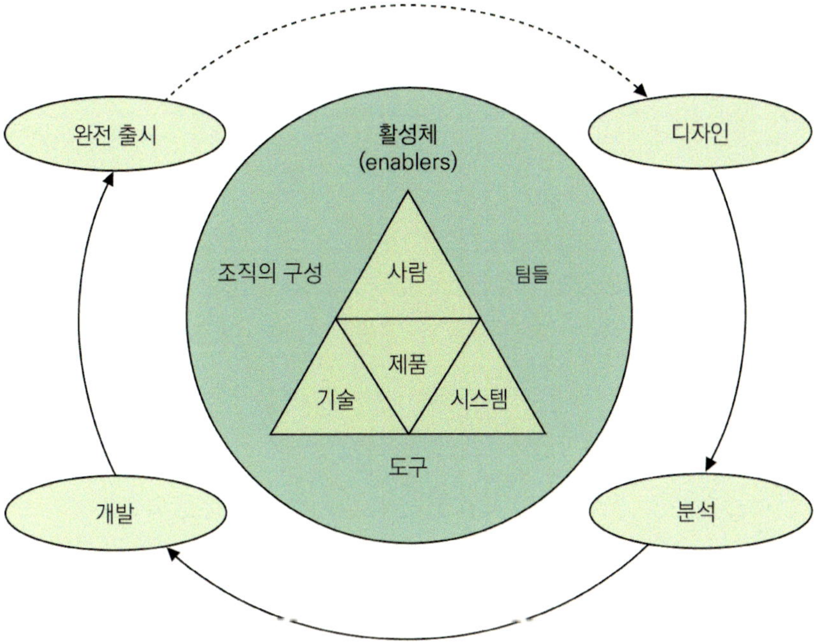

반복하기 전에 전략 수립 또는 개념 개발 등의 이전 단계로 되돌아가는 흐름을 의미하며, 부(minor) 피드백은 특정 의사결정을 수정하기 위해 가까운 이전 단계로 회귀하는 비교적 단순한 흐름을 뜻한다.

성백서(2007)는 서비스의 무형성(intangibility) 특성으로 인해 이러한 피드백 메커니즘이 NSD 프로세스에서 특히 중요하게 작용한다고 강조하였다.

해당 모형은 사람, 제품, 기술, 시스템이 기존의 서비스 시스템을 구성하는 핵심 요소이며, 여기에 조직 문화, 혁신 팀, 혁신 도구 등이 결합되어 신서비스 개발(NSD) 프로세스를 활성화시키는 기제(enablers)로 작용한다는 전제를 바탕으로 한다.

이 모형에서는 전체 프로세스를 크게 계획과 실행의 두 단계로 구분한다. 디자인(design)과 분석(analysis) 단계는 계획(planning) 차원, 개발(development)과 출시(launch) 단계는 실행(execution) 차원에 해당한다. 단계별 주요 활동은 다음과 같다.

① 디자인 단계

신서비스의 목표 및 전략 설정, 아이디어의 창출 및 선별, 서비스 개념의 개발과 테스팅을 포함한다. 이는 고객 니즈와 시장 기회를 반영한 개념 정립의 단계로, NSD의 방향성을 설정하는 데 핵심적인 역할을 한다.

② 분석 단계

사업성 분석(business analysis)과 프로젝트의 공식 인가(authorization)가 핵심 활동이다.

이 단계에서는 시장성과 재무적 타당성을 검토하여 프로젝트 추진 여부를 결정한다.

③ 개발 단계

서비스디자인 및 테스팅, 프로세스 및 시스템 설계와 검증, 마케팅 프로그램의 설계 및 시험 실행, 인력 훈련, 그리고 서비스 테스트 및 시험 마케팅 활동이 포함된다. 실질적인 실행을 위한 구체적인 설계와 준비가 이뤄지는 핵심 실무 단계이다.

④ 출시 단계

서비스의 공식 출범과 그 이후의 성과 리뷰, 개선사항 반영 등의 활동을 포함한다. 이를 통해 실제 시장에서의 반응을 점검하고, 지속적 개선의 출발점이 된다.

02 신서비스개발 단계

2.1 NSD 프로세스 10단계

Ian Alam과 Chad Perry(2002)는 금융 서비스 산업을 중심으로 신규 서비스 개발(New Service Development, NSD) 프로세스를 어떻게 효과적으로 관리할 수 있는지를 탐구하였다. 이들은 NSD 과정에서 주요 단계(key stages)와 함께 고객 참여(customer participation)의 중요성을 강조하였으며, 특히 기업의 규모에 따라 NSD 관리 방식이 달라질 수 있다는 점을 지적하였다.

이 연구는 NSD 프로세스를 총 10단계로 구분하였으며, 각 단계는 다음과 같다.

- 1단계: 전략적 계획(Strategy Planning)
- 2단계: 아이디어 창출(Idea Generation)
- 3단계: 아이디어 스크리닝(Idea Screening)
- 4단계: 비즈니스 분석(Business Analysis)
- 5단계: 다기능 팀 구성(Formation of Cross-functional Team)
- 6단계: 서비스 및 프로세스 설계(Service Design and Process Design)
- 7단계: 인력 교육(Personnel Training)
- 8단계: 서비스 테스트 및 파일럿 운영(Service Testing and Pilot Run)
- 9단계: 테스트 마케팅(Test Marketing)
- 10단계: 상용화(Commercialization)

이 10단계 모델은 서비스 개발 전반에 걸친 체계적인 접근을 가능하게 하며, 고객의 의견을 반영하고 시장의 변화에 유연하게 대응할 수 있도록 돕는다. 특히, 고객의 조기 참여는 서비스 품질과 시장 적합성을 높이는 핵심 요소로 작용한다.

대규모 조직에서는 각 단계 말미에 체크포인트(checkpoint)가 포함된 관료적이고 순차적인 NSD 프로세스를 따르며, 여기서 Go/Kill 결정이 이루어진다. 응답자들은 이러한 구조가 도입된 주요 이유로 프로세스의 효율성을 꼽았다. 그러나 NSD의 개발 단계를 순차적으로 진행할 것인지, 병렬적으로 수행할 것인지에 대해서는 학자들 사이에서 여전히 논쟁이 존재한다.

이상적으로는, NSD 담당 관리자가 아이디어 창출에서 상용화까지 일관된 개발 활동을 수행하는 공식적 선형 프로세스(linear process)를 구축해야 한다는 견해가 있다.

그럼에도 불구하고, 전체 개발 속도를 단축하기 위해 일부 단계를 동시에 병렬적으로 진행하는 접근도 가능하며 실무적으로 유용하다. 특히 다음의 세 가지 단계는 병행 수행이 가능한 대표적 사례로 제시된다.

1. 전략 기획 및 아이디어 도출(Strategy Planning & Idea Generation)
2. 아이디어 스크리닝 및 사업 분석(Idea Screening & Business Analysis)
3. 인력 양성 및 서비스 테스트(Personnel Training & Service Testing)

이와 같은 병렬 처리 방식은 유연성과 속도를 동시에 확보할 수 있는 전략으로, 특히 자원이 제한된 조직이나 빠른 시장 대응이 필요한 상황에서 유용하다.

또한, 서비스 개발의 성공 가능성을 높이기 위해서는 각 개발 단계에서 고객의 의견을 체계적으로 포착하는 것이 매우 중요하다. 연구에서는 NSD 프로세스의 다양한 단계에서 고객 의견이 수행하는 역할을 분석하고, 이를 통해 고객과의 협업(Co-creation)이 서비스 개발 성과 향상에 기여할 수 있음을 강조하였다.

고객은 단순한 피드백 제공자에 그치지 않고, 아이디어 창출, 콘셉트 테스트, 프로토타입 평가 등의 단계에서 적극적인 참여자(active participant)로서 역할을 수행할 수 있다. 이는 서비스가 갖는 무형성(intangibility)과 동시성(simultaneity) 특성을 보완하고, 고객 맞춤형 서비스 개발을 가능하게 한다.

Alam(2007)은 2002년 공동연구 이후, 미국과 인도 기업의 신서비스개발(NSD) 프로세스를 비교 분석하여 두 국가 간의 차이점과 유사점을 도출하였다. 연구 결과에 따르면, 미국 기업은 인도 기업에 비해 보다 급진적인 혁신(radical innovation)을 추구하는 경향이 있으며, 이는 시장 지향성(market orientation)이 혁신 촉진에 있어 중요한 요인임을 보여준다.

특히, 미국 기업은 신서비스개발 10단계를 보다 체계적이고 엄격하게 적용하는 것으로 나타났으며, NSD 프로세스 전반에 걸쳐 표준화된 절차와 명확한 의사결정 구조를 강조하였다.

한편, Alam and Perry(2002)의 기존 10단계 NSD 프로세스를 기반으로 Alam(2007)은 단계 통합과 병렬처리를 포함한 개선된 모델을 제안하였다. 실제

NSD 관리자들은 개발 리드 타임 단축과 비용 절감을 위해 일부 개발 단계를 병렬적으로 진행하거나 중복 개발 단계를 설정하는 경향이 있었으며, 이를 통해 단계 간 기능적 통합(functional integration)의 필요성도 강조되었다. 이러한 접근은 실무에서의 유연성과 효율성을 동시에 확보하고자 하는 전략으로 해석될 수 있다.

2.2 NSD 프로세스 비교

최은미(2017)는 「제조업의 서비스화 지원 컨설팅 프레임워크 연구」에서 신서비스개발(NSD)과 관련된 연구자 및 기관별 프로세스를 <표 3-1>에 정리하였다. 다양한 학자들이 제안한 NSD 프로세스는 세부 단계에서 차이를 보이지만, 공통적으로 고객 관점에서 전략을 수립하고, 이후 서비스 개발 및 테스트를 거쳐 상업화(commercialization)에 이르는 구조를 가지고 있다.

또한 연구에서는 기업의 조직적 특성, 개발팀의 역량, 신서비스의 유형 및 시장성 등 다양한 요소를 고려해, 각 기업에 적합한 최적화된 NSD 프로세스의 구축 필요성을 강조하였다. 이는 일률적인 개발 절차가 아닌, 상황 맞춤형 전략적 접근 방식이 중요함을 시사한다.

여러 학자들이 신서비스개발(NSD) 프로세스를 연구하고 다양한 유형으로 분류해 왔지만, 서비스 기업은 자사의 조직적 특성과 현황을 고려하여 최적의 개발 프로세스를 선정하는 것이 무엇보다 중요하다.

예를 들어, 3단계로 단축된 개발 프로세스는 시간과 비용을 줄여 신속한 서비스 출시가 가능하지만, 시장 진입 후 반응이나 성공 가능성에 대한 충분한 검토가 부족할 수 있다는 점을 주의해야 한다. 반대로, 6단계 이상의 정교한 프로세스를 적용하면 체계적인 개발은 가능하나, 개발 기간이 장기화되어 시장 타이밍을 놓치거나 경쟁력을 상실할 우려가 있다.

따라서 서비스 기업의 경영진과 관리자는 시장성과 실행 가능성, 개발 자원, 조직 역량 등을 종합적으로 고려하여, 명확하고 전략적인 판단을 바탕으로 가장 효과적인 개발 경로를 설계해야 한다.

〈표 3-1〉 신서비스개발 프로세스 비교

연구자 및 기관	1단계	2단계	3단계	4단계	5단계	6단계
	기회 포착, 기획	소비자 이해, 아이디어 창출	콘셉트 개발	프로세스, 시스템 개발	Pre Launch	실행
Ganz			제품 모델	과정 모델	자원 모델	
Alam	전략 기획	아이디어 창출 및 스크리닝	사업 분석	팀 구성 서비스 과정 및 시스템 개발	사원 교육 서비스 테스트, 테스트 마케팅	상업화
Johnson	Design	Analysis		Development		Full Launch
Postech	서비스 기회 포착		콘셉트 확정	서비스디자인		서비스 구현
김광재	기회 포착/소비자 이해		콘셉트 개발	서비스 과정 디자인		서비스 구현 및 개정
Scheuing & Johnson (~1989)	서비스 목표 기획	아이디어 창출 및 스크리닝	콘셉트 개발 및 테스트, 사업 분석 프로젝트 승인	서비스디자인 및 테스트, 과정과 시스템 디자인 및 테스트	사업 교육 서비스 테스트 모의 테스트	서비스 구현, 실행 후 리뷰
DeJong et al. (~2003)		아이디어 창출 및 스크리닝	상업적 평가	서비스개발	테스트	출시
Kuozmarski & Johnson (~2005)	혁신 전략 문제 및 필요 규명	아이디어 창출 및 스크리닝	개념 개발 및 비즈니스 분석	서비스개발	규모 확대 테스팅	출시 및 일상적인 상업 운영

출처: 최은미(2017), 제조업의 서비스화 지원 컨설팅 프레임워크로서의 4E모델 연구, 국민대학교 테크노디자인대학원 박사학위 논문

03 고객참여

3.1 고객참여의 중요성

오늘날에는 서비스기업뿐만 아니라 제조업 및 공공기관에서도 신서비스개발을 통해 고객가치를 창출하는 데 있어 고객 참여의 중요성을 인식하고 있다. 고객은 단순한 수동적 수혜자가 아니라, 가치 창출 과정에 적극적으로 참여하며, 새로운 가치를 추가하고 확산하는 데 핵심적인 역할을 수행하고자 한다.

이에 따라 기업의 관리자는 고객 니즈에 부합하는 서비스 개발에 집중해야 하며, 단순한 시장조사를 넘어서 NSD 프로젝트를 위한 체계적이고 공식적인 프로세스를 구축하고 고객 의견을 전략적으로 반영할 필요가 있다. 나아가, 고객과의 관계를 일회성 거래가 아닌 장기적인 파트너십 관계로 인식하고, 성공적인 신서비스개발을 위한 전략적 협력자로 고객을 대우해야 한다(Alam & Perry, 2002).

서비스 혁신에서 고객 참여란 서비스 생산자가 신서비스개발(NSD) 프로세스의 다양한 단계에서 현재 혹은 잠재적 고객 대표들과 어떤 방식으로 상호작용하는지를 나타내는 개념이다. 이는 단순한 정보 제공을 넘어 전략 수립, 설계, 평가 등 전 과정에 고객이 적극적으로 관여하는 형태로 발전하고 있다.

자원기반이론(Resource−Based View, RBV)은 시장 지향성과 신제품 개발에 관한 선행 연구들과 함께, 고객 참여가 신규 서비스 성과에 긍정적인 영향을 미친다는 실증적 근거를 제시한다. 이 이론의 관점에서 고객의 요구와 사용자 경험에 대한 정보는 기업이 성공적인 서비스를 개발하는 데 필수적인 핵심 자원으로 간주된다. 따라서 고객과의 협력 관계는 이러한 자원에 접근할 수 있게 해주는 전략적 가교 역할을 하며, 이는 높은 고객 지향성이 우수한 서비스 성과로 이어지는 중요한 요인이 됨을 시사한다(Carbonell et al., 2009).

신서비스개발의 성공을 위해서는 고객 참여 자체를 전략적으로 설계해야 한다. 관리자는 고객의 목소리(VOC)를 장기적 자산으로 전환할 수 있는 구조적 프로세스를 마련해야 할 것이다. 고객 참여 기반의 신서비스개발은 변화에 유연하게 대응하는 혁신 역량을 키우고, 시장에서 차별화된 가치를 구축하는 핵심 전략이 될 것이다.

3.2 고객참여의 유형

기업들도 이제는 상품이나 서비스개발에 고객의 참여가 필요하다는 점을 인식하고 있다. 그러나 실제로 고객을 어떻게 참여시켜야 할지에 대해서는 여전히 막연해하는 경우가 많다. 특히 신서비스개발의 경우, 서비스 자체의 무형성과 복잡성으로 인해 일반 고객을 무분별하게 참여시킬 경우 원하는 정보를 얻지 못하거나, 오히려 시간과 자원이 낭비되는 결과를 초래할 수 있다.

따라서 고객 참여는 그 목적과 방식에 따라 체계적으로 접근할 필요가 있다. 고객 참여는 일반적으로 다음과 같이 네 가지 유형으로 분류할 수 있으며, 기업은 이들 유형을 참고해 자사 상황에 가장 적합한 참여 방식을 선택해야 한다. 이를 통해 고객의 통찰을 효과적으로 반영하고, 신서비스개발의 성공 가능성을 높일 수 있을 것이다.

① 체험형 참여

체험형 고객 참여는 예술, 문화, 엔터테인먼트 산업에서 두드러지게 나타나는 형태이다. 예를 들어, 롯데월드 퍼레이드에서 어린이 고객이 직접 공연에 참여하는 사례는 고객의 몰입감과 만족도를 크게 향상시킨다. 특히, 다인승 트램카 패키지는 일정 키(90~135cm)의 어린이 고객을 대상으로 약 3시간의 변신 체험과 30분간의 퍼레이드 참여 기회를 제공함으로써, 고객 경험 가치를 극대화하고 있다.

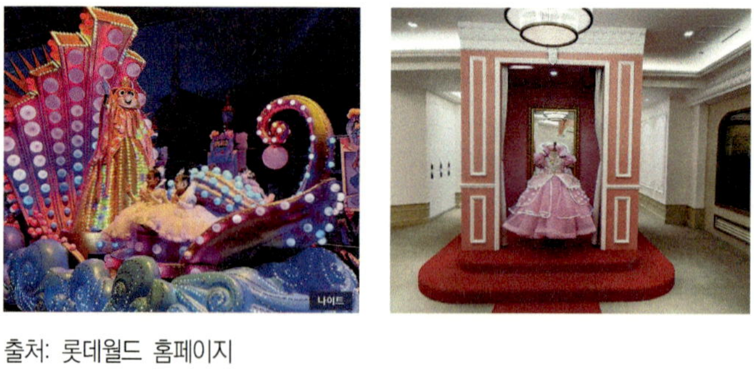

출처: 롯데월드 홈페이지

② 정보 제공형 참여

정보 제공형 참여는 기존의 고객 불만 접수 시스템(VOC)에서 발전한 형태로, 단순한 문제해결을 넘어 긍정적인 경험을 공유할 수 있는 구조를 장려한다. 특히, '칭찬 VOC'의 도입은 고객이 우수한 서비스를 자발적으로 공유하도록 유도하며, 기업은 이를 통해 우수 사례를 발굴하고, 서비스품질을 향상시키는 데 기여할 수 있다. 이 같은 참여 방식은 고객과 조직 간의 긍정적인 관계 형성에 중요한 역할을 한다.

<표 3-2>는 A면세점에서 실시한 칭찬 VOC 분석 사례 중 일부이다. 일반적으로 불만 VOC를 분석하여 불만 응대 교육을 진행하는 데 그치는 것이 아

〈표 3-2〉 A면세점 칭찬 VOC 분석 사례

구 분	칭찬 내용	키워드	채 널
1	설명을 잘해주셔서 고민하고 있었는데 와인의 차이 등을 친절하게 안내해 주셔서 잘 구매할 수 있었습니다.	• 필요정보제공 • 전문적인 설명	고객 제안카드
2	선물을 고르고 있었는데 너무 친절하게 하나하나 설명을 잘해 주셔서 쉽게 고를 수 있었고, 지나가는 말로 다른 브랜드를 찾으니 친절히 위치도 알려주셨습니다.	• 자세한 설명 • 적극적임	고객센터 접수
3	(직원이) 임신 중이신데도 불구하고 가방 구매에 도움이 되도록 친절하게 설명해 주셨는데 구매하지 못하고 나와서 미안했습니다. 다음에 다시 방문하고 싶은 마음이 들게 하는 직원이었습니다.	• 고객맞춤설명 • 재방문욕구	고객 제안카드
4	제품에 작은 문제가 있었지만, 직원이 성심성의껏 응대해 주고, 직원이 응대하는 마음이 진심으로 느껴져서 제품은 그냥 사용하기로 했습니다.	• 최선의 응대 • 응대의 진정성	접수된 민원
5	제품의 A/S를 위하여 매장으로 연락하였는데 응대해 주시는 직원분께서 너무 친절하게 전화를 받아 주셨고, 요청한 사항에 대하여 정확하게 처리해 주셔서 기분이 좋았습니다.	• 정확한 문제해결 • 친절함	온라인 게시글

니라, 칭찬 VOC를 분석하여 고객이 만족하는 요소를 파악하고 이를 교육에 반영하면 직원들의 서비스 제공 역량을 더욱 효과적으로 함양할 수 있다.

서비스 교육을 받은 직원들은 기존에는 주로 고객의 지적 사항이나 불만 사항을 접했지만, 칭찬 VOC 교육을 통해 고객이 직원들의 노력과 상황을 배려하는 세심한 태도를 보인다는 점을 깨닫게 되었다. 이는 직원들에게 심리적 위로가 될 뿐만 아니라, 고객에 대한 감사한 마음을 갖게 하는 계기가 되었다(황혜미, 2022).

③ 정책 반영형 참여

정책 반영형 고객 참여는 공공기관 및 지방공기업이 국민과의 적극적인 소통을 통해 정책 수립 및 서비스 개선 과정에 고객 의견을 반영하는 형태를 의미한다. 이는 단순한 민원 대응을 넘어, 정책 결정 과정에서 시민이 실질적인 영향력을 행사하는 구조적 참여라고 할 수 있다.

예를 들어, 지방공기업인 인천환경공단은 고객 및 지역 주민의 참여를 통해 고객 만족도를 제고하는 것을 핵심 비전으로 삼고 있다. 특히 환경문제 해결을 위해 지역 이해관계자들과의 협력 및 신뢰 기반의 유대관계를 강화하며, 이러한 노력을 고객 만족 중심의 전략으로 전환하고 있다.

이를 실현하기 위해 공단은 △ 다양한 홍보·안내 활동을 통해 정보 접근성을 향상시키고, △ 사업소별 주민 참여 행사, △ 시민 주도의 환경 캠페인 등을 적극적으로 운영하였다. 이러한 체계적인 참여 활동은 고객 의견을 수렴한 후 실질적인 개선 조치로 이어졌고, 해당 결과를 내부 구성원과 공유함으로써 공감대를 형성하였다.

특히, <표 3-3>에 제시된 바와 같이, 고객 의견 수렴과 그에 따른 개선 조치는 인천시민의 신뢰 형성에 기여하며, 정책 반영형 고객 참여의 모범적 사례로 평가되고 있다(황혜미 외, 2024).

〈표 3-3〉 고객의견 경영반영 현황

주요 개선의견 (의견 건수)		개선조치 사항
공단 홍보 강화 (7건)	»	• 언론보도 배포: 1,483건 • 시민참여 환경서포터즈 운영(183명) • 온라인채널 6개 운영(페이스북, 트위터, 블로그, 유튜브, 카카오톡플러스친구, 인스타그램) • 환경기초시설 인식 제고를 위한 시민견학 확대 • 분기별 주민설명회 운영, 고객 관리 등 • 찾아가는 공단홍보 실시(지하철 역사, 반상회보 등) – 포스터 3,600매, 전동차광고 등 추진
환경 관련 다양한 참여 행사 및 정보제공(6건)		• 시민참여 환경행사 개최(연중 주관사로 개최) – 세계물의 날(3월), 환경의 날(6월), 푸른 하늘의 날(9월), 환경산업&탄소중립 컨퍼런스(9월) • 팝페라와 함께하는 녹색나눔장터 운영(9월) • 사업소별 주민참여 행사 개최 – 생태문화 행사(10월), 환경사랑 작은음악회(10월) • 시민 자원순환 교육 추진(9월), 탄소 흡수원 가꾸기(11월) • 지역 하천살리기 추진(총 7회) – 승기천 4회, 공촌천 2회, 동락천 1회 • 도서지역 환경교육 및 기술지원(연평도, 강화도)

출처: 황혜미 외(2024), PSI 기반의 지속가능한 고객만족 향상 프레임워크: 인천환경공단 사례를 중심으로, 서비스경영학회지, 25(1), 80-108.

④ 상품개발형 참여

상품개발형 참여는 서비스 조직이 신규 서비스 상품을 개발하거나 기존 서비스를 개선할 때, 고객이 직접 개발 과정에 참여하여 아이디어를 제공하고, 평가와 피드백을 통해 개발 방향에 영향을 미치는 방식을 의미한다. 이는 고객을 단순한 수요자가 아닌 서비스 공동 창출자(co-creator)로 보는 관점에 기반을 둔 참여 유형이다.

이러한 접근은 실질적인 고객 의견을 수렴하고, 서비스의 시장성과 고객 만족도를 동시에 제고할 수 있는 전략으로 주목받고 있다. 구체적으로, 고객이 제안한 의견이 체계적으로 분석되어 상품화 가능성이 판단되며, 이러한 구조는 서비스개발의 성공 가능성을 높여준다.

김채영과 이호택(2023)은 신용카드 발급 사례를 중심으로 고객 참여가 서비스 품질 및 인지된 가치에 영향을 미친다는 점을 입증하였다. 이들은 고객 참여를 '자발적 고객 참여'와 '의무적 고객 참여'로 구분하여 분석하였으며, 고객 참여가 고객의 역할 명확성과 역할 모호성에 미치는 영향을 탐색하였다. 분석 결과, 고객이 자신의 역할을 명확히 인식할수록 서비스품질에 대한 평가가 긍정적이며, 자발적인 참여가 더 높은 만족도와 서비스 가치를 유도하는 것으로 나타났다. 이는 곧 고객 참여전략을 정교화하고, 고객의 역할을 명확히 안내함으로써 NSD의 성공률을 높일 수 있음을 시사한다.

3.3 직원 참여의 중요성

고객 만족 실행의 가장 중요한 성공 요인은 바로 직원의 적극적인 참여이다. 신서비스개발 과정에서 내부 고객인 직원이 적극적으로 참여할 경우, 개발 속도가 빨라질 뿐만 아니라, 시장 출시 이후 고객 반응에도 긍정적인 영향을 미친다.

또한 직원의 참여는 직무에 대한 만족감과 자신감을 높이는 데에도 크게 기여한다. 동기-위생 이론(Motivation-Hygiene Theory)에 따르면, 직원이 의사결정 과정에 참여함으로써 자아실현, 성취, 자율성과 같은 상위 욕구를 충족하게 되고, 이를 통해 직무 만족도가 향상된다.

또한 공정성 이론(Equity Theory)에서는, 직원이 자신의 의견이 의사결정에 반영된다는 점에서 보람과 공정성을 느끼며, 이 과정에서 조직에 대한 소속감과 헌신도가 더욱 강화된다고 본다(이유재, 2023).

인천환경공단은 내부 직원의 참여를 활성화하기 위해 <표 3-4>와 같이 주니어보드(청년이사회) 확대뿐만 아니라, 내부 직원이 직접 조직문화 혁신 과제를 선정하고 지방 공공기관 혁신 T/F를 운영하였다. 또한, 조직문화 진단 설문조사를 실시하여 부서별 조직문화 혁신 추진 과제를 도출하였다.

〈표 3-4〉 청년이사회 운영

- 추진배경: 공단 미래를 이끌어 갈 젊은세대의 적극적인 경영활동 참여로 혁신의 원동력 확보
- 구성: 총 13명(의장 1명, 간사 1명, 팀원 11명)
- 1, 2기 주니어보드 활동을 통한 일 잘하는 공단, 수평적 소통 의사결정의 장 마련
- 청년이사회로 명칭 변경하여 권한·역할 강화 및 이사회로 활동 보장
- 정책반영 : 중기 경영 계획, 조직문화 개선 설문, 일 잘하는 방법 10가지 등

주요 운영 내용	비 고
SDGs 세미나, CEO 소통 – 지속가능발전목표 전략수립 세미나 – '일 잘하는 방법 10가지' 실천사례 발표회	(2022. 5. 13)
벤치마킹(부산환경공단)	(2022. 6. 14.~15)
ESG 경영 선언	(2022. 8. 17)

출처: 황혜미 외(2024), PSI 기반의 지속가능한 고객만족 향상 프레임워크: 인천환경공단 사례를 중심으로, 서비스경영학회지, 25(1), 80-108.

총 3차에 걸쳐 내부 직원의 의견을 수렴한 후, 부서별 혁신 계획을 수립하였으며, 비핵심 업무의 기능 조정, 콘도권 매각 등 다양한 아이디어를 제안하였다. 이처럼 직원들의 의견을 적극적으로 반영함으로써, 공공기관 혁신 계획에 따른 인력 및 자산 효율화 목표를 설정하는 데 기여하였다(황혜미 외, 2024).

이처럼 고객의 적극적인 참여뿐만 아니라, 직원들의 관심과 몰입 역시 신서비스개발의 성과를 높이고, 조직의 지속가능한 혁신 역량을 강화하는 핵심 요인으로 작용한다. 특히 내부 직원은 조직 내에서 서비스개발의 실질적인 실행 주체로서, 현장의 문제 인식과 창의적 해결 아이디어를 직접 제시할 수 있다는 점에서 매우 중요하다.

신서비스개발의 활성화를 위해서는 고객과 직원의 참여를 촉진할 수 있는 다양한 프로그램을 기획·운영해야 하며, 이들이 참여한 의견과 제안의 수렴 과정을 투명하게 공개하고, 그 결과가 실제로 서비스 개선, 조직 혁신, 신서비스개발 등 다양한 영역에 어떻게 반영되었는지 구체적으로 안내하는 것이 중요하다.

이를 통해 조직 내외의 이해관계자들과 신뢰를 구축하고, 참여 동기를 더

욱 강화함으로써 서비스 혁신의 선순환 구조를 형성할 수 있다.

함께 이야기해 봅시다

1. 신서비스개발의 성공적인 실행을 위한 조직 내 핵심 요건을 함께 찾아봅시다.

2. 신서비스개발 프로세스 중 가장 효과적인 프로세스(단계)를 찾아보고, 그 이유를 공유해 봅시다.

3. 고객참여 4가지 유형별 우수 사례를 찾아서 함께 이야기해 봅시다.

참고문헌

〈단행본〉

이유재(2023), 고객의 탄생, 한국표준협회미디어.

황혜미(2022), 「서비스경영－고객접점 실무중심」, 정독.

Bordoloi, S., Fitzsimmons, J. A., & Fitzsimmons, M. J. (2023), Service Management, Tenth Edition, McGraw－Hill.

〈학위 및 학술 논문〉

김채영 · 이호택(2023), 고객참여가 고객몰입과 고객만족에 미치는 영향: 신용카드 발급 고객을 중심으로, 경영컨설팅연구, 23(6), 271－280.

성백서(2007), 신서비스개발의 방법론에 관한 연구: 문헌고찰, 32(1), 61－91, 商經硏究.

최은미(2017), 제조업의 서비스화 지원 컨설팅 프레임워크로서의 4E모델 연구, 국민대학교 테크노디자인대학원 박사학위 논문.

황혜미 · 오영길 · 이돈희(2024), PSI 기반의 지속가능한 고객만족 향상 프레임워크: 인천환경공단 사례를 중심으로, 서비스경영학회지, 25(1), 80－108.

Alam, Ian & Perry, Chad (2002), “A customer－oriented new service development process”, Journal of Services Marketing, 16(6), 515－534.

Alam, Ian (2007), New Service Development Process: Emerging Versus Developed Markets, Journal of Global Marketing, 20(2－3), 43－55.

Carbonell, Pilar, Rodríguez－Escudero, Ana I., & Pujari, Devashish (2009), Customer Involvement in New Service Development: An Examination of Antecedents and Outcomes, Journal of Product Innovation Management, 26(5), 536－550.

De Jong, J. P. J. & Vermeulen, P. A. M. (2003), “Organizing Successful New Service Development: A Literature Review”, Management Decision, 41/9, 844－858.

Johne, Axel & Storey, Chris (1998), “New Service Development: A Review of the Literature and Annotated Bibliography”, European Journal of Marketing, Vol. 3 2, Iss. 3/4, 184.

Johnson, Susan Paul, Menor, Larry J., Roth, Aleda V., & Chase, Richard B. (2000), “A Critical Evaluation of the New Service Development Process, Productions and Operations Management, 9(2), 113－135.

Mendes, Glauco H. S., Oliveira, Maicon Gouvea, Gomide, Eduardo H., & Nantes, José Flávio Diniz (2017), Uncovering the structures and maturity of the new service development research field through a bibliometric study(1984－2014), Journal of

Service Management, 28(1), 182–223.

〈기타〉

조선에듀(2024. 9. 4), "인생 2막 지원"…시니어 교육으로 눈 돌린 기업들.

CHAPTER 4

서비스디자인적 사고

현대리바트, 'AI 맞춤형 쇼핑' 선봬 … "온라인 강화 승부수"

현대리바트가 가구업계 매출 1위 등극을 위해 온라인 강화라는 승부수를 띄웠다. 인공지능(AI) 기반 맞춤형 쇼핑 서비스, 빠른 견적 서비스 오피스 '퀵구매' 등 자사몰 서비스를 지속 선보이고 있다. 그룹 차원에서 디지털 전환에 강조하고 있는 만큼 디지털 역량을 기반으로 소비자를 유인하고, 1위 굳히기에 나선다는 방침이다.

현대리바트는 자사몰 내 '맞춤형 쇼핑' 서비스 기능을 최근 선보였다. 자사몰 내에서 △ 관심 공간, △ 가족 구성, △ 선호 인테리어 스타일, △ 선호 가구 색상, △ 공간의 크기 등을 입력하면, AI가 이를 기반으로 소비자 취향에 맞춘 제품이나 프로모션을 제안하는 방식이다. 또한 최근 본 상품과 유사상품을 추천하거나, 맞춤형 집들이 콘텐츠도 제안한다.

기업간거래(B2B) 오피스 부문 온라인 서비스도 확대하고 있다. 지난달 25일에는 빠른 견적 서비스인 오피스 '퀵구매' 서비스를 선보였다. 리바트몰에서 5번의 클릭으로 손쉽게 오피스 가구 견적을 낼 수 있는 것이 특징이다.

현대리바트의 온라인 역량 강화는 가구업계 매출 1위를 달성하기 위한 승부수라는 평가다. 전통적인 가구 시장 성수기인 4분기에 소비자 유인을 극대화하기 위한 것이다. 현대리바트는 올 1분기부터 3분기까지 한샘을 제치고 매출 1위를 유지했다.

특히 정지선 현대백화점그룹 회장이 그룹 차원에서 디지털 전환을 강조하고 있는 만큼 온라인·AI 등 디지털 역량 강화는 이어질 전망이다. 올해 초 정지선 회장은 그룹 계열사 임원들이 모두 참석한 경영회의에서 AI·빅데이터 등 디지털 전환에 속도를 낼 것을 주문했다. 이후 현대리바트는 AI 맞춤형 서비스를 준비했다.

전반적인 디지털 혁신에도 힘을 쏟을 전망이다. 지난해 10월 KT와 '디지털혁신(DX) 기반 토탈 인테리어 구축을 위한 업무협약'을 맺었다. 리모델링 브랜드 '리바트 집테리어'에 KT의 AI 실내공기질 최적화 복합관제 DX 플랫폼을 결합하는 것이 골자다. 지난 2021년부터는 삼성전자와 손잡고 가구와 가전을 결합한 제품을 개발하고 있다.

현대리바트 관계자는 "쇼핑 편의성을 위한 다양한 신규서비스를 도입해 온·오프라인에서의 소비자의 구매 경험 개선해 나갈 계획"이라고 말했다.

출처: 전자신문(2024. 12. 3), 현대리바트, 'AI 맞춤형 쇼핑' 선봬 … "온라인 강화 승부수"

01 서비스디자인 방법론

1.1 서비스디자인의 개념과 특징

신규 서비스 개발 단계에서는 새로운 아이디어를 심사한 뒤, 선별된 아이디어를 개발하고 실현 가능성을 테스트한다. 개발 단계를 통과한 콘셉트는 '분석' 단계에서 시장성과 수익성을 평가받는다. 이후 프로젝트가 승인되면, 성공적인 콘셉트는 '디자인' 단계로 넘어간다.

설계 단계에서는 적절한 인력 교육과 함께 특정 도시나 지역에서 마케팅 캠페인을 진행하며, 현장에서 테스트할 수 있는 서비스 제품과 프로세스를 구축하는 데 상당한 시간과 비용이 투입된다. 마지막으로, 검증된 새로운 서비스는 전국 또는 전 세계로 확대되며 '정식 출시'가 이루어진다(Bordoloi, Fitzsimmons, Fitzsimmons, 2023).

새로운 서비스 혁신 아이디어는 다양한 채널을 통해 도출될 수 있다. 고객 및 이해관계자와의 쌍방향 소통을 강화하면 신서비스개발 과정의 완성도를 높일 수 있다. 예를 들어, 고객이 카페의 신규 메뉴 추가를 요청하거나, 고객 접점 직원이 고객의 불만과 제안을 청취하여 피드백하는 과정에서 혁신적인 아이디어가 발굴될 수 있다. 또한, 고객 데이터베이스 분석을 통해 추가적인 연금 서비스를 개발하거나, 시장 트렌드를 반영하여 시니어 케어 프로그램을 출시하는 것도 가능하다.

서비스디자인은 서비스의 무형적 특성을 극복하는 데 활용되며, 서비스 개발 기업에서는 디자인의 유형적 요소를 강조한다. 이는 무형의 서비스를 시각화하거나 유형화하여 고객이 본질적인 서비스를 보다 명확하게 인식할 수 있도록 돕는다. 또한, 서비스디자인은 문제를 발굴하고 개념화(정의)한 후, 해결 방법을 모색하여 개발하고 이를 사용자에게 전달하는 과정까지 포함한다. 기업이 직면한 문제를 해결하거나 새로운 서비스 및 상품을 개발하기 위해서는 서비스디자인 관점에서 접근하는 것이 필수적이다.

서비스디자인(Service Design)이란, 서비스의 무형적 특성을 극복하는 데 활용되며, 고객이 서비스를 이용하는 과정에서 경험하는 가치를 극대화하기 위해, 모든 이해관계자가 협력하여 서비스의 내용을 구체화하고 디자인하는 일련의 활동이다. 이를 통해 고객에게 더욱 매력적인 경험을 제공하고, 서비스 가치를 향상시키는 것이 목표다.

또한, 서비스디자인은 제조업에 서비스를 접목하거나 신서비스 모델을 개발하여 새로운 부가가치를 창출하는 과정에서도 활용된다. 이러한 활동을 통해 고객의 생각과 행동을 변화시키고, 궁극적으로 경험을 향상하는 데 기여하는 방법론이 바로 서비스디자인이다(황혜미 · 엄지영, 2022).

서비스디자인의 주요 특징에 대해 Design Wales는 다음과 같이 네 가지로 정리하였다.

① 디자인 리서치 중심

서비스디자인은 고객의 요구를 발견하는 디자인 리서치에 중점을 둔다. 전통적인 디자인 프로젝트와 비교했을 때, 서비스디자인에서는 리서치 단계에 많은 예산과 인적 자원을 투입한다. 고객의 세분화된 요구를 발굴하기 위해 고객 행동을 관찰하고 분석하며, 이를 통해 고객이 브랜드에 대해 긍정적인 경험을 갖도록 해야 한다.

② 공동개발(Co-Creation) 방식의 문제 해결

서비스디자인에서는 공동개발(Co－Creation)을 통해 문제를 해결한다. 일반적으로 공동개발은 여러 분야의 문제 해결 전문가가 협업하는 것으로 이해되지만, 서비스디자인에서는 기업 내 다양한 이해관계자가 공동 참여하여 문제를 새로운 시각으로 정의하고 해결책을 찾는 과정을 의미한다. 이를 위해 뇌 생리학, 심리학, 행동경제학 등 다양한 분야의 전문가들이 함께 협업한다.

서비스기업이 다양한 전문가를 내부에 직접 보유하는 것은 현실적으로 쉽지 않다. 따라서, 공동개발(Co－Creation)팀을 구성하고, 체계적인 학습을 통해 내부 실행력을 높이는 전략이 자주 활용된다.

서비스디자인의 대표적인 성공 사례로 꼽히는 메이요 클리닉 혁신센터에는 20명의 디자이너를 포함해 약 60명의 직원이 근무하고 있다. 이들은 의료경영 전문가, 그래픽 디자이너, 제품 디자이너, 통계학자, 인류학자 등 다양한 경

〈Design Wales 소개〉

Design Wales는 영국 웨일즈(Wales) 정부 산하에서 운영되던 디자인 관련 지원 기관으로, 중소기업(SME)을 대상으로 디자인 활용을 촉진하고 이를 통해 제품 개발, 서비스 혁신, 경쟁력 제고를 돕는 것을 목적으로 했다.

□ 주요 활동

1. 디자인 지침 개발 및 융합
   웨일즈의 시골, 마을, 도시를 구성하는 건축, 도시, 경관 디자인 분야 전문가들과 협력하여 디자인 가이드라인을 개발하고 적용함.
2. 디자인위원회를 통한 네트워크 구축
   도시계획 및 재생, 에너지, 인프라 부문에서 전문가, 지방정부 관계자, 클라이언트(사업주체) 간의 네트워크를 형성하고 협력 체계를 구축함.
3. 전문 인재 양성 및 지역 활용
   디자인 분야의 전문 인력을 양성하고, 이들의 전문 지식을 웨일즈 지역사회에 적극 활용하여 지속가능한 디자인 발전을 도모함.

험과 전문성을 갖춘 인력으로 구성되어 있다.

메이요 클리닉 혁신센터는 서비스디자인 방법론을 활용하여 환자 중심의 병원을 구축하는 데 집중하고 있다. 이를 위해 고객의 Pain Point(불편하거나 불쾌한 경험)를 지속적으로 발굴하고, 개선점을 찾아 서비스 품질을 높이고자 한다. 기존에는 Fail Point(실패점)*를 찾아 실수와 실패를 예방하는 데 초점을 맞췄으나, 이제는 이를 넘어 고객의 숨겨진 요구(Unmet Needs)까지 파악하여 보다 혁신적인 개선을 추진하고 있다.

* Fail point vs Pain point

기업에서 서비스 개선을 위해 고객 접점에서 발생하는 고객의 실수 및 실패점(Fail Point)을 발견하고, 이를 미리 예방하는 활동이 이루어졌다. 예를 들어, 고객이 염색 후 뜨거운 물로 머리를 헹구면 염색물이 빠지는 문제가 발생할 수 있다. 하지만 고객은 이를 자신의 실수로 인식하지 않고, 제품 불량으로 오해할 가능성이 크다. 이를 방지하기 위해 서비스 접점 직원들은 염색 후 "찬물로 헹구세요"라고 안내하여 고객의 실수를 줄이고, 서비스 경험을 향상시키고자 한다.

한편, 고객 부정 경험(Pain Point)은 Fail Point와 유사한 개념으로 사용되기도 하지만, 보다 고객 개개인의 경험에 초점을 맞춘다는 점에서 차이가 있다. 예를 들어, 임산부가 줄 서는 것이 힘들거나, 아이를 동반한 고객이 자유롭게 이동하기 어려운 상황이 이에 해당한다. 이러한 불편함은 고객의 특정한 상황과 입장에 따라 달라지며, 고객이 명확하게 표현하지 않는 불쾌감까지 포함할 수 있다.

즉, Fail Point는 고객이 직접적으로 겪는 서비스상의 문제를 의미하는 반면, Pain Point는 고객이 상황에 따라 느끼는 불편함과 감정적 불쾌감을 포함하는 개념이라 할 수 있다.

[그림 4-1] 서비스디자인 특징

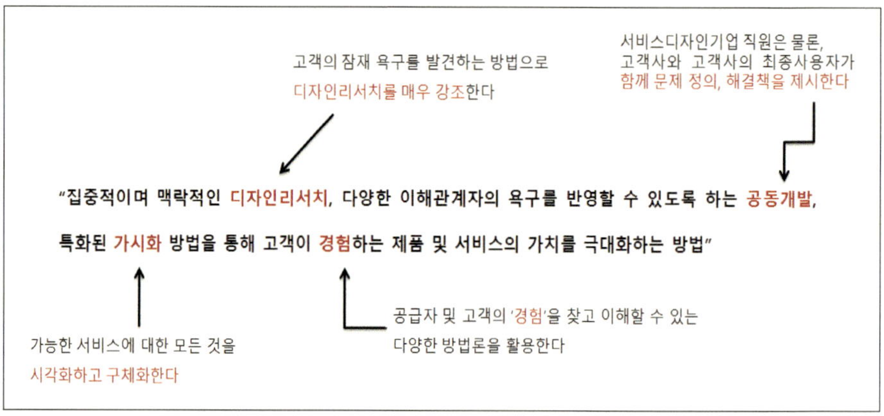

③ 고객이 이해하기 쉬운 시각화

서비스디자인에서는 고객이 쉽게 이해할 수 있도록 시각화하는 것이 중요하다. 이를 위해 다양한 창의적 방법을 활용하여 서비스 과정을 시각적으로 표현한다.

예를 들어, 서비스 수행 절차를 만화, 일러스트, 사진 등의 형태로 정리한 스토리보드, 연기자가 서비스 과정을 직접 재현하는 역할극(Role Playing) 영상, 경험 프로토타입(Prototype)을 통해 고객 반응을 테스트하고 지속적으로 개선한다.

이처럼 서비스디자인에서는 즉각적으로 완성도 높은 결과물을 도출하기보다, 다양한 감각적 경험을 반복적으로 실행하면서 최적의 서비스를 찾아가는 과정을 강조한다.

청담 SSG 정육점은 고객 경험을 세심하게 설계한 사례로, 고객과 원활한 소통을 위해 고기 두께 샘플을 제공하는 방식을 도입하였다. 고객들은 "적당히", "얇게", "두껍게" 등의 표현을 각기 다르게 해석할 수 있다. 이를 해결하기 위해, 정육점에서는 고기 두께를 나무토막 샘플로 제공하여 더욱 직관적인 의사소통을 가능하게 하였다.

고객은 "나무토막보다 얇게" 또는 "조금 더 두껍게"라고 요청할 수 있어, 불필요한 커뮤니케이션 오류를 줄이고, 더욱 편리한 구매 경험을 제공할 수 있었다(황혜미 · 엄지영, 2022).

④ 이해관계자의 경험 반영

서비스디자인은 고객 경험뿐만 아니라, 서비스 제공자의 경험과 요구도 함께 고려하는 접근 방식이다. 서비스 제공자(경영진, 직원, 협력업체 등)의 요구를 분석하고 이를 서비스 개선에 반영하여 보다 실질적인 운영 방안을 도출한다.

특히, 서비스 접점 직원이 서비스디자인의 가치를 체감하고, 이를 실무에 적용할 수 있도록 설계하는 것이 중요하다.

서비스디자인의 큰 매력 중 하나는 내부 직원의 경험에도 초점을 맞춘다는 점이다. 일반적으로 서비스디자인은 고객 경험 향상에 집중하는 경향이 있지만, 내부 서비스 프로세스에서 발생할 수 있는 장애요인을 찾아 제거하는 것 또한 중요한 개선 과제로 떠오르고 있다.

특히, 서비스 접점에서 협업은 서비스 성공의 핵심 요인이다. 하지만, 각 이해관계자의 입장 차이로 인해 원활한 소통이 이루어지지 않을 경우, 이는 고객 불만으로 이어질 가능성이 크다.

성공적인 서비스 제공을 위해서는 내부 이해관계자 간의 협업이 필수적이며, 이를 위해 내부 프로세스에서 발생할 수 있는 병목현상(Bottleneck)을 찾아 개선하거나 제거해야 한다. 이러한 과정이 선행될 때, 조직 내 커뮤니케이션이 원활해지고, 보다 효과적인 서비스디자인을 실현할 수 있을 것이다.

[그림 4-2]는 대학교 총무인사팀이 교직원 간 소통 활성화를 위해 진행한 '새해 덕담 이벤트'를 보여준다. 이 이벤트는 직원들이 직접 대면하기 어려운 상황에서도 원활한 소통이 이루어질 수 있도록 기획되었다. 직원들은 카카오톡

[그림 4-2] 덕담 이벤트

채널을 추가하고 게시글을 작성하는 방식으로 서로 덕담을 나눌 수 있도록 하였다.

이를 통해 교직원들은 비대면 환경에서도 감성적 소통을 증진할 수 있으며, 동시에 총무인사팀은 향후 교육 및 공지 사항을 효과적으로 전달할 수 있는 공식 소통 채널을 확보하는 계기가 될 것이다.

1.2 서비스디자인 프로세스

서비스디자인을 수행하는 과정은 일반적으로 4단계로 구성된다. 이러한 4단계 프로세스를 반복적으로 수행함으로써, 더욱 효과적인 서비스디자인을 실현할 수 있다.

첫째, 발견(Discover) 단계에서는 고객이 기대하는 바와 숨겨진 니즈를 도출한다. 이를 위해 관찰, 인터뷰, 쉐도잉 등의 기법을 활용하여 고객의 행동을 분석하고, 서비스 과정에서의 문제점을 탐색한다.

둘째, 정의(Define) 단계에서는 발견한 데이터를 정리 및 분석하여 핵심 문제를 명확히 규명한다. 고객 여정 지도(Customer Journey Map) 등을 활용하여 긍정적 경험(Gain Point)과 부정적 경험(Pain Point)을 파악하고, 해결해야 할 주요 과제를 도출한다.

셋째, 개발(Develop) 단계에서는 정의된 개념을 바탕으로 실제 상품 및 서비스를 설계한다. 이 과정에서 프로토타입(Prototype)을 제작하고, 고객 테스트를 거쳐 개선점을 도출하며, 서비스 모델을 구체화한다.

마지막으로, 전달(Deliver) 단계에서는 사용자들의 피드백을 반영하여 서비스를 최적화하고, 최종적으로 시장에 도입한다. 또한, 지속적인 개선을 통해 서비스의 완성도를 높이고 고객 만족도를 극대화하는 것이 중요하다.

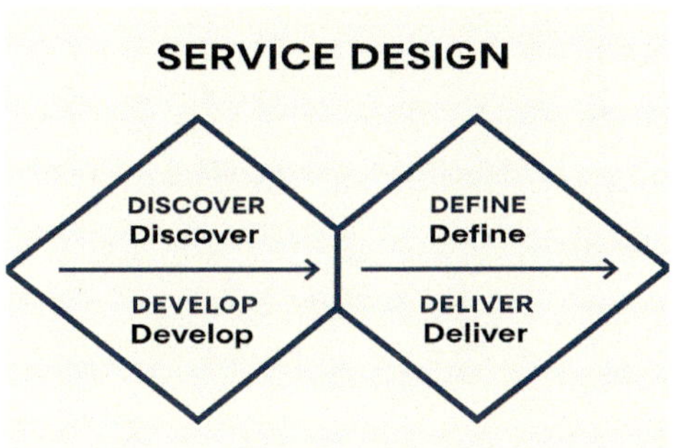

1) 발견(Discover) 단계

발견 단계는 문제 또는 기회를 정의하고, 개선 가능한 모든 요소를 찾아내어 구체화하는 과정이다. 이 단계에서는 고객이 무엇을 원하는지, 왜 필요한지를 조사하며, 고객 경험을 심층적으로 분석한다.

특히, 고객접점(Customer Touchpoint) 조사를 통해 긍정적인 경험을 제공하는 접점(Gain Point)과 부정적인 경험을 유발하는 접점(Pain Point)을 구분하고 개선 방향을 도출한다.

이를 위해 발견 단계에서는 다음과 같은 연구 방법을 활용한다. 관찰(Observation)은 고객이 서비스나 제품을 어떻게 사용하는지 실제 행동을 관찰하여 숨겨진 니즈(Needs)와 불편함(Pain Point)을 발견하거나 고객이 인지하지 못한 무의식적인 행동을 분석하여 서비스 개선 및 새로운 서비스개발 기회를 도출한다.

인터뷰(Interview)는 고객이 서비스를 이용하면서 어떤 감정을 느끼고, 어떤 개선점을 원하는지 직접 듣는 방식으로, 관찰만으로는 파악하기 어려운 고객의 내면적 니즈(Needs) 및 기대치를 심층 분석할 수 있다.

쉐도잉(Shadowing)은 고객의 동선과 행동을 실시간으로 따라가며 서비스를 경험하는 방식이다. 고객이 인지하지 못하는 불편함까지 파악하여 서비스 접점 개선하거나 고객의 긍정경험을 강화할 수 있는 서비스개발에 활용할 수 있다.

- 관찰(Observation): 고객의 행동을 직접 관찰하여 패턴과 문제점을 분석
- 인터뷰(Interview): 고객의 경험과 니즈를 심층적으로 탐색
- 쉐도잉(Shadowing): 고객을 따라다니며 실시간 경험을 기록 및 분석

〈쉐도잉(Shadowing) 방법론〉

쉐도잉(Shadowing)은 리서처(Researcher)들이 고객 및 서비스 제공자의 행동과 경험을 직접 관찰하는 연구 방법이다. 서비스 사파리(Service Safari)가 '고객'의 입장에서 서비스를 경험하는 방식이라면, 쉐도잉은 '그림자(Shadow)'처럼 사용자 곁에서 관찰하는 방식이라는 점에서 차이가 있다.

〈쉐도잉의 주요 원칙과 과정〉

① 눈에 띄지 않는 관찰
리서처는 최대한 자연스럽게 행동하며, 사용자의 경험에 영향을 주지 않도록 한다. 메모, 비디오 촬영, 사진 등 다양한 방법을 이용해 과정을 기록한다.

② 관찰자 효과 최소화
'관찰자 효과'란 리서처가 함께 있는 것만으로도 고객이나 직원의 행동이 변할 수 있는 현상을 의미한다. 따라서 사용자가 자신의 행동에 방해를 받지 않고 자연스럽게 서비스나 제품을 경험할 수 있도록 유의해야 한다.

③ 사용자의 행동 패턴 분석
사용자의 동선을 따라가며 제품이나 서비스를 이용하는 과정을 관찰한다. 연구 목적에 따라 서비스 이용 흐름을 분석하고 패턴을 도출한다.

④ 사용자의 감정 및 반응 분석
사용자의 기분, 바디 랭귀지, 얼굴 표정 등을 관찰하여 서비스나 제품 경험을 보다 심층적으로 이해한다.

출처: Deep wide studio

2) 정의(Define) 단계

정의 단계는 해결해야 할 문제나 기회의 범위와 한계를 명확히 설정하는 과정이다. 이 단계에서는 수많은 대안과 과제 중에서 핵심적인 사항을 도출하고, 해결 방향을 구체화하는 것이 중요하다.

이를 위해 핵심 터치포인트(Key Touchpoints)를 도출하고, 필요에 따라 고객을 세분화하여 각 고객군별 고객여정지도(Customer Journey Map)를 작성한다. 정의 단계에서는 여러 가지 시각적 도구를 활용하여 문제를 보다 명확하게 분석하고 정리하는데, 대표적인 방법으로는 다음과 같은 기법이 있다.

① 페르소나(Persona)
세분화된 고객 그룹을 대표하는 가상의 인물 모델을 설정하여 고객의 행동과 니즈를 이해하는 기법

② 고객여정지도(Customer Journey Map)
- 고객이 서비스와 처음 접촉한 순간부터 서비스가 완료될 때까지의 과정을 시각적으로 표현한 지도
- 고객의 기대와 경험, 주요 접점에서의 감정 변화를 분석하여 Pain Point와 Gain Point를 도출

③ 피시본 다이어그램(Fishbone Diagram, 원인-결과 분석법)
특정 문제의 원인과 결과를 구조적으로 분석하여 문제 해결의 방향을 찾는 도구

〈피시본 다이어그램 원인분석 6M 요소〉

- Man(사람): 직원, 고객, 관리자 등 인적 요인
- Machine(기계): 사용되는 장비, 시스템, 소프트웨어 등의 문제
- Material(재료): 원자재, 부품, 상품의 품질 문제
- Method(방법): 업무 프로세스, 서비스 절차 등의 문제
- Measurement(측정): 성과 측정 기준, 데이터 신뢰성 등의 문제
- Environment(환경): 외부 요인(시장 변화, 법규, 날씨 등)

이러한 방법을 통해 고객의 경험을 보다 체계적으로 분석하고, 실질적인 서비스 개선 방안을 수립할 수 있다(황혜미·엄지영, 2022).

〈교보문고의 고객경험 디자인〉

〈피시본 다이어그램 예시_고객불만 증가에 따른 원인분석〉

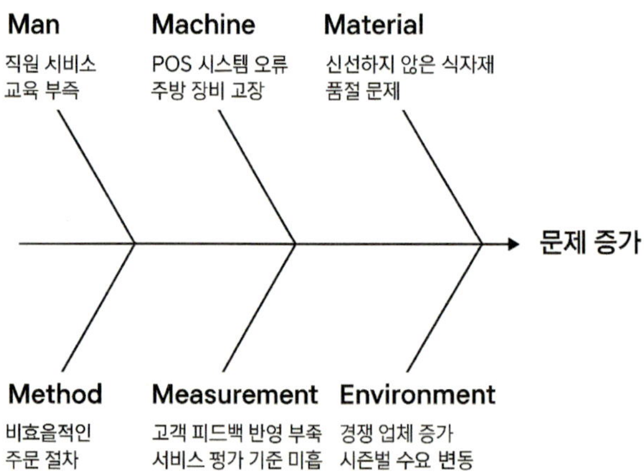

3) 개발(Develop) 단계

개발 단계는 앞서 정의한 아이디어와 콘셉트를 기반으로 테스트를 진행하는 과정이다. 이 단계에서는 프로토타입(Prototype)*을 제작하여 실제 고객의 반응을 살펴보고, 전문가들의 피드백을 받아 수정하는 작업을 반복한다. 이를 통해 서비스의 실효성을 높이고, 보다 완성도 높은 솔루션을 도출할 수 있다.

이 단계에서는 고객여정지도(Customer Journey Map), 서비스 청사진(Service Blueprint), 서비스 포카요케(Service Pokayoke),* 아이디어 스케치(Idea Sketch) 등의 도구가 활용된다. 다만, 서비스디자인 방법론은 단계별로 엄격하게 구분되어 적용되는 것이 아니라, 신서비스개발의 목적과 상황에 맞게 유연하게 조정하여 사용할 수 있다.

* 프로토타입(Prototype)

본격적인 상품화에 앞서 성능을 검증·개선하기 위해 간단히 핵심 기능만 넣어 제작한 기본 모델을 말한다. 시제품, 견본품이라고도 한다. 본격적으로 제품 개발·생산에 들어가면 도중에 중단하거나 취소하는 것이 쉽지 않으므로 사전에 프로토타입을 제작하고 검증 과정을 거쳐 위험 부담을 최소화한다.

이를 위해 예상 고객에게 프로토타입을 사용해 보게 하고 피드백을 받아 제품 개선 시 반영하기도 하는데 이를 프로토타이핑(prototyping)이라고 한다. 기계, 자동차, 전자·전기, 컴퓨터, 항공·우주, 토목·건축 등 공학 산업과 패션, 교육, 의료 산업에서 주로 제작하고, 특히 IT 산업에서 활용도가 높다.

출처: 네이버 지식백과(pmg 지식엔진연구소)

* 서비스 포카요케(Pokayoke)

'실수 방지'라는 의미를 가진 일본어에서 유래된 개념으로, 고객과 직원이 서비스 과정에서 실수를 범하지 않도록 설계하는 방법론이다. 원래 제조업에서 품질 관리를 위해 사용되었으나, 서비스 산업에서도 적용되어 고객의 불편을 최소화하고 일관된 서비스 품질을 유지하는 데 활용된다.

예를 들어, 호텔의 전자 키 카드시스템은 고객이 체크아웃 시간을 초과할 경우 자동으로 작동하지 않도록 설정되어 있으며, 이는 체크아웃을 잊어버리는 실수를 방지하는 역할을 한다.

서비스 포카요케는 고객이 예상치 못한 실수를 저지르는 경우를 방지하고, 서비스 제공자가 오류를 줄일 수 있도록 시스템적으로 설계되어야 한다. 이를 위해 다음과 같은 방법이 활용된다.

① 실수 감지(Detection): 고객이 실수할 가능성이 있는 지점을 파악하고 사전에 경고를 제공한다.

② 실수 예방(Prevention): 시스템 자체를 설계할 때 실수를 방지하는 요소를 포함한다.
③ 자동 수정(Correction): 실수가 발생하더라도 즉각적으로 수정할 수 있는 기능을 포함한다.

출처: S. Shingo(1986), Zero Quality Control: Source Inspection and the Poka-Yoke System. Productivity Press

4) 전달(Deliver) 단계

전달 단계는 개발된 상품 및 서비스가 실제 고객에게 제공되기 시작하는 과정으로, 현장에서의 생생한 피드백을 수집하고 내부 이해관계자들과 정보를 공유하여 수정 및 보완 사항을 도출하는 것이 핵심이다.

예를 들어, 새로운 프로세스를 설계하거나 고객 응대 매뉴얼을 개발했다면, 이를 문서화하고 표준화하여 지속적인 개선이 가능한 시스템을 구축해야 한다. 이를 위해 고객의 피드백을 수집할 수 있는 VOC(Voice of Customer, 고객의 소리) 시스템, 서비스 지침서, 프로세스 흐름도(Flow Chart) 등의 도구가 활용된다.

서비스디자인 프로세스는 한 번의 실행으로 끝나는 것이 아니라 최상의 결과를 도출할 수 있도록 지속적으로 반복·개선되는 순환적 과정이다. 비록 4단계로 구분되었지만, 각 단계는 유기적으로 연결되어 서로 상호작용하며 최적의 서비스를 설계하는 데 기여한다(최정일 외, 2016).

[그림 4-3]은 현대백화점 식품코너에서는 제철 과일의 세척 및 손질 서비스를 운영하고 있다. 특히, 부피가 크고 무거운 수박과 같은 과일을 현장에서 커팅 및 포장까지 완료할 수 있어 고객 편의성이 더욱 높아진다. 이를 통해 고객은 직접 운반할 필요 없이 간편하게 손질된 과일을 받아볼 수 있다.

또한, 함께 쇼핑을 온 친구나 가족(2~3명)이 한 통의 수박을 나누어 커팅하면, 각자의 집에서 별도로 보관해야 하는 번거로움을 줄일 수 있다.

이 서비스는 고객의 다양한 요구를 반영하여 과일의 커팅 형태와 크기를 맞춤형으로 제공한다. 이를 통해 개별적인 취향과 필요에 따라 최적의 형태로 과일을 준비할 수 있어 더욱 만족도가 높다.

[그림 4-3] 제철 과일 세척 및 손질 서비스

02 고객 니즈 탐색 및 분석

Ian Alam과 Chad Perry(2002)는 신서비스개발(NSD) 과정에서 고객 참여가 개발 속도를 촉진할 수 있다고 주장했다. 고객이 직접 참여함으로써 여러 개발 단계를 병렬로 처리할 필요가 줄어들며, 핵심 아이디어가 고객으로부터 나오기 때문에 광범위한 시장 조사에 대한 의존도를 낮출 수 있다. 이는 고객의 요구를 보다 정확하게 반영하고, 신속한 피드백을 통해 서비스 품질을 개선하는 데 기여할 수 있다.

고객은 신서비스개발(NSD) 프로세스 전반에서 중요한 정보 제공자로서 역할을 하며, 특히 아이디어 생성, 디자인, 테스트 단계에서 그 기여도가 더욱 강조된다. 아이디어 생성 단계에서는 초기 서비스 프로토타입이 만들어지며, 이후 설계 및 테스트 단계에서 고객의 요구와 기대에 맞춰 더욱 정교하게 다듬어진다.

NSD 관련 문헌에서는 고객접점 직원의 중요성이 강조된다. 이들은 서비스 현장에서의 풍부한 경험을 바탕으로 고객을 깊이 이해하고 있으며, 개선과 혁신을 위한 다양한 아이디어를 보유하고 있다. 따라서 신서비스개발 과정에서 초기 기획부터 구체적인 디자인까지 중요한 역할을 수행한다.

2.1 서비스 현장 실사법

기업들은 고객 경험을 분석하고 관리하기 위한 방법으로 서비스 현장 실사법(Walk-through Audit, WTA)을 활용한다. 이 방법을 통해 고객이 실제 경험하는 서비스 제공 과정 전반을 분석하고, 고객경험관리(Customer Experience Management, CEM)의 중요성을 인식할 수 있다(이상식 외, 2012).

예를 들어, [그림 4-4]는 대학생 고객들이 콘래드 호텔에 대한 현장 실사를 진행한 후, 고객 경험 향상을 위해 호텔 시설 이용 안내문 프로토타입을 제작한 사례를 보여준다. 호텔의 주요 타깃 고객이 비즈니스 고객이기 때문에 상세한 안내문이 필요할지에 대한 고민이 있었으나, 호텔 관계자는 잠재 고객인 Z세대를 위한 서비스 개발의 필요성을 제안하였다. 이에 따라 대학생 고객의 관점에서 필요한 정보를 수집하고, 사진과 함께 정리하여 안내문을 구성하였다.

[그림 4-4] 고객경험 분석을 통한 호텔 안내문 프로토타입

출처: 삼육대학교 경영학과 캡스톤디자인 수업의 발표 자료 발췌

2.2 심층 인터뷰

고객 요구를 세부적으로 탐색하는 가장 효과적인 방법 중 하나는 직접 고객과 대화를 나누는 것이다. 심층 인터뷰(In-depth Interview)는 특정 주제나 이슈에 대해 관련 이해관계자 또는 외부 전문가와 깊이 있는 대화를 진행하여 다양한 관점을 분석하는 연구 방법이다. 이를 통해 연구자는 고객의 기대, 경험, 제품 및 서비스 이용 과정, 운영 및 프로세스 등에 대한 자세한 정보를 얻고, 개인의 태도, 문제점, 요구사항, 아이디어 등을 발굴할 수 있다(김계수, 2022).

전남대학교병원은 환자와 보호자를 대상으로 병동 생활 및 퇴원 후 외래 방문에 대한 솔직한 의견과 제안을 수집하기 위해 심층인터뷰를 실시하였다. 이를 통해 환자경험 평가 항목별 고객 의견과 피드백을 분석한 후, 병원은 다음과 같은 개선 조치를 수행하였다.

① 진료 서비스 개선: 환자의 의견을 반영하여 의료진의 회진 프로세스를 개편하고, 회진 알람 시스템을 도입함.
② 교육 및 지침서 개발: 직원 교육 자료를 제작하고, 환자경험 관리 대비 지침서를 발간하여 의료진 및 병원 직원의 고객 응대 역량을 강화함.
③ 서비스 환경 개선: 투약 및 치료 과정에서 환자와 보호자의 편의를 높이기 위한 다양한 서비스 개선책을 마련함.

또한, <표 4-1>에 요약된 환자(고객) 경험을 바탕으로, 의료 서비스 제공 과정에서 환자에게 제공해야 할 핵심 서비스를 단계별로 정리하고, 대화 및 행동 포인트별로 구체적인 개선 방안을 구축하였다.

예를 들어, 환자에게 존중과 예의를 표현하는 방법, 환자가 이해하기 쉬운 방식으로 의료 정보를 설명하는 기술, 환자의 실수를 예방하기 위한 주의사항 안내, 공정한 대우를 받는다고 느낄 수 있는 언어적·비언어적 커뮤니케이션 기법 등을 외래 및 입원 상담, 수속 프로세스, 검사 전·중·후 과정 등에 적용하도록 표준 지침서를 개발하였다.

이러한 체계적인 접근을 통해 환자들은 병원에서 지속적인 관리와 배려를 받고 있다고 느끼게 되며, 이는 궁극적으로 환자의 신뢰와 병원에 대한 충성도

〈표 4-1〉 환자경험평가 항목별 환자(보호자)인터뷰 결과

구 분	항 목	인터뷰 결과
진료 서비스: 의사	존중/예의	• 환자입장에서 환자의 상태 파악 시 좀 천천히 했으면 좋겠음 • 간호사보다 의사에게 존중받을 수 있는 서비스가 가장 중요함
	경청	• 뇌졸증으로 응급실에 내원했을 때 판단이 느리고 제대로 말을 할 수 없는 상태였음 • 의사의 질문이 너무 빨랐음. 대답을 할 수 없는 상황에서 계속 질문을 하니까 답답하고 힘들었음
	의사와 대화할 기회	• 회진 시간이 너무 짧아 궁금한 점이 있어도 물어보지 못함 • 의료진이 바쁠 때는 질문할 기회도 주지 않고 빨리 가버려 서운함
	회진 시간 관련 정보 제공	• 언제 회진하러 오는지 모르기 때문에 회진을 올 때까지 무조건 자리에서 기다리고 있어야 함 • 아무데도 가지 못하고 기다려야 하는 번거로움이 있음
투약 및 업무 처리 과정	투약/검사/처치 전 설명	• 당일 검사나 처치하는 항목을 미리 안내해 주면 좋을 것 같음. 예를 들어, 갑자기 와서 어떤 이유로 혈액검사를 하는지 설명 없이, 간호사가 '피 검사 있네요, 뽑을게요'라고 이야기함
	질환에 대한 위로와 공감	• 의사 선생님들은 하고 싶은 말만 하시는 것 같음. 예를 들어, 불편한 부분을 호소하더라도 그 부분에 대한 별다른 설명 없이 수술이 잘 되었다고만 하시니 소통이 잘되지 않는 느낌임
	퇴원 후 주의사항 및 치료계획 정보제공	• 퇴원수속 시간이 오래 걸리는 점이 불만임 • 환자관리는 잘 되고 있는 편이지만 보호자에 대한 관리가 아쉬움. 예를 들어, 병간호하면서 지치기 마련인데 빠른 외래 진료도 안 되고 약 처방도 안 돼서 불편함

를 높이는 데 기여할 것이다.

아마존의 성공을 이끈 세 가지 핵심 전략은 고객 중심 사고, 혁신적인 발명, 그리고 끈기 있는 실행이다. 아마존 창업자 제프 베조스(Jeff Bezos)는 고객의 소리를 직접 듣기 위해 자신의 이메일 주소(jeff@amazon.com)를 공개했다. 고객 누구라도 아마존을 이용하며 느낀 불편 사항을 이메일로 보낼 수 있으며, 베조스는 이 모든 이메일을 확인한 뒤, 문제 해결을 위해 담당자에게 전달했다. 특히, 그는 이메일 본문 없이 단순히 물음표('?') 하나만 보내는 것으로 유명하

다. 이 물음표('?') 이메일을 받은 담당자는 즉시 문제를 조사하고, 빠르게 해결 방안을 마련해 베조스에게 답변해야 한다.

이처럼 고객의 목소리를 듣는 것은 기업이 제공하는 서비스의 가치를 결정짓는 핵심 요소이다. 기업은 고객이 무엇을 원하는지 지속적으로 관찰하고, 고객이 어떤 서비스에 반응하는지 분석해야 한다. 또한, 기업 문화 자체를 고객 중심으로 구축하는 것이 필수적이다. 빠르게 변화하는 시장에서 경쟁력을 유지하려면 고객 중심 사고(Customer−Centric Thinking)가 반드시 필요하다. 아무리 뛰어난 서비스를 제공하더라도 고객이 가치를 느끼지 못한다면, 그 서비스는 의미가 없다.

결국, 기업이 지속적인 성장을 이루기 위해서는 고객의 목소리를 경청하고, 이를 바탕으로 혁신을 지속하며, 끊임없는 개선과 실행을 반복해야 한다.

Activity

1. 고객 니즈를 파악하기 위한 인터뷰 설문 항목을 만들어 봅시다.

2. 직원 및 관리자, 이해관계자의 요구를 파악하기 위한 인터뷰 항목을 구성해 봅시다.

서울신당동우체국 방문접수 서비스 개요

서울신당동우체국은 고객의 편의를 위해 방문접수 서비스를 제공한다. 이 서비스는 우체국 직원이 고객의 원하는 장소로 직접 방문하여 우편물을 접수하는 방식이다. 이는 특히 바쁜 일정을 가진 고객이나, 이동이 어려운 고객들에게 매우 유용하다. 방문접수는 특히 소포, 등기소포 등 다양한 우편물에 대해 이용 가능하며, 간단한 절차로 이루어져 있어 고객에게 부담이 없다. 또한, 고객은 접수 시간을 스케줄링할 수 있어 더욱 편리하게 서비스를 이용할 수 있다(www.klive.co.kr/서울신당동우체국).

신당동 우체국 직원의 서비스개선활동 사례

1) 고객의 편의를 위해 박스 사이즈와 가격 정보를 한눈에 확인할 수 있도록, 별도의 공간을 마련하였다. 이 공간에는 박스 규격별로 실물을 펼쳐두어 직접 비교할 수 있도록 했으며, 각 사이즈에 해당하는 가격표도 함께 제시하여 고객이 필요한 정보를 쉽고 빠르게 파악할 수 있도록 하였다.

2) 편지봉투를 구매하려는 고객이 많았지만, 위치를 찾기 어려워하는 경우가 많았다. 이에 매장 중앙에 봉투 이미지를 눈에 띄게 배치하고, 판매 안내 표지 또한 알아보기 쉽게 정비하여 고객이 보다 쉽게 제품을 찾고 구매할 수 있도록 개선하였다.

봉투
편지봉투판매
편지봉투판매
무인봉투 판매대
무인봉투 판매대

03 공동 창출(Co-Creation) 접근법

온라인 고객 서비스 환경에서 많은 고객이 가치 공동 창출(Co-creation of Value) 과정에 적극적으로 참여하기를 원하며, 이는 긍정적인 서비스 경험으로 이어진다. 그러나 온라인 환경에서는 비언어적 요소(예: 얼굴 표정, 제스처, 목소리 톤 등)가 부족하여, 효과적인 의사소통이 더욱 중요해진다. 고객과의 원활한 소통은 가치 공동 창출을 촉진하고, 긍정적인 감정과 배려의 형성에 중요한 역할을 한다.

Johanna Heinonnen과 Erose Sthapit(2024)의 연구에 따르면, 채팅 기반 서비스 만남에서의 배려 요소가 고객 가치 공동 창출에 미치는 영향을 탐구한 결과, 고객들은 가치 창출 과정에서 적극적인 역할을 수행한다는 점이 확인되었다. 연구진은 Visit Helsinki 채팅 플랫폼에서 이루어진 123개의 채팅 대화를 분석하였으며, 이를 통해 다음과 같은 결과를 도출하였다.

① 배려의 요소는 고객 가치 공동 창출에 필수적이며, 이를 통해 고객은 인지적, 통합적, 인식적 이점뿐만 아니라 정서적 혜택을 경험할 수 있다.
② 고객 서비스 에이전트와 고객이 협력하여 문제를 해결하는 과정에서 자비로운 태도, 헌신, 배려가 중요한 요소로 작용한다.
③ 언어적 표현과 고객 서비스 방식은 고객 가치 공동 창출을 더욱 강화하며, 고객에게 관심을 기울이고 있다는 표현은 긍정적인 감정과 배려의 분위기 조성에 기여한다.

이 연구 결과는 온라인 고객 서비스 환경에서 배려의 중요성을 강조하며, 고객의 참여를 유도하고 가치 공동 창출을 촉진하기 위해서는 적극적인 소통과 배려 기반의 고객 서비스 전략이 필요함을 시사한다.

3.1 서비스-지배 논리

Vargo와 Lusch(2006)는 서비스-지배 논리(Service-Dominant Logic, 이하

SDL) 이론을 통해 신서비스개발이 고객 중심의 과정임을 설명하였다. 그들은 신서비스개발에서 서비스의 가치 창출이 고객과의 상호작용을 통해 이루어지며, 서비스 시스템은 고객, 직원, 기업이 협력하는 공동 창조적 과정이라고 강조한다. 또한, 신서비스개발의 각 단계에서 고객과의 협업이 중요한 역할을 한다고 주장하였다.

SDL에서는 가치가 고객과 서비스 제공자 모두가 참여하는 협업 프로세스를 통해 결정된다고 본다. 즉, 가치 공동 창출은 고객과 서비스 제공자가 서비스 만남을 통해 상호작용하며 공유 가치를 창출하는 과정으로, 서비스 에이전트와 고객이 번갈아 가며 영향을 주고받으며, 가치와 정서적 영향을 함께 만들어가는 프로세스로 이해할 수 있다.

가치는 소비 과정과 지속적인 사용을 통해서만 사용자와 함께 생성되며, 최종적으로 사용자에 의해 결정된다. 모든 고객은 고유한 소비 경험을 겪으며, 각기 다른 기술, 선호도 및 목표를 가지고 있다.

가치 공동 창출은 전자 입소문(e-WOM), 창의적인 아이디어 공유, 공동 설계와 같은 긍정적인 행동으로 이어진다. 이는 고객 만족도, 충성도, 협력, 소속감과 참여를 강화하며, 반복 구매 및 재방문을 유도하는 역할을 한다(Johanna Heinonnen & Erose Sthapit, 2024).

3.2 가치 창출 프로세스

Sheth(2019)는 가치 공동 창출 프로세스를 고객 또는 서비스 에이전트(마케터)가 얼마나 적극적으로 참여하는지에 따라 네 가지 유형으로 분류하였다. 이 네 가지 유형은 단순한 이론적 구분을 넘어, 실제 고객 경험과 기업 운영 방식에 중대한 영향을 미친다.

① 고객 주도 공동 창출(Customer-driven co-creation)

첫 번째 유형은 고객이 공동 창출 과정의 주도권을 갖는 경우이다. 고객은 아이디어를 제안하고, 선호도를 공유하며, 피드백을 통해 서비스 또는 제품 설계에 직접 영향을 미친다. 이 과정에서 고객은 통제감과 몰입도를 동시에 경험하게 된다.

대표적인 사례는 레고 아이디어스(LEGO Ideas)이다. 고객이 직접 새로운 레고 제품 아이디어를 제안하고, 투표를 통해서 지지를 얻으면 실제 제품으로 출시된다. 다만, 고객의 참여가 증가할수록 기업 운영의 복잡성이 높아지기 때문에, 참여 범위나 피드백 반영의 기준을 명확히 설정할 필요가 있다.

② 서비스 에이전트(마케터) 중심 공동 창출(Co-agent driven co-creation)

두 번째 유형은 전문가나 마케터 등 서비스 에이전트가 공동 창출을 주도하는 방식이다. 고객은 이들이 제시하는 구조와 가이드를 따라 참여하며, 결과물은 에이전트의 전문성과 리더십에 크게 의존하게 된다.

예를 들어, 백화점 VIP 스타일 컨설팅 서비스에서는 전문 스타일리스트가 고객의 취향을 파악하고 최적의 상품을 제안한다. 고객은 에이전트의 제안을 수용하거나 일부 조정하는 방식으로 참여하게 된다.

이 방식은 서비스 제공자 관점에서는 효율적이지만, 개별 고객의 세분화된 니즈를 완전히 반영하는 데는 한계가 존재한다.

③ 공동 창출 협력(Co-created collaboration)

세 번째 유형은 가장 이상적인 형태로 평가받는 공동 협력(Co－created collaboration)이다.

고객과 서비스 제공자가 대등한 파트너로서 지식, 통찰력, 자원을 함께 기여하며 공동 창출을 수행한다.

대표적인 사례는 삼성전자 갤럭시 멤버스 커뮤니티이다. 여기서 고객들은 버그 신고, 기능 개선 제안 등을 활발히 올리고, 실제로 이러한 피드백이 제품 업데이트에 반영된다. 또한, 병원에서는 환자와 의료진이 함께 참여하는 환자경험 개선 프로젝트를 통해 동선 재설계나 안내 시스템 개선을 진행하고 있다.

이 유형은 고객 만족도와 기업의 혁신성을 동시에 높일 수 있는 장점이 있지만, 고객이 충분한 이해도와 참여 의지를 갖추도록 돕는 사전 교육이나 가이드라인이 반드시 필요하다.

④ 수동적 공동 창출(Passive co-creation)

마지막 유형은 고객 참여가 거의 없고, 기업이 미리 정의해 놓은 템플릿이나 매뉴얼에 따라 서비스를 제공하는 방식이다.

예를 들어, 콜센터 매뉴얼 기반 대응 시스템에서는 고객이 어떤 문제를 제기하더라도 상담사는 사전 지정된 절차에 따라 대응하며, 고객의 피드백은 거의 반영되지 않는다. 이러한 방식은 처리 효율성은 높지만, 개인화나 차별화된 고객 경험 제공에는 한계가 존재하며, 결과적으로 고객의 몰입도나 만족도는 낮아질 수밖에 없다.

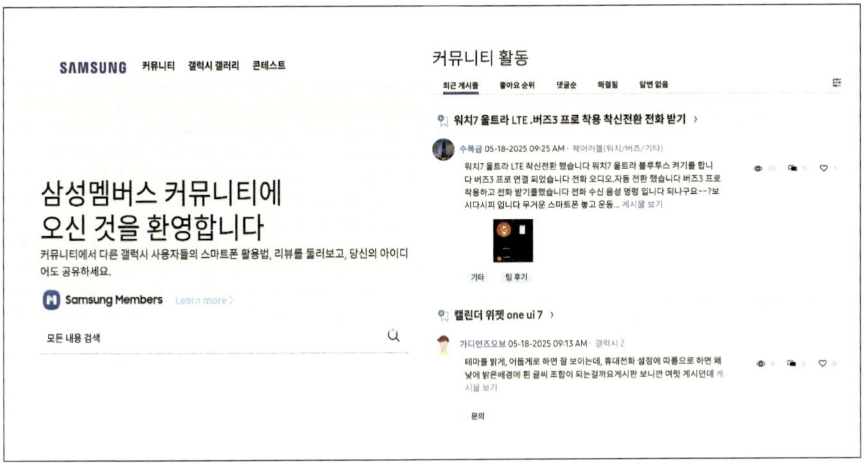

출처: 삼성멤버스 커뮤니티 홈페이지

가치 공동 창출은 단순히 고객을 '참여자'로 끌어들이는 것을 넘어, 그 참여 방식과 깊이에 따라 전혀 다른 결과를 만들어낼 수 있다. 고객이 주도할수록 개인화 경험이 강화되지만, 효율성은 떨어질 수 있으나, 서비스 에이전트 중심 또는 수동적 방식은 효율적이지만 몰입도는 낮다.

가장 이상적인 방식은 고객과 기업이 협력하는 '공동 창출 협력형'이지만, 이를 실현하기 위해서는 고객 교육, 내부 역량, 그리고 유연한 시스템 설계가 필요하다. 기업은 자사 고객의 특성과 서비스 목적에 따라 가장 적합한 공동 창출 전략을 설계해야 하며, 모든 접점에서 고객과 '같이' 가치를 만들어 나가려는 노력이 필요하다.

3.3 공동가치 창출사례

이병기(2016)는 서비스디자인 기법을 활용하여 도서관 서비스 혁신 및 신서비스 창출 사례를 분석하였다. 그는 사례를 디자인 요구, 참여자, 기간, 프로세스, 디자인 도구 및 결과 등의 기준으로 구분하여 검토하였으며, 그 결과는 다음과 같이 정리할 수 있다.

① 디자인 요구 관점

도서관 서비스디자인은 이용자 중심 서비스와 미래 지향적 서비스 창출에 초점을 맞추고 있다. 특히 대학도서관의 경우, 대학 교육의 변화에 대응하기 위한 필요성에서 서비스디자인이 추진되었다.

② 참여자 관점

서비스디자인 과정에서는 이용자와 서비스디자인 주체를 포함한 모든 이해관계자가 협업하여 기존 서비스를 개선하거나 새로운 서비스를 창출하고 있다. 도서관 직원뿐만 아니라 외부 전문기관(서비스디자인 컨설팅 업체) 및 다양한 계층의 이용자가 함께 참여하여 문제를 분석하고 해결책을 제시하거나 신서비스를 개발한다.

③ 서비스디자인 결과 관점

서비스디자인의 결과는 기존 시설 및 환경개선에서 완전히 새로운 서비스 창출까지 폭넓게 나타난다. 시설, 자료, 서비스 과정 등 특정 영역의 혁신뿐만 아니라, 코펜하겐 시립도서관의 '웰컴 팩(Welcome Pack) 서비스'*와 같이 종합적이고 새로운 서비스 개발에도 적용된다.

이와 같은 분석을 통해, 도서관 서비스디자인은 이용자 중심 접근법을 기반으로 협업과 혁신을 통해 실질적인 변화를 이끌어낼 수 있는 강력한 도구임을 확인할 수 있다.

* 코펜하겐 시립도서관은 호텔 방문 고객을 대상으로 도서관 자료를 연결하여 배달하는 통합 서비스인 'Travel Global, Read Local'을 창출하였다. 이 서비스의 핵심은 호텔 투숙객이 도서관 자료를 편리하게 이용할 수 있도록 지원하는 것으로, 주요 내용은 다음과 같다.

① 호텔 방문 고객에게 브로슈어, 도서목록, 주문서, 피드백 폼을 포함한 '웰컴 팩(Welcome Pack)' 제공
② 고객이 도서관 웹사이트를 통해 호텔 도착 전 미리 도서를 주문할 수 있도록 지원
③ 도서 구입 및 대여 서비스 비용은 호텔 이용 시 등록한 신용카드에서 자동 결제

이러한 서비스는 호텔과 도서관의 협업을 통해 여행객들이 현지 문화를 더 쉽게 접할 수 있도록 기회를 제공하는 동시에, 도서관의 서비스 범위를 확장하는 혁신적인 사례로 평가된다.

〈표 4-2〉 서비스디자인 도서관 적용 사례분석의 의의와 시사점

요 소	세부 내용	의의 및 시사점
디자인 요구	• 고객 중심 서비스, 미래 지향적 서비스 혁신 • 21세기 대학이념 구현, 산업 연계	• 이용자 중심 서비스 • 대학 교육의 변화 대응
참여자	• 서비스디자인 컨설팅 전문업체, 건축가, 정보공학자 • 도서관 직원(관장, 관리자, 사서, IT전문가) • 교수, 학생, 대학원생, 이용자 포커스 집단 • 대학 직원, 재무 담당자	• 모든 이해관계자의 참여 • 협업, 공동 설계
기 간	• 5주, 12주, 1학기, 1년	• 지속성 • 프로젝트 중심
프로세스	• 맥락파악 → 이용자 분석 → 콘셉트 구상 → 경험 프로토타입 → 문제해결/콘셉트 확정 • 연구조사 → 변화를 위한 기회 확인 → 콘셉트 개발 → 미래 서비스모델 개발 • 조사 → 분석 → 디자인 • 이용자 경험 조사 → 분석/디자인 요소 확인 → 서비스디자인 • 분석 → 서비스 개발 → 프로토타입 개발 → 시스템 개발 → 직원 배치	• 이용자 경험 강조 • 과정 중시 • 프로토타입 개발 및 적용

디자인 도구	기존	• 면담, 설문, 인터뷰, 관찰 • 워크숍, 브레인스토밍, 포커스그룹 면담	• 서비스디자인 도구 적용 • 시각화
	신규	• 블루 프린트, 고객여정지도, 터치 포인트, 섀도우 • 페르소나, 내러티브, 프로토타입, 스토리보드	
디자인 결과	시설 공간	• 도서관 스토어, 컨설턴트, 연구네비게이터 • 하이테크 시각정보실, 혁신 및 아이디어 스튜디오	• 서비스 개선, 신서비스개발 • 총체적 접근
	물적 증거	• 도서관 입구 웰컴존 재설계, 서비스존 확대 • 보안요원 이미지 개선, 유니폼 착용	
	과정	• 브레이크-포인트 연결, 새로운 자료 탐색방법 모색, 이용자 동선 변경 • 전문용어 배제한 사인시스템	
	종합	• Travel Global l Read Local 서비스 • 웰컴 팩(Welcome Pack) 서비스	

출처: 이병기(2016), 서비스디자인 방법론을 적용한 도서관서비스 혁신 사례분석, 한국문헌정보학회지, 50(3), 71-92.

**"게임으로 세상을 바꾼다는 말엔 동의하지 않는다.
다만 게임은 사람을 움직이는 가장 강력한 방법이다"**

체험형 교육 게임 '월페커즈'를 개발한 놀공의 이승택 대표는 게임 개발의 가치 중 하나로 '행동을 유도하는 것'을 꼽았다. 이 대표는 "생각을 바꾸는 것은 어렵지만 행동을 유도하는 것은 쉽다"며 게임이 가지는 역할을 강조했다.

이승택 놀공 대표는 넥슨 사옥 지하 1층 발표장에서 열린 'DMZ에서 베를린장벽까지 — 글로벌 빅게임, 아이디어에서 런칭까지'에서 연사로 나섰다. 이날 강연에서 이 대표는 체험형 교육 게임 '월페커즈'의 탄생 배경과 론칭까지의 과정을 상세하게 설명했다. '월페커즈'는 지난 1월 27일 교육컨설팅 업체 '놀공'이 독일과 한국의 분단 역사를 대중들에게 쉽게 알리는 취지로 론칭한 교육게임이다.

'월페커즈'는 '빅 게임' 형태로 제작됐다. '빅 게임'은 오프라인에서 많은 사람들이 참여하는 게임이다. '월페커즈'에서 플레이어는 '분단 전문기자'가 되어 여러 패널에 적힌 텍스트를 활용해 휴대폰 어플리케이션으로 기사를 작성한다. 플레이어는 육하원칙 중 빠진 문장을 역사 속 사건에서 찾아 채워넣으면 된다. '월페커즈'는 연재 기사를 작성할 수 있는 '짝 기사 시스템'과 한 분야를 모두 클리어하면 주어지는 '전문기자 시스템'을 도입해 재미를 더했다.

런칭 이후 '월페커즈'는 국내 통일 교육에 도입되고 독일 베를린 장벽 재단 세미나에 초청되는 등 많은 관심을 받고 있다. 그러나 '월페커즈'도 시행 초기엔 많은 어려움을 겪었다. 이승택 대표는 "개발 초기 수익을 낼 수 있는 시스템이 아니었기 때문에 투자를 받기 힘들었다. 주한 독일문화원과 많은 이야기를 나눴지만 금전적인 지원은 받을 수 없었다"고 말했다.

지난 2015년 첫 삽을 뜬 '월페커즈' 프로젝트는 3년이 지난 2018년 본격적으로 제작에 들어갔다. 독일문화원 50주년에 맞춰 시작된 '월페커즈'는 독일에서 실제 분단을 경험했던 사람들의 이야기를 들으며 게임 제작의 퍼즐을 맞춰나갔다. 시각화 작업을 위해 '월페커즈'는 한국과 독일의 분단 역사 타임라인 전체를 펼쳐 놓고 아이디어를 구상했다. 이승택 대표는 "타임라인 작업에서 많은 도움을 받았다"며 "역사를 알리는 '목적'에 맞게 불필요한 아이디어는 없애면서 작업을 진행했다"고 말했다.

'월페커즈'를 플레이하며 사람들은 30여 분의 짧은 제한 시간에 불만을 나타냈다. 이승택 대표는 "의도한 것이다"고 밝히며 "게임에서 30분, 1시간으로 모든 내용을 전달할 수 없다. '월페커즈'를 플레이하며 사람들이 '통일'에 대해 관심을 가지고, 통일 교육에 대해 긍정적으로 바라본다면 우리의 충분히 역할을 한 것이다"고 전했다. 마지막으로 이 대표는 "게임은 사람을 행동하게 만들 수 있다. 게임 자체에 힘이 있다. '월페커즈'도 게임의 그러한 측면을 잘 보여준 것 같다"고 말하며 강연을 마쳤다.

출처: OSEN(2019. 4. 26), 이승택 놀공 대표, "게임은 사람 움직이는 가장 강력한 방법"

함께 이야기해 봅시다

1. 서비스디자인 4단계(발견-정의-개발-전달)의 세부 실행 사항을 정리해 보고, 가장 중점을 두어야 할 단계를 이야기해 봅시다.

   - 발견
   - 정의
   - 개발
   - 전달

2. 공동 창조 명제(Sheth, 2019)의 4가지 사례를 찾아봅시다.

참고문헌

〈단행본〉

김계수·이돈희·최정훈 옮김(2022), 이것이 서비스디자인 행동이다, 도서출판 청람.

최정일·김연성·유한주·황조혜·장정빈(2016), 서비스경영 4.0, 문우사.

황혜미·엄지영(2022), 융합형 캡스톤 디자인, 정독.

Bordoloi, S., Fitzsimmons, J. A., & Fitzsimmons, M. J. (2023), Service Management, Tenth Edition, McGraw－Hill.

Vargo, S. L., & Lusch, R. F. (2006), Service－Dominant Logic: Premises, Perspectives, Possibilities. Cambridge University Press.

〈학위 및 학술 논문〉

이병기(2016), 서비스디자인 방법론을 적용한 도서관서비스 혁신 사례분석, 한국문헌정보학회지, 50(3), 71－92.

이상식·이형목·권민진(2012), 성공적인 고객경험 관리를 위한 서비스경영 실사, 대한경영학회지, 25(1), 529－543.

이혜정(2020), 고객경험의 서비스스케이프에서 서비스디자인의 진단 및 평가, 서강대학교 경영전문대학원 글로벌서비스경영학과 박사학위 논문.

이혜정·서창적(2018), 서비스디자인 방법론을 적용한 프리미엄 유통 서비스 개선사례 연구: 국내 S 푸드마켓을 중심으로, 한국시비스경영학회지, 19(4), 202－220.

Alam, Ian & Perry, Chad (2002) "A customer－oriented new service development process", Journal of Services Marketing, 16(6), 515－534.

Heinonnen, Johanna & Sthapit, Erose (2024), Service agent driven co－created caring chat based customer service encounters, service marketing quarterly, 45(1), 1－24.

Sheth, J. N. (2019), Customer value propositions: Value co－creation. Industrial Marketing Management, 87, 312－315.

〈기타〉

전자신문(2024. 12. 3), 현대리바트, 'AI 맞춤형 쇼핑' 선봬 … "온라인 강화 승부수"

OSEN(2019. 4. 26), 이승택 놀공 대표, "게임은 사람 움직이는 가장 강력한 방법"

Sheth, J. N. (2019), "A normative theory of marketing practice", available at www.jagsheth.com/marketing－theory

CHAPTER 5

서비스 설계 및 프로토타입

A백화점 서비스디자인 사례를 살펴보면, 서비스 이용 문제점 중 상대적으로 적은 비용을 투입하여 짧은 시간 안에 고객의 불만을 해결하고 만족도를 높일 수 있도록 서비스 콘셉트를 '유모차 동반 고객의 경험 개선'을 실행하였다. 이를 구현하기 위해 2가지 프로토타입을 개발하였는데, 첫 번째는 '편리한 유모차 대여 및 반납', 두 번째는 '유모차 전용 엘리베이터 운영'이다.

• 대여 방식 개선

기존에는 유모차 대여 시 고객이 신분증을 대여소에 맡겨야 하는 방식이었으나, 신분증을 지참하지 못한 고객은 대여 자체가 불가능하고, 개인정보 보호 측면에서도 우려가 제기되어왔다. 이에 따라 신분증 대신 A백화점 멤버십 카드를 제출하면 대여가 가능하도록 시스템을 변경하여, 고객 편의성과 신뢰도를 동시에 높였다.

• 반납 장소 확장

가장 많은 불만이 제기되었던 사항 중 하나는 '대여 장소에서만 반납이 가능하다'는 점이었다. 이를 개선하기 위해 주요 이용 동선 내 반납 가능 지점을 확대하였으며, 유아휴게실, 주차장, 식품 매장 등에서도 유모차 반납이 가능하게 하여 고객의 이동 동선을 고려한 실질적인 편의성을 높였다.

• 유모차 전용 엘리베이터 운영(주말 한정)

주말처럼 고객 방문이 집중되는 시간대에는 유모차 이용 고객의 이동 편의를 위해 전용 엘리베이터를 별도로 운영하였다. 예를 들어, 3대의 엘리베이터 중 1대를 유모차 전용으로 지정하고, 픽토그램(Pictogram)을 활용해 전용 표시를 명확히 안내하였다.

또한, 직원이 엘리베이터 인근에 상주하며 유모차 이용 고객의 안전한 탑승 및 하차를 도우며, 일반 고객들에게는 해당 서비스에 대한 양해를 구하는 안내 멘트를 통해 원활한 이용이 이루어질 수 있도록 하였다.

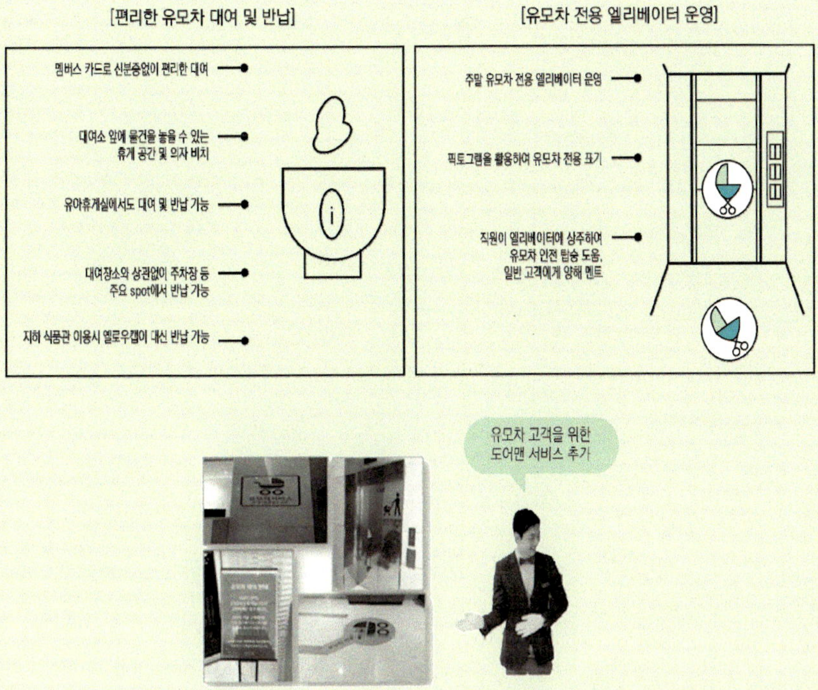

출처: 이경선 외(2015), 서비스디자인 방법론을 통한 백화점의 서비스 개선 사례연구, 한국서비스경영학회지, 16(1), 225-243.

01 서비스 청사진(Service Blueprint) 활용

1.1 서비스 청사진의 특징

서비스 청사진(Service Blueprint)은 서비스 전달 시스템을 시각적으로 표현하여 설계에 활용할 수 있도록 한 기법으로, 쇼스택(Shostack, G. Lynn)이 제안하였다(서비스경영연구회 역, 2006). 이 기법은 접점(front stage), 후방(back stage), 지원부서(supporting processes)의 역할과 상호 업무 협조를 시각적으로 파악할 수 있도록 도와주며, 각 접점에서 고객의 기대와 요구를 분석하는 데 적극적으로 활용된다.

서비스 청사진의 특징은 ① 서비스 시스템을 시각적으로 묘사하여 관계자들이 서비스의 전체적인 흐름을 이해하고 처리할 수 있도록 지원하며, ② 기업이 고객에게 서비스를 제공하는 방식을 하이라이팅하여 서비스의 전반적인 구조를 한눈에 파악 가능하고, ③ 고객과 직원 사이의 상호작용 및 서비스의 가시적 요소를 명확히 표현하며, ④ 서비스 프로세스를 세분화하여 업무 수행 흐름을 단계별로 분석이 가능하다.

최근에는 접점(front stage)과 후방(back stage)의 경계가 모호해지거나 통합되는 사례가 증가하면서, 기존의 명확한 구분이 어려워지고 있다. 또한, 셀프서비스 기술(SST: Self Service Technology)이 도입됨에 따라 후방과 지원부서의 역할이 더욱 중요해지고 있으며, 고객 경험을 최적화하기 위한 다양한 전략이 요구되고 있다(황혜미 외, 2022).

[그림 5－1]은 시니어타운 피트니스센터 데스크의 서비스 청사진 예시이다. 서비스 청사진은 기존의 프로세스의 병목점(대기점)을 찾고 실패점을 찾는 것으로 유용하게 사용되지만, 새로운 시설이나 매장을 오픈할 때도 미리 문제점을 파악해서 예방하거나 대비할 수 있다. 피트니스센터 데스크의 설계도면을 보고 서비스 접점을 미리 그려보며, 예상 가능한 문제점을 찾아낼 수 있다. 해당 사례에서 예상되는 병목점(Bottleneck)은 등록과 문의 접점이다.

그리고 서비스 전달 프로세스 단계별 직원의 실수 가능점을 찾아내고, 이러한 직원 실수를 줄이기 위해서 실패예방을 위한 방안을 도출한다. 이 서비스 청사진 작성을 통해 2가지 개선이슈를 발굴하였다. 이러한 활동을 통해 서비스 전달 프로세스를 체계적으로 재정립하고 개선할 수 있다.

① 예상되는 병목점

- (오픈 초기)회원 등록과 문의 접점에서 대기 시간이 길어질 가능성이 큼
  → 사전 안내 강화 및 온라인 회원등록 프로그램 개발
- 등록 과정에서 직원의 업무 숙련도 부족으로 인해 지연 또는 누락 발생 가능
  → 등록 과정 시각화를 통한 사전 정보 제공 및 직원들의 업무 수행 교육 실시

② 직원 실수 예방 및 개선 방안

- 전산 시스템 사용이 익숙하지 않은 직원으로 인해 업무 지연이 발생할 수 있음
  → 전산시스템 활용 교육 및 업무 지연시 대처방안 마련
- 시니어 고객들이 자주 묻는 질문(FAQ)에 대한 답변을 미리 제작하여 배포
  → 직원들의 응대 속도 및 정확성 향상

[그림 5-1] 시니어 피트니스 데스크의 서비스 청사진

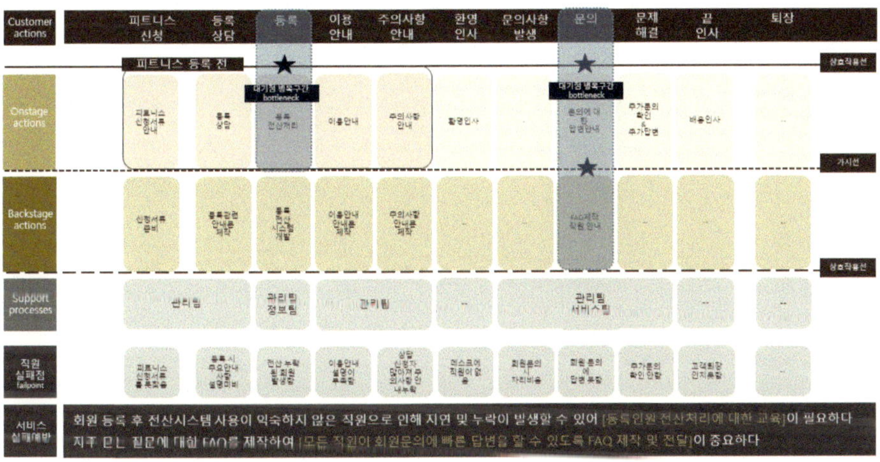

서비스 청사진은 서비스 프로세스에서 발생할 수 있는 실수의 원인을 파악하고, 고객 불만족을 유발하는 문제를 사전에 예방할 수 있도록 돕는 도구이다. 이를 통해 서비스 관리자는 서비스 실행 전에 프로세스를 검증하고 정의할 수 있으며, 특히 실수 가능점(Fail Point, F)을 미리 식별하여 고객 만족을 향상시킬 기회를 제공한다.

1.2 포카요케와 신서비스개발

서비스 청사진을 활용하면 고객의 대기점(Bottleneck)을 분석하고 해결책을 마련할 수 있으며, 직원과 고객의 서비스 실패 가능성을 줄이기 위한 예방 활동을 강화할 수 있다. 또한, 서비스 전달 과정에서의 병목현상을 최소화하고 서비

스 품질을 일정하게 유지할 수 있도록 설계하는 데에도 중요한 역할을 한다. 이를 위해 기업들은 고객과 직원의 실수 가능성을 줄이기 위한 장치나 프로세스를 개발하는데, 그 대표적인 기법이 포카요케(Poka－Yoke)이다.

서비스 포카요케는 서비스 수행 과정에서 실수가 발생하기 전에 이를 방지하는 장비 또는 절차를 포함하며, 서비스 청사진과 함께 활용할 경우 서비스 오류를 줄이고 정확성을 높이는 효과를 기대할 수 있다. 즉, 고객이나 직원이 실수를 저지르기 전에 이를 인지하고 수정할 수 있도록 돕는 예방적 장치로, 서비스 과정의 신뢰성과 효율성을 높이는 역할을 한다.

예를 들어, 패스트푸드점이나 카페에서는 고객이 결제 버튼을 누르기 전 주문 내용을 다시 확인하도록 유도하는 시스템을 적용하며, 특정 재료(예: 알레르기 유발 식재료)를 선택하면 자동으로 경고 메시지를 표시하는 방식으로 포카요케를 개발하여 활용하고 있다. 또한, 공항 체크인 시스템에서는 여권과 항공권 정보를 자동으로 확인하여 잘못된 입력을 방지하고, ATM 출금 시스템에서는 현금을 먼저 출금하도록 유도하여 카드 분실을 예방하는 방식으로 포카요케가 적용된다.

이처럼 서비스 청사진과 포카요케를 함께 활용하면 서비스 과정에서 발생할 수 있는 오류를 사전에 예방하고, 고객 경험을 향상시키는 동시에 기업의 운영 효율성을 극대화할 수 있다. 결과적으로, 포카요케는 서비스 실패를 줄이고 고객 만족도를 높이는 핵심 전략 중 하나로 자리 잡고 있으며, 다양한 산업 분야에서 지속적으로 발전하고 있다.

[그림 5－2]와 같이 온라인 쇼핑몰을 이용할 때 장바구니에서 중복 상품을 담으면 알림 서비스를 제공하여 고객이 같은 상품을 중복해서 담지 않도록 유도한다. 또한 여성들의 경우 화장품 선택 시 본인의 피부 톤에 맞는 상품을 선택하길 원하기 때문에 팔 안쪽에 색깔을 보여준다면 고객이 편리하게 선택할 수 있다. 그리고 남녀 화장실, 장애인 화장실, 기저귀 교환할 수 있는 장소를 한눈에 표시해 주어 고객이 여기저기 찾아 헤매지 않고 신속하게 원하는 곳을 이용할 수 있다.

[그림 5-2] 포카요케를 활용한 신서비스개발 사례

따라서 서비스 청사진은 서비스 프로세스를 평가하고 고객 경험을 개선하는 데 유용한 관리 도구로 활용될 수 있다. 이를 통해 물리적 환경이나 직원들의 행동, 후방의 지원 프로세스가 적절하게 설계되었는지를 점검할 수 있으며, 고객의 기대와 실제 서비스가 일치하는지를 확인하는 데 도움을 준다.

또한, 서비스 청사진은 경영진이 서비스 개념을 실행하기 전에 문서화된 형태로 테스트할 수 있도록 하며, 이를 통해 서비스 전달 과정에서 발생할 수 있는 문제를 사전에 식별하고 해결할 수 있도록 한다. 특히, 고객 경험을 향상시킬 수 있는 기회를 강조함으로써 서비스 개선 및 혁신을 촉진하며, 문제 해결과 창의적인 사고를 지원하는 역할을 한다(S. Bordoloi, J. A. Fitzsimmons, & M. J. Fitzsimmons, 2023).

Activity

1. 여러분이 서비스를 이용하면서 경험할 수 있는 실수 및 실패점을 찾아봅시다.

2. 고객의 실수 및 실패를 예방하기 위한 서비스 포카요케를 개발해 봅시다.

3. 서비스 포카요케를 이용하면 고객은 어떤 이점을 얻을 수 있을지 이야기해 봅시다.

서비스디자인 도구관련 용어

서비스디자인 도구	해 설
터치 포인트 (Touch Points)	고객과 공급자 간의 다양한 유형의 접촉점을 정의하고 시각화시키기 위해 사용하는 방법
서비스 블루프린트 (Service Bluepoint)	서비스 전달 과정에 포함된 모든 요소를 명시하고, 각 당사자들의 관점으로 터치포인트는 물론 그 뒤의 과정까지를 상세하게 도식화하는 방법
섀도우 (Shadowing)	대상자의 일상적인 생활을 가능한 눈에 띄지 않게 관찰하고 기록하는 방법이다. 조사자는 서비스를 이용하는 고객들을 그림자처럼 따라다니며 그들의 행동과 경험을 관찰하는데 사용하는 방법
페르소나 (persona)	상상의 캐릭터를 만들어 실제 사용자들의 니즈와 목적, 행태에 관해 대화를 집중하는데 도움이 되는 방법
스토리보드 (Storyboard)	서비스 콘셉트를 설명하기 위해 그림이나 사진을 이용해서 시나리오를 시각화하는 방법론
고객여정지도 (Customer Joumey Map)	서비스와 인터랙션 개선을 위한 뼈대로서 서비스를 이용하는 고객의 경험을 시간의 흐름에 따라 기술, 고객여정지도를 통해 총체적인 서비스 사용자 경험을 조망하고 각 터치포인트 파악

서비스 사파리 (Service Safaris)	서비스를 이해하기 위한 리서치 방법으로 "야생"으로 나가 자신이 생각하는 좋은 예의 서비스와 나쁜 예의 서비스를 직접 경험을 해 보는 것
서비스 시나리오 (Service Scenario)	상세한 정보가 담겨진 이야기 형식의 서비스 콘셉트 설명. 서비스 시나리오를 작성해봄으로써 고객이 어떤 상황에서 어떻게 서비스를 경험하게 되는지 파악하는데 도움
서비스스케이프 (Servicescapes)	서비스를 구현하는 공간 및 공간 구성요소를 제공하는 물리적 환경과 제공자 및 이용자들과의 사회적 관계를 형성하는 총괄적 환경
프로토타입 (Service Prototyping)	구현되지 않은 서비스를 정책수요자에게 가급적 실제상황과 같은 경험(테스트)으로 제공함으로써 그들의 반응을 관찰하기 위한 일종의 시제품
이해관계자 맵 (Stake-Holder Map)	서비스의 이해관계자와 연결 관계를 총체적으로 파악하기 위한 방법

출처: 이병기(2016), 서비스디자인 방법론을 적용한 도서관서비스 혁신 사례분석, 한국문헌정보학회지, 50(3), 71-92.

02 고객여정 맵핑(Customer Journey Mapping)

신서비스를 설계할 때는 타깃 고객과 잠재 고객의 니즈를 명확하게 분석하는 것이 필수적이다. 이를 바탕으로 고객의 기대와 요구를 현실화할 수 있는 서비스 원칙과 콘셉트를 개발해야 한다.

서비스 콘셉트를 수립 과정에서는 고객이 서비스 이용을 통해 얻고자 하는 핵심 가치를 명확히 정의하고, 이를 실제 서비스 제공 프로세스에 자연스럽게 녹여낼 수 있도록 설계해야 한다. 또한, 서비스가 일관되게 제공될 수 있도록 직원 교육, 운영 매뉴얼, 고객 접점에서의 커뮤니케이션 방식 등을 체계적으로 정리해야 한다.

궁극적으로, 효과적인 서비스 설계는 고객 경험을 향상시키고 기업의 경쟁력을 높이는 중요한 요소로 작용하므로, 초기 단계에서부터 고객 중심의 사고를 반영한 서비스 모델을 구축하는 것이 중요하다.

고객을 깊이 이해하기 위해 페르소나(Persona)를 발굴하고, 고객 경험과 감정을 시각화하는 고객여정지도(Customer Journey Map)를 작성한다. 이를 통해 고객의 터치 포인트(Touch point)에서 실패 포인트(Fail Point)를 식별하고, 서비스 개선 이슈를 도출할 수 있다.

나아가, 서비스 전달 과정의 맥락과 이해관계를 분석하여 프로세스별 업무 범위를 명확히 정의하면, 직원 각자의 역할을 더욱 효과적으로 이해하고 수행하는 데 도움이 된다(이혜정, 2020).

2.1 페르소나

페르소나는 해당 기업, 기관의 상품과 서비스를 이용하는 가상의 인물을 설정하여, 공통된 관심사와 배경을 가진 고객을 묶어 유형화하는 방법이다. 페르소나는 특정 사용자 집단에 대한 정보이므로 비슷한 서비스 요구사항을 가진 집단들을 좀 더 쉽게 이해할 수 있도록 도와주는 기능을 한다. 정의 및 개발단계에서 사용되는 고객여정지도를 작성할 때 고객(사용자)을 대표하는 페르소나를 먼저 정하게 되면, 전체적인 서비스콘셉트 방향을 잡을 수 있다(정승환 외, 2022).

최근 우리나라는 초고령사회로 진입했으며, 왕성한 사회활동과 경제력을 갖춘 '그랜드제너레이션(Grand Generation)'에 대한 연구가 본격적으로 시작되었다. 그랜드제너레이션은 트렌드를 주도하고, 높은 경제력을 갖고 있으며, 건강하고 젊은 사고방식을 한다. 또한 디지털에 친숙하고 자주 사용하는 특징을 지닌다.

[그림 5-3]은 고급 시니어타운에 입소할 가능성이 있는 잠재 고객, 즉 60세 이상의 '액티브 시니어(Active Senior)'를 대상으로 한 페르소나로, 시니어 계층 전반을 설정하는 일반적인 페르소나와 차별화된 접근 방식이 필요하다. 일반적으로 페르소나는 특정 서비스 이용자의 현황, 문제점, 기대하는 점을 분석하는 데 초점을 맞추지만, 액티브 시니어 페르소나의 경우 단순한 서비스 이용 패턴 분석을 넘어 보다 기대하는 시설 이용의 편의성 및 운영 프로세스, 그리고 직원이 제공하게 될 케어 서비스 등에 대한 세부적인 요구사항을 파악해야 한다.

[그림 5-3] 액티브 시니어 페르소나 사례

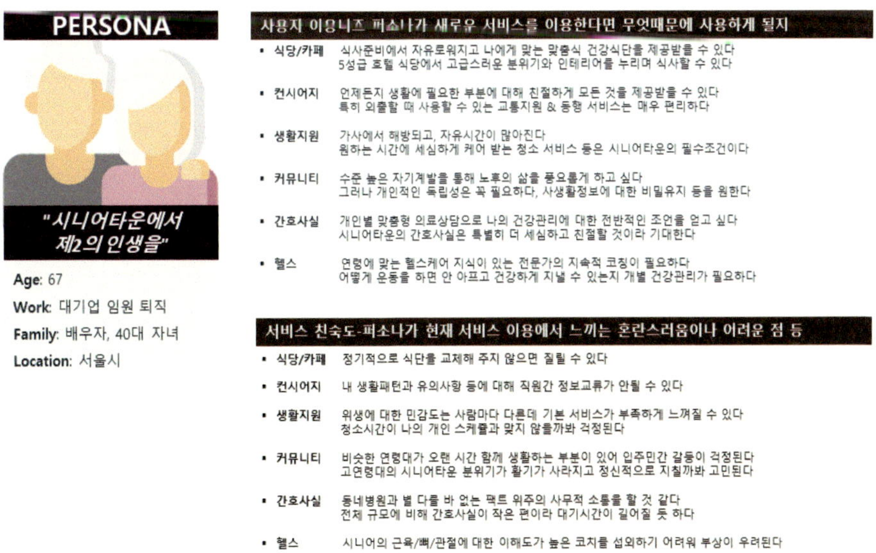

특히, 시니어 페르소나는 식당, 컨시어지 서비스, 커뮤니티 시설, 헬스장 등 시니어타운 내 주요 시설별 고객의 요구사항을 세밀하게 파악하는 데 중점을 둔다. 이를 통해 시니어 고객의 라이프스타일과 선호도를 반영한 맞춤형 서비스 설계할 수 있으며, 궁극적으로는 이들의 생활 만족도를 높이고 입소 결정에 긍정적인 영향을 미칠 수 있다.

2.2 고객여정지도

고객여정지도(Customer Journey Map)는 고객이 서비스를 이용하는 과정에서 경험하는 다양한 감정을 시각적으로 도출하고 분석하는 도구이다. 이는 고객의 즐거운 경험을 강화하고, 불편하거나 부정적인 경험을 최소화하기 위한 서비스 설계에 널리 활용되고 있다. 특히 서비스디자인 방법론 중에서 가장 많이 사용되는 기법으로, 서비스기업의 설계자들은 고객여정지도를 통해 서비스 개선 방향을 구체적으로 도출할 수 있다.

예를 들어, 최근 애완견과 함께 투숙할 수 있는 애견 호텔&리조트가 증가하면서, 이러한 숙박업소의 관리자들은 고객여정을 고려한 맞춤형 서비스를 기획하고 있다. 애견 동반 룸을 설계하고, 전용 산책 코스를 개발하며, 반려견 전용 식사를 제공하는 등의 활동이 그 예이다. 또한, 가족 단위 고객을 위해 아이들이 즐겁게 놀 수 있는 엔터테인먼트 룸을 조성하는 등 고객의 기대를 충족시키기 위한 다양한 노력이 이루어지고 있다. 실제로 고객들은 일반 객실보다 다소 높은 비용을 지불하더라도, 아이들이 즐겁게 놀 수 있는 공간을 제공하는 숙소를 선호하는 경향이 있다.

한편, 호텔 레스토랑에서는 [그림 5-4]와 같이 알레르기 고객이 증가하는 트렌드에 대응하기 위해 고객여정지도를 활용하여 새롭게 제공할 서비스를 도출하였다. 레스토랑 관리자와 주방장들이 고객의 이용 패턴을 분석한 결과, 고객이 알러지 정보 제공을 요청하기 전에 미리 알레르기 유발 식재료, 베지테리안 메뉴, 염도 표시 등의 정보를 제공하는 서비스가 필요하다는 결론을 내렸다. 이후 고객 반응을 기반으로 이 서비스를 더욱 확장하여, 모바일 앱을 통해서도 편리하게 정보를 확인할 수 있도록 개선하는 방안이 제시되었다.

[그림 5-4] 계란 알레르기 엄마 & 땅콩 알러지 아들의 레스토랑 여정지도

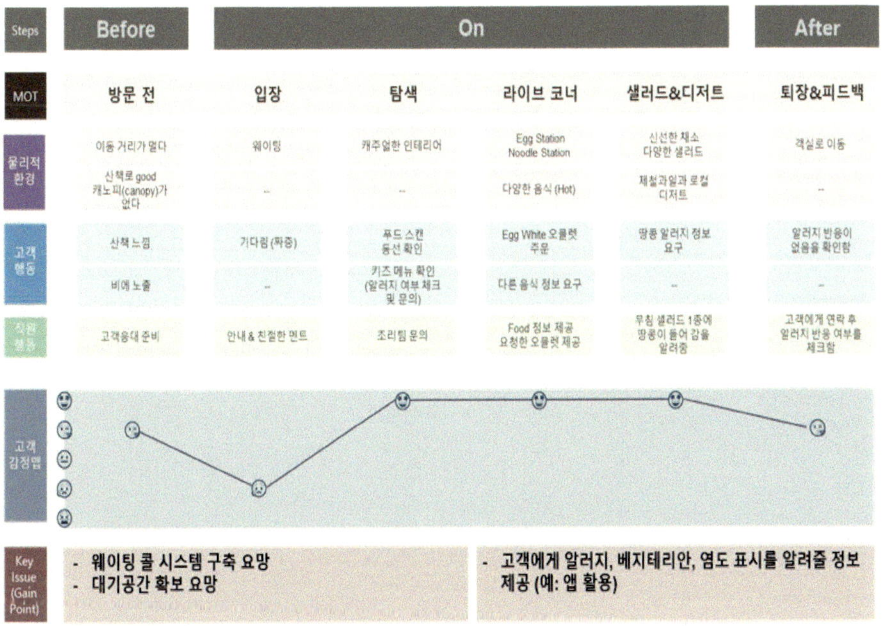

출처: 휘닉스파크앤리조트 고객경험디자인 워크숍 발표자료

메뉴판 하단에 알레르기 유발 물질과 음식 성분을 모두 표시해 두어, 고객은 일일이 물어보지 않아도 한눈에 필요한 정보를 확인할 수 있다.
또한, 직원은 주문 시 구두로 한 번 더 확인해 주는 세심함을 보여준다. 이러한 배려는 고객과 직원 모두의 경험을 향상시키는 긍정적인 효과를 준다.

이처럼 고객여정지도는 서비스 제공자와 관리자들이 고객의 입장에서 각 터치 포인트에서 경험하는 감정을 세밀하게 분석하여 서비스 개선 활동을 수행하거나 새로운 서비스 개발을 제안하는 데 적극적으로 활용되고 있다. 이를 통해 고객의 기대를 충족시키고, 서비스 품질을 향상시키며, 고객 만족도를 극대화할 수 있다.

그러나 고객여정지도를 활용할 때 가장 중요한 고려사항은, 이 지도가 대부분 서비스 제공자의 시각에서 작성된다는 점이다. 즉, 실제 해당 서비스를 이용하는 고객이 직접 작성한 것이 아니므로, 서비스기업이 고객의 피드백과 의견을 청취하는 과정이 반드시 필요하다. 이를 위해 심층 인터뷰, 설문 조사, 현장 관찰 등의 방법을 활용하여 고객의 실제 경험과 기대를 반영하는 것이 바람직하다.

결국, 고객여정지도는 단순히 내부 관점에서 고객 경험을 예측하는 것이 아니라, 고객과의 지속적인 소통을 통해 실질적인 서비스 개선 기회를 발굴하고 실행하는 도구로 활용될 때 가장 효과적이다.

[그림 5-5]는 고객이 자가용을 이용해 S프리미엄 푸드마켓을 방문하는 과정으로, 첫 번째 부정적 감정은 주차 대기로 인해 형성된다. 매장 도착과 동시에 주차장 진입 시 혼잡과 대기 시간이 길어져 고객의 불만족이 증가하는 것이다. 이후 고객은 발렛주차를 이용하거나 직접 주차한 뒤, 신선매장, 정육/수산매장, 장방/반찬매장, 키친(푸드코트), 치즈/와인매장, 양곡/너츠매장, 글로서리매장, 생활매장을 차례로 방문하면서 쇼핑을 진행한다.

그리고 고객의 두 번째 부정적 경험은 계산대에서 다시 발생한다. 대기 시간이 길어지면서 불편함을 느끼게 되고, 쇼핑의 마지막 단계에서 부정적인 감정

[그림 5-5] S 프리미엄 푸드마켓의 고객여정지도

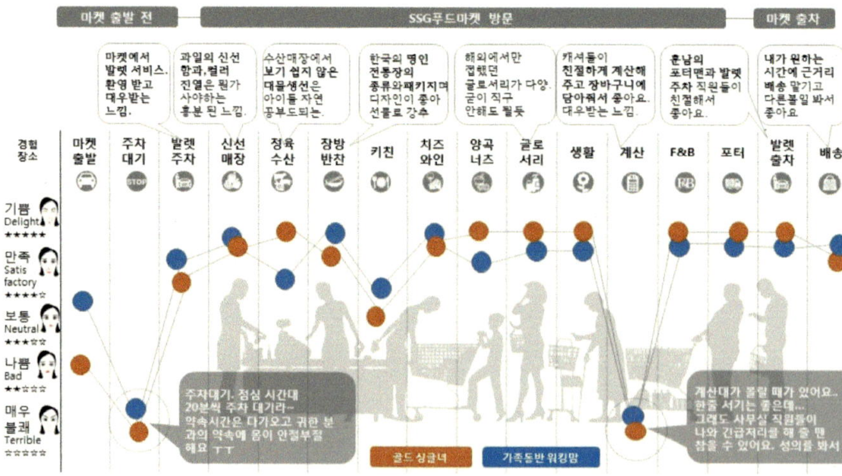

을 가지게 된다. 이후 고객은 F&B매장을 방문하거나 포터서비스(porter service)를 이용하여 쇼핑한 물품을 정리하고, 발렛출차 또는 배송 서비스를 통해 쇼핑을 마무리한다.

고객여정지도를 분석한 결과, 주요 실패 포인트(Fail Point)는 주차장 진입 시 혼잡 및 대기로 인한 불편함과 계산대 이용 시 긴 대기시간이었다(이혜정 외, 2018). 이러한 문제점을 해결하기 위해 사전 주차 예약 시스템 도입, 실시간 주차 공간 안내, 무인 결제 시스템 도입, 계산대 자동화 및 셀프 계산대 확대 등 다양한 개선 방안을 고려할 필요가 있다.

고객여정지도(Customer Journey Map)의 개념은 서비스 청사진(Service Blueprint)에서 발전되었지만, 두 도구는 초점과 목적에서 차이가 있다.

서비스 청사진은 서비스 제공자의 관점에서 서비스 프로세스를 가시적으로 구조화하고, 이를 통해 대기시간이나 실패 포인트(Fail Point)를 도출하여 프로세스를 최적화하는 데 중점을 둔다. 반면, 고객여정지도는 고객의 입장에서 서비스 경험을 감정적으로 세분화하여 긍정적인 경험을 강화하고 부정적인 경험을 제거하는 것에 초점을 둔다.

즉, 서비스 청사진이 서비스 제공 과정의 구조와 흐름을 분석하는 관리 도구라면, 고객여정지도는 고객이 서비스 이용 중 느끼는 감정을 시각화하여 서비스 개선 및 새로운 서비스 개발을 위한 도구라고 할 수 있다. <표 5-1>에서는 이러한 차이를 정리하여 서비스 청사진과 고객여정지도의 주요 차이점을 비교하였다.

〈표 5-1〉 서비스 청사진 VS 고객여정지도

구 분	서비스 청사진	고객여정지도
관 점	서비스기업(제공자)	고객
목 적	병목점(고객 대기), 실패점 발굴	고객 긍정(부정)경험 터치 포인트 발굴
성 과	서비스기업 지원부서, 전방 및 후방부서 프로세스 설계	물리적 환경, 직원 행동에 따른 고객 감정 분석

Activity

1. 페르소나(가상 고객)을 선정하여 특성을 분석해 봅시다.

	이름: 성별: 나이: 직업: 성격:
고객이 서비스를 이용하는 이유	
고객의 요구사항	

2. 페르소나의 여정지도를 작성하고 긍정경험과 부정경험을 찾아봅시다.

구분							
매우 만족							
만족							
보통							
나쁨							
매우 나쁨							
고객 행동							
직원 행동 (물리적 시설)							
Gain Point							
Pain Point							

3. 고객경험 강화를 위한 서비스 개선 및 신서비스개발 아이디어를 도출해 봅시다.

03 프로토타입 제작 및 시뮬레이션

3.1 서비스 시제품 제작

프로토타이핑(Prototyping) 단계에서는 최적의 아이디어를 선정한 후, 이를 실현하기 위해 다양한 재료와 방법을 활용하여 프로토타입을 개발한다. 대표적인 방법으로는 시제품 개발, 디지털 목업(Digital Mockup), 역할극(Role Play) 등이 있으며, 이러한 프로토타입을 활용하여 고객의 실제 반응을 테스트하고 지속적으로 개선하는 과정을 거친다(황윤자 외, 2021).

유통 매장을 이용하는 고객들은 예상하지 못한 긴 대기시간에 대해 불편함을 느끼며, 이는 서비스 경험의 중요한 실패 포인트(Fail Point)로 작용한다. S프리미엄 푸드마켓에서는 이러한 고객 불편을 해소하기 위해 주차 대기와 계산대 대기 문제를 해결하는 프로토타입을 개발하였다.

[그림 5-6]과 같이, 주차 대기 시 고객의 감정을 케어할 수 있는 서비스와 계산대 대기 시간을 효율적으로 단축할 수 있는 솔루션을 중심으로 프로토타입을 제작하였다. 이를 통해 고객이 서비스를 이용하면서 겪는 불편 요소를 보다 구체적으로 파악하고, 반복적인 테스트 및 시나리오 보완 활동을 시행하여 최적의 서비스 개선안을 도출하였다.

[그림 5-6] S프리미엄 푸드마켓의 프로토타입과 시나리오

프로토타입 Ⅰ: 주차대기 상황에 따른 단계별 대응 프로세스

주차장 진입 후 20분 이상 대기 발생시 주차장 근무 직원이 고객에게 양해 안내를 한다. 빠른 주차를 위한 인근 전용 주차장 안내와 함께 대기 고객의 마음관리를 위해 예상 대기시간을 안내한다. 인근 전용 주차장은 50m 거리에 위치해 주차 후 고객이 마켓까지 도보로 걸어야 하는 번거로움이 있으나 빠른 주차의 장점이 있어 적극 홍보가 필요하다. 주차 대기 고객의 마음관리를 위해서는 10분 이상 주차대기 시 이동식 안내판과 전단을 통해 안내를 강화하는 프로세스이다. 고객에게 충분한 안내와 이해를 통해 진정성을 전달하는 것이 중요한 포인트이다.

프로토타입 Ⅱ: 계산 지연에 따른 대응 프로세스

계산대의 계산대기 관리는 순간대기 발생 시 보안실의 CCTV를 통해 상황을 인식한 후 후방의 Back Office에 연락을 진행하면 직원들이 일시에 하던 일을 멈추고 계산대를 지원하는 것이다. 후방의 직원들이 계산대의 대기 현상을 방관하지 않고 적극적으로 지원함으로써 고객의 입장에서는 해결하는 모습을 통해 고객불만 완화를 기대한다.

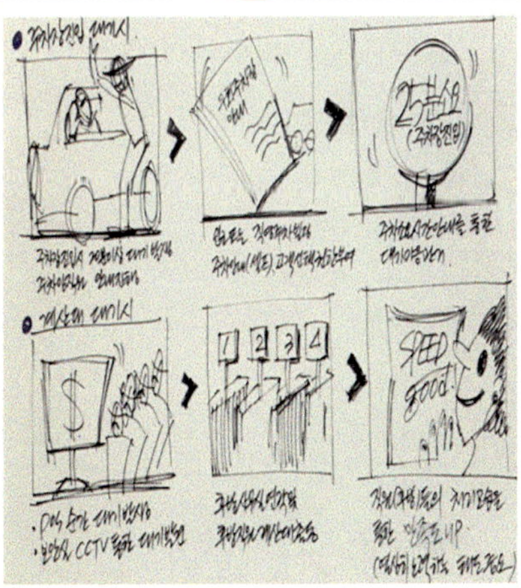

주차장 진입 대기 빌생시

- 주차장 진입 대기시 20분 이상 대기 발생시 주차장 근무 임직원 안내진행. 50미터 전방 SSG 주차빌딩 안내(입차는 고객직접, 출차는 발렛 진행).
- 20분 대기 후 발렛 또는 50미터 주차빌딩 입차 선택 권한 고객 부여. 고객이 선택 주도권. 대기로 인해 불만 완화
- 10분 소요, 20분 소요, 30분 소요 등의 안내 피켓 제작 후 주차 대기시 안내 강화

계산대 대기 발생시

- POS계산서 순간 대기 발생→보안실 CCTV를 통한 대기발견→후방사무실 연락→후방직원 계산대 출동→직원들의 일사분란한 처리로 고객만족도 UP(열심히 처리하려는 태도) 실제 현장에서 프로토타입을 실습하여 고객반응 우수

3.2 서비스 시제품 시뮬레이션

서비스 기업에서는 서비스 기획 및 지원 부서 관리자뿐만 아니라, 세일즈 접점의 매니저들을 대상으로 서비스 품질 관리, 서비스 프로세스 개선, 고객 경험 디자인, 서비스디자인 워크숍 등을 실시하여 전반적인 서비스 역량을 강화

하고 있다. 이러한 교육과 훈련은 고객과 직접 마주하는 접점 직원들이 보다 효과적으로 고객을 응대하고, 서비스 품질 향상에 기여하는 데 목적이 있다.

특히 최근에는 서비스 접점을 중심으로 기존 서비스의 개선과 신서비스개발 활동이 활발히 이루어지고 있다. 접점 관리자들은 단순히 고객 불만을 해소하는 차원을 넘어, 고객이 각 프로세스에서 진정으로 원하는 것을 파악하고, 이를 바탕으로 새로운 경험을 설계하여 현장에 적용하려는 노력을 기울이고 있다.

[그림 5-7]은 설화수 면세점에서 근무하는 매니저가 직접 작성한 고객 안내문 프로토타입으로, 선물용 제품을 찾는 고객이 먼저 방문국가를 고려하고 질문하도록 유도하는 내용을 포함하고 있다. 또한, 한국인이 가장 선호하는 베스트 상품을 추천하여 신속한 구매를 지원하며, 고객이 멤버십 가입 또는 탑승권을 미리 준비할 수 있도록 안내하는 요소도 포함되어 있다.

[그림 5-7] 설화수 면세점 고객 안내문 프로토타입

출처: 아모레퍼시픽 서비스디자인 워크숍 발표자료

이렇게 작성된 프로토타입은 고객들에게 제공된 후, 실사용 과정에서 고객 반응과 피드백을 반영하여 지속적으로 수정 및 보완된다. 특히, 면세점에서는 상품 구매를 위한 대기 시간이 길어지는 문제와 직원들이 개별 고객별로 대응하기 어려운 상황이 자주 발생하는데, 고객 안내문을 비치함으로써 고객 불만을 줄이고 불필요한 대기 시간을 예방하는 효과를 기대할 수 있다.

또한, 여행을 떠나는 고객이 더욱 즐거운 경험을 할 수 있도록 접점 직원들이 선물 추천에 세심한 관심을 기울이고 있음을 보여주는 요소로 작용한다. 이를 통해 고객과의 원활한 커뮤니케이션을 돕고, 보다 효율적이고 만족스러운 쇼핑 경험을 제공할 수 있다.

함께 이야기해 봅시다

1. 서비스 청사진 vs 고객여정지도의 공통점과 차이점을 이야기해 봅시다.

2. 고객여정지도 작성 후, 새로운 서비스 개발 아이디어를 생각해 봅시다.

3. 서비스 시제품(프로토타입)을 개발할 때 어떤 점을 고려해야 하는지 생각해 봅시다.

참고문헌

〈단행본〉

정승환·이돈희·이상식(2022), 프로세스 관점의 서비스품질경영, 한경사.

황혜미·엄지영(2022), 융합형 캡스톤 디자인, 정독.

Bordoloi, S., Fitzsimmons, J. A., & Fitzsimmons, M. J. (2023), Service Management, Tenth Edition, McGraw-Hill.

〈학위 및 학술 논문〉

이경선·김연성·최정일·김서영(2016), 서비스디자인 방법론을 통한 백화점의 서비스 개선 사례연구, 한국서비스경영학회지, 16(1), 225-243.

이혜정(2020), 고객경험의 서비스스케이프에서 서비스디자인의 진단 및 평가, 서강대학교 경영전문대학원 글로벌서비스경영학과 박사학위 논문.

이혜정·서창적(2018), 서비스디자인 방법론을 적용한 프리미엄 유통 서비스 개선사례 연구: 국내 S 푸드마켓을 중심으로, 한국서비스경영학회지, 19(4), 202-220.

황윤사·정효징(2021), 디지털 헬스케어 분야 디자인씽킹 기반 교과형 캡스톤디자인 적용 방안 탐색, 실천공학교육논문지, 13(2), 261-270.

CHAPTER 6

신서비스 파일럿 테스트와 실행

고객 체험 더 즐겁게 더 다양하게…수입차 1위 BMW의 '조이 넥스트'

지난해 메르세데스벤츠를 꺾고 국내 수입차시장 판매량 1위 자리를 8년 만에 탈환하는 데 성공한 BMW코리아가 올해 각종 마케팅 활동을 확대하며 국내 시장에 더욱 공을 들이고 있다.

BMW코리아는 20일 인천 영종도에 있는 BMW드라이빙센터에서 센터 건립 10주년 기념행사를 열고 고객 접점을 확대하는 내용을 골자로 한 비전 '조이 넥스트' 전략을 공유했다.

그 일환으로 기존 센터 내 전시 공간은 브랜드 체험을 확대한다. 브랜드별로 나뉘어 있던 벽을 허물고 차량을 자유롭게 배치해 방문객들이 내부에 들어서자마자 한눈에 BMW 브랜드 콘셉트를 확인할 수 있도록 했다. 브랜드의 역사를 보여 주는 '헤리티지존'과 미래 구상을 전달하는 '비전 포럼' 공간도 신설한다. 터 내 어린이 과학창의교육 공간 '주니어 캠퍼스'에는 인공지능(AI), 사물인터넷(IoT), 친환경 자동차 등 다양한 체험 시설물을 새롭게 도입하고 자율주행 코딩 자동차 만들기 체험 프로그램도 추가한다.

이를 위해 오는 8월부터 10월까지 센터 리뉴얼 작업에 들어간다. 해당 기간 동안 트랙에서 진행되는 드라이빙 프로그램은 그대로 이용할 수 있다.

BMW 드라이빙센터는 2014년 7월 모두 770억원을 투입해 축구장 33개 면적에 달하는 24만 1,780㎡ 규모로 조성됐는데 독일, 미국과 함께 전 세계에 세 곳밖에 없는 자동차 복합문화공간이다. 2019년에는 확장 공사를 거쳐 9만 8,400㎡에 달하는 전망 공간 조이스퀘어, 제2트랙도 추가했다. 지난달 말 기준 누적 방문객 150만 명을 돌파했다.

주양예 BMW코리아 브랜드총괄본부장은 "BMW는 한국 시장을 이해하고 한국 고객을 만족시키며 나아가 한국 사회에 기여하는 것을 가장 큰 가치로 삼아 왔다"면서 "그 중심에는 BMW 드라이빙센터가 있었다. 앞으로도 그러기를 희망한다"고 말했다.

출처: 서울신문(2024. 6. 21)

01 테스트 및 피드백 수집

1.1 서비스 테스트

새로운 서비스를 기획하고 개발한 후, 정식으로 시장에 출시하기 전에 반드시 거쳐야 할 단계가 바로 파일럿 테스트이다. 이 단계에서는 실제 고객을 대상으로 시범 운영을 진행하고, 고객의 반응을 통해 서비스의 적합성과 문제점을 점검해야 한다.

하지만 현실에서는 많은 기업들이 경쟁사의 아이디어 도용이나 빠른 복제를 우려해, 파일럿 테스트와 피드백 과정을 충분히 거치지 않고 곧바로 시장에 출시하는 경우가 많다. 이는 출시 이후 고객 불편을 야기하고, 서비스 실패로 이어질 수 있는 위험 요소가 될 수 있다.

파일럿 테스트는 단순한 사전 점검이 아니라, 고객을 서비스 설계자처럼 참여시키는 공동 창출의 연장선에 있는 중요한 활동이다. 고객의 실제 사용 경험과 피드백을 반영하여 서비스를 수정·보완함으로써, 출시 이후 발생할 수 있는 불편과 불만을 사전에 제거하거나 최소화할 수 있다.

삼성전자의 헬스케어 앱 'Samsung Health'는 초기 단계에서 활동량이 많은 사용자 그룹을 대상으로 반복적인 사용성 테스트를 거쳤고, 카카오는 주요 서비스 기능 도입 시마다 '오픈 베타'를 운영해 고객 피드백을 실시간 반영하며 안정적인 서비스 정착에 성공했다.

최근 도서관도 고객의 니즈를 적극 반영하여, 보다 진화된 맞춤형 서비스를 개발하며 고객 중심의 변화에 발맞추고 있다. 예를 들어 코펜하겐 시립도서관의 서비스디자인 프로젝트는 이러한 흐름을 잘 보여주는 사례로, 총 5주간에 걸쳐 체계적으로 진행되었다. 다음은 주차 과정의 주요 진행 사항이다.

1주차는 맥락 분석 단계로, 서비스디자인팀은 이용자 연구 계획을 수립하고, 디자인의 범위와 영역을 설정하기 위한 기초자료를 수집하기 위해 코펜하겐 시립도서관을 방문하였다. 현장에서는 사서와의 면담을 통해 도서관 서비스의 현재 유형과 상태, 직면한 도전 과제 및 이슈 등을 파악하였다.

2주차는 이용자 파악 단계로, 외국인과 이민자들이 처음 덴마크에 도착하는 공항 및 여행 안내센터에서 비디오 인터뷰를 진행하였다. 인터뷰에서는 덴마크 여행 준비 과정, 도착 후 필요한 정보, 그리고 해당 정보를 어떻게 찾고 있는지에 대해 중점을 두고 조사를 진행하였다(이병기, 2016).

3주차는 콘셉트 구상 단계로, 수집된 이용자 정보를 기반으로 서비스 아이디어를 정리하고, 수십 개의 콘셉트를 도출하였다. 이후 팀원들과 여러 차례 브레인스토밍을 진행하였고, 스토리보드 형태로 서비스 시나리오를 작성하였다. 이 과정에서 호텔과 도서관이 협력해 새로운 서비스를 제공하는 구체적인 방향이 도출되었다.

4주차는 프로토타이핑 단계였다. 구상된 서비스 콘셉트를 실험적으로 구현하기 위해 코펜하겐 시내의 FOX 호텔을 협력 기관으로 섭외하였다. 호텔 체크인 시 손님에게 제공할 브로슈어, 주문서, 도서 목록을 준비하였으며, 손님들이 관심을 가질 만한 덴마크 관련 소설, 가이드북, 화보집 등을 호텔에 비치하였다. 목록에는 실제로 호텔에 비치되지 않은 덴마크 문화 및 지역사회 관련 도서 및 DVD 자료도 포함되어 있었으며, 손님이 원하는 자료는 주문서를 작성해 호텔 카운터에 제출하면 도서관에서 배달되는 방식이었다. 또한, 서비스에 대한 피드백을 받을 수 있도록 설문지도 함께 제공되었다. 각 책에는 명소를 소개하는 책갈피를 끼워 고객의 여행 경험과 독서 경험을 연결시켰다. 이러한 서비스는 고객의 개인화된 경험을 제공하고 호텔 서비스 만족도를 높이는 데 기여하였다.

마지막 5주차는 정교화 및 마무리 단계로, 비디오 촬영, 서비스 블루프린트 작성 등의 방법을 통해 프로토타입 적용 과정에서 발생한 문제를 도출하고 이를 개선하였다. 이를 통해 'Travel Global | Read Local'이라는 이름의 통합 서비스가 탄생하게 되었으며, 코펜하겐 시립도서관의 자료를 호텔 투숙객에게 직접 연결·배달하는 새로운 고객 맞춤형 서비스를 구현하였다(이병기, 2016).

1.2 도서관 서비스

[그림 6-1]은 은평구 공공도서관에서는 임산부를 위한 도서 택배 서비스를 운영하고 있다. 도서관 방문이 어려운 은평구 거주 임산부(임신 이후~출산

전)를 대상으로 하며, 도서관 통합 홈페이지를 통해 신청할 수 있다. 해당 서비스는 월 1회, 최대 5권까지 도서를 배송받을 수 있는 방식으로 운영된다.

또한 은평구에 위치한 은뜨락도서관에서는 어린이집 및 유치원 원생을 위한 견학 프로그램 '뜨락이 놀자~!'를 운영하고 있다. 이 프로그램은 어린이들을 대상으로 도서관 이용 방법에 대한 교육과 함께, 사서가 책을 읽어주고 독후 활동을 진행하는 방식으로 구성되어 있다.

이 외에도 은평구 공공도서관은 맞벌이 가정, 세 자녀 이상 다자녀 가정, 60세 이상 고령자, 한부모 가정 등을 대상으로 한 '시니어 북 딜리버리 서비스'도 제공하고 있다. 이 서비스는 도서를 집까지 배송하고 다시 회수하는 방식으로, 도서관 이용이 어려운 주민들이 보다 편리하게 독서 생활을 이어갈 수 있도록 돕고 있다.

이러한 다양한 도서관 서비스들은 이용자의 반응과 피드백을 바탕으로 지속적인 개선과 보완이 필요하다. 예를 들어, 임산부 대상 도서 택배 서비스의 경우, 만삭의 임산부에게는 택배 서비스가 매우 유용할 수 있지만, 어떤 임산부에게는 오히려 도서관을 직접 방문해 책을 고르고 다양한 체험 프로그램에 참

[그림 6-1] 임산부 택배 서비스

여하는 경험이 더 큰 만족을 줄 수 있다. 따라서 단순한 도서 대출 서비스를 넘어, 임산부를 위한 육아·건강관리 강좌, 태교 독서 프로그램 등과 연계한다면 보다 적극적인 도서관 이용을 유도하고, 도서관에 대한 긍정적인 인식을 형성하는 데 도움이 될 수 있을 것이다.

따라서 도서관 서비스는 단순히 시행하고 유지하는 것에 그쳐서는 안 되며, 서비스 대상자(예: 임산부, 어린이집 및 유치원 교사 등)를 대상으로 이용 만족도 조사를 정기적으로 실시해 고객의 요구가 최대한 반영될 수 있도록 해야 한다. 물론 모든 고객의 니즈를 100% 반영하기는 어렵겠지만, 서비스 제공자가 고객에게 지속적으로 만족 여부를 확인하고, 개선이 필요한 부분에 대해 귀 기울이는 태도는 고객에게 호감과 신뢰감을 형성하는 데 큰 역할을 한다.

1.3 고객 피드백 반영

한국교직원공제회는 [그림 6−2]와 같이 내·외부 이해관계자들과의 활발한 소통을 위해 다양한 의견을 수렴하고, 이를 각 부문의 경영활동에 적극적으로 반영하고자 지속적으로 노력하고 있다. 회원, 임직원, 정부, 협력회사 등 주요 이해관계자 그룹을 구분하여 맞춤형 소통 채널을 구축하고 있으며, 이들의 의견을 경영 전략 및 정책 수립 과정에 반영하고 있다(출처: 한국교직원공제회 홈페이지).

예를 들어, 회원을 대상으로는 문화복지서비스 정책, 아이디어, 인식, 요구사항 등에 대한 의견을 조사하고 있으며, 문화복지 행사에 대한 선호도(운영 형태, 장르, 상품 종류, 콘셉트 등)와 기타 건의사항을 반영하기 위해 상·하반기 1회씩 정기 설문조사를 실시하고 있다. 필요시에는 추가 설문도 진행해 보다 구체적인 의견을 수렴하고 있다.

또한, 새로운 서비스를 출시할 때에는 파일럿 테스트를 통해 고객 반응을 면밀히 살피고, 고객이 실제로 원하는 구체적인 요구사항을 반영하여 서비스를 보완·개선하는 것이 중요하다. 더 나아가, 고객 피드백을 일시적으로 수렴하는 데 그치지 않고, 월 1회, 분기 1회, 반기 1회 등 주기적인 방식으로 체계적인 피드백 시스템을 구축하는 것이 바람직하다. 이를 통해 서비스 품질을 지속적으로 향상시킬 수 있으며, 이해관계자와의 신뢰 기반도 더욱 공고히 할 수 있다.

[그림 6-2] 이해관계자 소통 채널

구분	소통채널	기대사항
회원	• 콜센터/VOC • 회원패널단/방문모니터링 • 대의원회/운영위원회/분과위원회 • 홈페이지/SNS/The-K매거진	• 회원복지의 체계적 방향성 설정 • 서비스와 복지에 대한 의견 반영 • 양적인 확대보다 질적인 이행도 향상
임직원	• 그룹웨어/제안제도 • 직원만족도/ESG지수 조사 • 실태조사/관리자 청렴도 평가 • 월간업무보고 • 노사협의회/동호회	• 내부 전문가 육성 및 인재 양성 • 공정한 채용과 성과관리에 대한 개선 • 내부평가, 보상, 승진 등 구체적 계획 개선
출자회사	• 출자회사 경영평가 • 출자회사 시너지 협의회 • 출자회사 월간 업무보고 • 그룹웨어/더케이 통합마케팅 게시판 • IMC협의회	• 출자회사 성과관리 및 평가 • 출자회사 공동 발전과 The-K그룹 차원 시너지 창출 • 경영현황 심검 및 출자회사 정보공유 • 전사적 통합마케팅 추진을 위한 협의 체계 구축 • 마케팅 분야 업무수행의 전문성 제고

출처: 한국교직원공제회 홈페이지

Activity

1. 여러분이 필요하다고 생각하는 서비스 프로토타입을 개발해 봅시다.

2. 서비스 프로토타입에 대해 팀별 상호 피드백을 실시합니다.

3. 피드백 사항 중 반영이 가능한 부분과 어려운 부분을 토의해 봅시다.

02 문제 해결 및 반복적 개선

2.1 서비스 아이디어 체계화

기업이 새로운 서비스를 개발할 때, 서비스 아이디어를 조직 전반에 걸쳐 체계화하고 효과적으로 전달하는 시스템의 구축이 필수적이다. 이를 통해 조직 구성원 간 정보 공유가 원활해지고, 아이디어가 실현 가능한 서비스로 발전할 수 있는 기반이 마련된다. Jaakkola와 Hallin(2018)은 다음과 같은 서비스 아이디어 체계화 및 전달 시스템의 중요성을 강조한다.

〈새로운 서비스 아이디어의 체계화 및 전달 시스템〉

- "고객과 함께 좋은 부언가를 만들었을 때, 우리는 그것을 다른 고객에게도 제공할 수 있을지 평가하기 위해 연구를 시작합니다. 이후 팀 프로젝트가 구성되고, 보고서가 작성되며, 결론이 도출됩니다. 해당 프로젝트는 특정 그룹에서 책임자가 검토한 후, 글로벌 시장에 출시되기 전에 내부적으로 철저한 평가를 거칩니다." (재무 컨설팅 부서, 매니저)
- "우리는 특정 프로세스를 개발하고 실행하기 위한 모델을 보유하고 있습니다. 이 모델은 단순화를 기반으로 하며, 프로젝트가 불필요하게 복잡해지지 않도록 합니다. 체크리스트를 활용하여 프로젝트를 통해 얻은 교훈을 수집하고 이를 다음 프로젝트에 적극 반영하고 있습니다." (비즈니스 개발 담당자)

이처럼, 아이디어의 발굴→팀 구성→검토→평가 및 출시에 이르는 일련의 과정이 구조화되어야 하며, 아이디어가 실제 서비스로 연결될 수 있는 흐름을 만들어야 한다.

또한, 조직 간의 개인적 상호작용과 협력을 활성화하는 활동 역시 병행되어야 한다. 특히, 공식적인 회의보다는 비공식적인 네트워크나 커뮤니케이션 채널을 활용하는 것이 효과적이다. 예를 들어, 점심 회식이나 사내 동호회 활동 등을 통해 협력의 기회를 자연스럽게 창출하고, 유대감을 강화할 수 있다. 구성원 간에 자연스럽게 질문하고 대화하며 피드백을 주고받는 문화를 형성하는 것

출처: 픽사베이

이 중요하다. 이는 단순한 정보 교환을 넘어, 창의적인 아이디어가 교류되고 실행으로 이어지는 기반이 된다.

2.2 반복적 개선 사례

신서비스개발을 효과적으로 추진하기 위해서는 전문적인 프로세스를 구축하고 이를 단계별로 실행하는 체계적인 접근이 필요하다. 이때, 기업이나 조직이 기존에 보유하고 있는 서비스 개선 및 혁신 관련 조직과 프로세스를 적극적으로 활용하는 것도 매우 유용하다. 이러한 기존 자원을 기반으로 하면, 새로운 서비스개발 과정에서 중복을 줄이고 실행력을 높이며, 조직 전반의 연계성과 시너지를 극대화할 수 있다.

한국중부발전(주)은 고객 및 이해관계자 소통강화를 위해 소통채널관리위원회를 구성하였고, 국민 참여를 통해 환경개선, 정보공개, 규제 혁신 등의 성과를 거두었다. 직원의 적극적인 참여를 위한 아이디어발전소를 운영하여 프로세스 개선 활동 및 신서비스개발을 추진하였다.

한국중부발전은 내부 고객인 직원들의 자발적인 혁신 활동을 장려하기 위해 '아이디어발전소' 시스템을 전면 개편하고, '혁신마일리지' 제도를 도입하였다. 특히, 숨겨진 아이디어를 재발굴하는 '아이디어 마이닝'을 시행하여 반기별로 제안된 아이디어를 혁신링커, 청년이사, 실무 부서에서 재검토하도록 하였다. 또한, 직원들이 2개월 이내에 제안된 아이디어를 실제로 시행할 경우 보상을 강화하여 직원의 실행 의지를 고취시켰고, 직보상 범위를 본인뿐 아니라 가족이나 동료에게까지 확대함으로써 참여와 공유의 문화를 유도하였다(황혜미·이돈희, 2024).

'아이디어발전소'는 내·외부 고객이 참여할 수 있도록 개방된 플랫폼이며, Bottom-Up 방식의 혁신제안 시스템을 갖추고 있다. 제안된 아이디어는 '공감수'가 일정 기준 이상 도달하면 '베스트 제안'으로 자동 선정되어 관련 실무부서의 검토와 시행 단계로 진입하게 된다. 익명성이 보장되어 누구나 자유롭게 참여할 수 있는 것이 큰 장점이다.

[그림 6-3]은 아이디어발전소 시스템의 개선 전·후 비교 자료를 보여준다. 개편 이후에는 아이디어 단계별로 마일리지를 적립하여 연말에 우수 혁신인을 선발 및 포상하고 있다. 마일리지 기준은 <표 6-1>과 같다.

[그림 6-3] 아이디어발전소 시스템 개선 전·후 비교

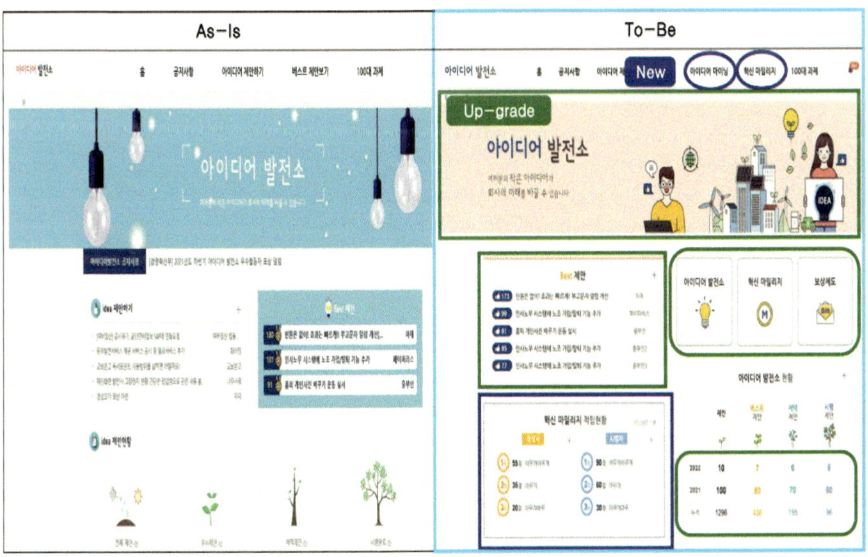

출처: 한국중부발전(2022년), 아이디어발전소 추진결과보고서

〈표 6-1〉 아이디어 활동과 마일리지

아이디어 활동	적립 마일리지
아이디어 제안	2점
베스트 제안 선정	30점
(부분) 채택 제안	50점
시행 제안	70점
2개월 이내 시행 완료	35점 추가

이러한 성과 기반 보상 시스템은 직원들의 혁신 참여를 유도하고, 조직 내 지속가능한 아이디어 순환 구조를 형성하는 데 기여하고 있다.

공공기관에서 직원 참여는 혁신과 조직성과 향상에 핵심적인 역할을 한다. 직원들의 적극적인 참여는 새로운 아이디어 발굴과 문제 해결 역량 강화에 기여하며, 조직 내 변화와 개선을 촉진하는 중요한 동력으로 작용한다.

공공기관이 직원 참여를 유도하기 위해서는 다음과 같은 요건이 필요하다.

첫째, 참여 중심의 조직 문화 구축이 선행되어야 하며,

둘째, 효율적인 의사소통 체계 및 의사결정 프로세스의 개선이 요구된다.

셋째, 참여를 장려하는 보상 및 인센티브 제도를 마련함으로써 참여 유인을 강화해야 한다.

직원 참여를 더욱 효과적으로 증진하기 위해서는 우수 사례(Best Practice)의 공유와 협력, 그리고 참여 기반 프로그램의 지속적인 운영이 중요하다. 나아가 직원 참여를 통해 도출된 정책과 서비스가 실질적으로 개선될 수 있도록 주기적인 평가와 피드백이 수반되어야 한다. 이를 위해 프로그램의 효과성을 지속적으로 모니터링하고, 필요 시 적절한 조치를 취하는 체계적인 관리가 필요하다(Stephen Knox 외, 2023).

서비스 실행 단계에서는 예상치 못한 문제가 발생할 수 있기 때문에, 지속적인 테스트와 사용자 피드백 수집을 통해 서비스의 완성도를 높여야 한다. 테스트는 기능 테스트, 사용자 경험 테스트, 전문가 테스트 등으로 구분할 수 있다.

기능 테스트는 서비스가 계획대로 정상 작동하는지, 즉 실행 가능성을 검증하는 과정이다.

사용자 경험 테스트는 실제 이용자의 반응과 체감 경험을 평가하여 서비스가 얼마나 만족스러운지를 확인하는 데 중점을 둔다. 전문가 테스트는 관련 분야 전문가의 시각에서 서비스를 점검하고, 미흡한 부분을 수정·보완하는 과정이다.

이처럼 다양한 테스트를 병행하고, 사용자 피드백을 적극적으로 반영하는 것은 서비스 경험의 질을 향상시키고, 성공적인 실행을 위한 핵심 요소로 작용한다(박병태·권영미, 2024).

Activity

1. 한 가지 주제를 정해 아이디어를 도출하는 브레인스토밍(Brain Storming)을 실시합니다.

2. 우수 아이디어를 투표하고 선정 이유를 이야기해 봅시다.

"덕분에 힘내서 출근했어요" … 1,690건 칭찬받은 지하철 '감성 방송'

지하철을 이용하시는 분이라면 스피커에서 흘러나오는 승무원의 목소리를 들어봤을 텐데요, 특별한 안내방송으로 1,690건의 칭찬 민원을 받은 승무원이 있습니다. 서울교통공사 신정승무사업소에서 2호선 열차 승무원으로 일하는 이상헌 차장을 만나 봤습니다.

승무원은 출입문을 열고 닫으며 승객들의 승하차를 확인하다 보면 자연스럽게 승객들의 얼굴을 보게 됩니다. 이상헌 승무원은 지치고 짜증 난 얼굴들을 보고 위로를 건네고 싶어 특별한 안내방송을 시작하게 되었다고 합니다.

기존 문안에서 벗어난 첫 방송은 '힘내세요, 지치지 마세요'라는 내용이었는데, 이 첫 번째 방송을 위해 가족과 상의도 하고 일주일 동안 멘트를 적은 종이를 보고 달달 외웠다고 합니다. 이 첫 방송에 칭찬 민원이 들어오면서 본인만의 안내방송을 이어갈 자신감을 얻게 됩니다.

"오늘 하루는 다들 어떤 하루셨나요? 어떤 분은 기분 좋은, 어떤 분은 평범한, 어떤 분은 기분 좋지 않은 하루셨을 겁니다. 오늘 받으셨던 모든 감정 제가 잘 담아서 가시는 목적지까지 안전하게 모실테니 열차 이용하시는 동안은 평안하시기를 진심으로 기원합니다."

"현재 우리 열차, 덥다라는 민원과 춥다라는 민원이 동시에 들어오고 있습니다. 현재 우리 열차는 일정한 온도를 유지하기 위해선 에어컨을 가동해야 합니다. 공공시설 이용 시 대중교통 이용 시 유독 추위 많이 타시는 분들은 대부분의 더워하시는 분들을 위해 여벌 옷을 들고 다니는 다수의 배려 항상 부탁드립니다."

출처: KBS 뉴스, 2023년 7월 30일

출처: 픽사베이

03 성공적인 시장 진입 전략

3.1 고객 중심의 서비스 포지셔닝 전략

성공적인 서비스 출시를 위해서는 단순히 '무엇을 새롭게 제공할 것인가'에만 집중하는 것이 아니라, 기존 서비스 중 불필요하거나 비효율적인 요소를 제거하거나 축소하고, 고객 가치 중심의 요소를 새롭게 창출하거나 강화하는 전략적 접근이 필수적이다. 이러한 사고방식은 ERRC(Eliminate–Reduce–Raise–Create) 모델을 통해 구체화할 수 있다.

ERRC 모델은 김위찬(W. Chan Kim)과 르네 마보안(Renée Mauborgne)의 블루오션 전략(Blue Ocean Strategy)에서 제시된 프레임워크로, 기존 시장의 규칙에 얽매이지 않고 새로운 가치곡선(Value Curve)을 창출하는 전략을 말한다. ERRC 모델은 다음 네 가지 질문을 바탕으로 구성된다.

- Eliminate(제거): 업계에서 당연하게 여겨졌던 요소 중 제거할 것은 무엇인가?
- Reduce(축소): 업계 표준보다 축소할 요소는 무엇인가?
- Raise(강화): 업계 표준보다 더 강조할 요소는 무엇인가?
- Create(창출): 지금까지 제공하지 않았던 새로운 가치는 무엇인가?

P은행의 서비스 리더들이 주도한 신서비스개발 워크숍은 ERRC 모델을 실천적으로 적용한 대표적인 사례이다. 이들은 단순히 새로운 서비스를 구상하기에 앞서, 기존 서비스 중 고객이 체감하지 못하거나 활용하지 않는 요소를 면밀히 분석하는 데 집중했다.

예를 들어, 오프라인 지점 대기실에 비치된 잡지책은 실제로 거의 활용되지 않고 있었으며, 대부분 고객은 스마트폰을 통해 자신이 원하는 콘텐츠를 직접 검색하고 있었다. 이러한 고객 이용 행태에 대한 관찰을 바탕으로, 서비스 리더들은 '잡지책 부스'를 제거하거나 축소(Eliminate, Reduce)하는 한편, 고객들이 관심 있어 하는 주제(여행, 맛집, 부동산 정보 등)에 대해 신뢰도 높은 정보를

[그림 6-4] ERRC 모델

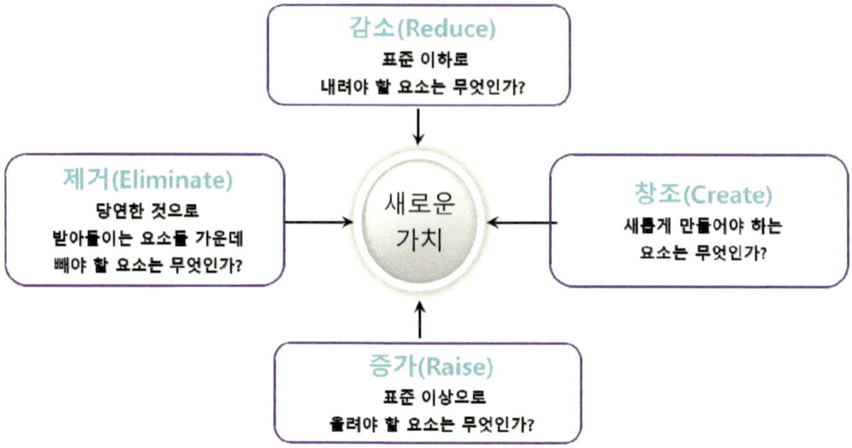

제공하는 신규 서비스를 창출(Create)하는 방향으로 솔루션을 도출하였다.

또한 지점 내 직원이 고객에게 맞춤형 정보 접근 채널을 직접 안내하고, 적극적으로 소통하는 방식으로 기존의 일방향적 서비스 제공 방식을 개선(Raise)하는 방안도 함께 도출되었다.

결과적으로, 이러한 ERRC 기반 접근은 고객 경험을 실질적으로 향상시키는 동시에, 서비스 운영의 효율성과 마케팅 경쟁력을 높이는 전략적 도구로 작용했다. 신서비스의 성공적인 시장 진입은 단순한 창의성만으로는 부족하며, 고객 중심의 전략적 사고와 실행력이 뒷받침되어야 한다. ERRC 프레임워크는 이러한 전략적 사고를 구체화하고 실행으로 연결하는 데 매우 효과적인 방법론이 될 수 있다.

신서비스개발이라고 하면 흔히 완전히 새로운 무언가를 창출하는 것으로만 생각하는 경우가 많다. 그러나 실제로는 기존 서비스를 제거하거나 통합하는 전략도 서비스개발에서 결코 간과해서는 안 될 중요한 요소이다. 특히 고객의 관점에서 불필요하거나 가치가 낮은 서비스를 제거하면, 직원들의 업무 부담이 줄고 생산성이 향상되며, 궁극적으로는 고객 경험도 함께 개선되는 효과를 기대할 수 있다.

예를 들어, 한 항공사는 기내지 제공 서비스를 중단하고, 그 대신 고객이 자신의 스마트폰으로 콘텐츠를 열람할 수 있는 디지털 콘텐츠 플랫폼을 도입했다. 이 결정은 단순히 비용 절감 차원이 아니라, 실제로 고객들이 종이 기내지를 거의 활용하지 않는다는 데이터를 기반으로 한 것이었다. 결과적으로, 기내 환경은 더 쾌적해졌고, 탑승 전 모바일 앱을 통한 콘텐츠 사전 열람 경험도 고객 만족도를 높이는 데 기여했다. 동시에, 승무원의 불필요한 업무도 줄어들어 전반적인 서비스 운영의 효율성도 향상되었다.

이처럼, '제거'와 '통합'은 소극적 선택이 아니라 전략적 서비스 혁신의 한 축으로서, 신서비스개발 과정에서 반드시 고려되어야 할 핵심 접근 방식이다.

3.2 사용자 가치와 조직 목표

서비스디자인의 실행 단계는 단순한 설계의 구현을 넘어, 사용자 중심의 가치 실현과 조직의 전략적 목표 달성이라는 두 가지 관점을 동시에 고려해야 하는 복합적인 과정이다. 이를 성공적으로 수행하기 위해서는 다음의 세 가지 요소가 유기적으로 작용해야 한다(박병태·권영미, 2024).

① 사용자 경험(User Experience)

사용자의 경험은 서비스의 성공 여부를 결정짓는 가장 핵심적인 요소이다. 사용자의 행동, 니즈, 맥락을 정교하게 이해하고 이를 반영한 경험 설계를 통해 서비스의 체감 가치를 극대화할 수 있다. 서비스디자인 실행단계에서는 도출된 결과물을 실제 환경에 적용하고, 사용자와 이해관계자들의 피드백을 수집·분석하여 지속적인 개선과 보완이 필요하다. 특히, 프로토타입 테스트나 베타 서비스 운영을 통해 실질적인 고객 경험 데이터를 확보하는 것이 중요하다.

② 실행 가능성(Feasibility)

설계된 서비스가 현실적으로 구현 가능한지를 다각도로 점검해야 한다. 기술적 문제는 없는지, 예산이나 인력 등 가용 자원은 충분한지, 그리고 서비스 운영에 있어 예상되는 리스크 요소는 무엇인지 등을 고려해야 한다. 부서 간 협업과 의견 취합 과정을 통해 장애요인을 미리 파악하고 해결방안을 모색하는 것이 핵심이다. 이는 단순한 기능 구현을 넘어, 서비스가 일관되고 안정적으로 제공될 수 있도록 지원하는 체계를 마련하는 데 있다.

③ 비즈니스 목표(Business Objectives)

서비스는 독립적인 활동이 아니라, 조직의 전략적 목표를 달성하기 위한 수단이다. 따라서 신서비스는 매출 증가, 생산성 향상, 고객 만족도 제고 등과 같은 정량적 목표와 함께, 고객의 긍정적 인식 제고, 충성도 향상 등 정성적 목표를 모두 고려해야 한다. 서비스의 성과를 측정하고 관리할 수 있는 지표 설계와 평가 체계의 구축이 필수적이며, 이를 바탕으로 지속적인 성과 모니터링과 전략적 조정이 병행되어야 한다.

단순히 '실행'에만 그치는 것이 아니라, 실행 과정에서 사용자의 생생한 피드백을 서비스 개선의 동력으로 삼고, 비즈니스 전략과 유기적으로 연결하는 것이 관건이다. 이러한 실행력은 서비스디자인의 효과성과 성과를 좌우하는 결정적인 요소가 된다.

우리들병원(김포공항점)은 고객 경험 중심의 차별화된 서비스를 제공하기 위해 병원의 핵심 철학과 의료원칙을 고객에게 명확히 전달하고 있다. 특히, 게시판에 '성공적인 척추수술의 원칙(나눠서 수술하기)'을 안내함으로써 환자와 보호자에게 수술 과정에 대한 신뢰를 높이고, 병원의 전문성을 강조하고 있다.

또한, 김포공항 인근이라는 지리적 이점을 활용하여 항공사 직원을 위한 맞춤 도수치료 프로그램을 운영하고 있으며, 이는 단순한 의료서비스를 넘어 사용자 경험(UX)과 비즈니스 전략을 접목한 좋은 사례로 평가받고 있다.

- 사용자 경험(UX): 고객의 건강 고민과 불안감 해소, 직업군 맞춤형 케어 제공
- 실행 가능성: 지역적 이점, 기존 시설 및 전문 의료진 활용
- 비즈니스 목표: 새로운 고객층 확보, 고객만족도 증대, 수익 다변화

[그림 6-5] 우리들병원 서비스 정신과 맞춤형 프로그램

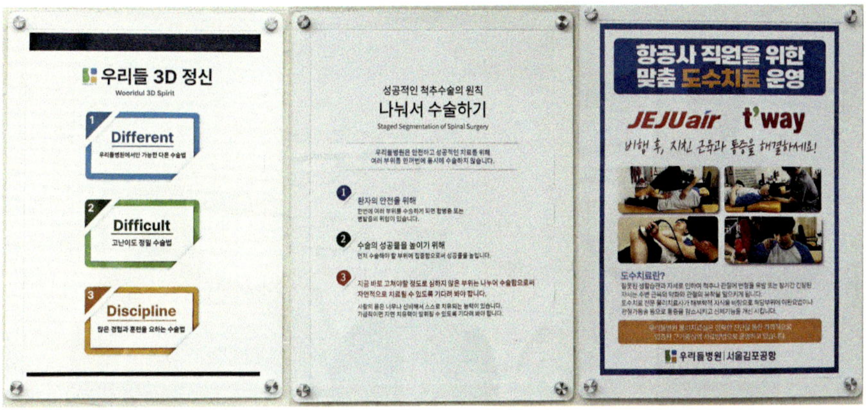

3.3 개발 단계별 점검 및 보완

성공적인 신서비스개발을 위해서는 단계별 체크리스트를 활용한 체계적인 관리가 필수적이다. <표 6-2>는 신서비스개발 경진대회의 평가 기준을 제시한 것으로, 외부 고객의 만족도 증진 및 수익 창출뿐만 아니라 실제 서비스를 실행하는 내부 직원의 업무 효율성과 직무 생산성까지 종합적으로 고려하고 있다는 점에서 의미가 있다.

다음은 신서비스개발 단계별 고려해야 할 사항을 간략하게 정리하였다.

〈신서비스개발 단계별 주요 점검 포인트〉

- '발견 단계'에서는 고객의 경험과 불편사항을 면밀히 살펴보고, 서비스 개선을 저해하는 장애요인을 식별하는 것이 중요하다.
- '도출(정의) 단계'에서는 개선이 필요한 서비스 이슈를 분류하고, 이를 해결하기 위한 적절한 디자인 도구를 활용해야 한다.
- '개발(발전) 단계'에서는 아이디어의 효과성과 실행 가능성을 검토하고, 우수 사례나 벤치마킹을 통해 아이디어를 구체화해야 한다. 또한, 프로토타입이나 가상 시나리오 등을 통해 서비스 시뮬레이션을 진행하는 과정도 필요하다.
- 마지막 '적용 단계'에서는 서비스 프로세스의 실질적인 개선, 서비스 품질의 향상, 그리고 직원의 생산성 증진 등 실행 이후의 성과를 상세하게 검토해야 할 것이다.

〈표 6-2〉 신서비스개발을 위한 서비스디자인 단계별 체크리스트

구분			항목	점수
Why	Discover (발견)	1	고객의 불안, 불편, 불만이 잘 발견되었다	
		2	고객의 경험과 욕구를 잘 파악하였다	
		3	서비스 장애요인을 발굴하여 내부직원에게도 유익하거나 효율적이었다	
What	Define (도출)	4	서비스 개선을 위한 이슈(문제점)를 잘 분류하였다	
		5	도출된 과제가 실행 가능성(Hardware, Humanware, Software 관점)이 높다	
		6	적절한 디자인 도구(서비스 청사진, 고객경험프린트, 고객여정맵 등) 활용하였다	
How	Develop (발전)	7	제안 내용이 실행력과 효과성을 감안하여 기획되었다	
		8	타 서비스 사례에 대한 벤치마킹이 잘 되었다	
		9	서비스 시뮬레이션(Prototype, 가상시나리오, 관련부서 인터뷰 등)을 반영하였다	
What If	Deliver (적용)	10	서비스 프로세스 개선을 가져올 것이다	
		11	서비스 품질향상으로 외부고객만족도가 향상될 것이다	
		12	직원의 업무편리성이 증진되고 직무 생산성이 향상될 것이다	
평가자 의견				
점수 합계				

Menor et al.(2002)의 연구에 따르면, 신서비스개발(New Service Development, NSD)의 성공적인 시장 진입을 위해서는 '활용(Exploitation)'과 '탐색(Exploration)' 전략을 균형 있게 운영하는 양면적 접근(ambidextrous approach)이 필요하다.

'활용' 전략은 기존 자원과 프로세스를 효율적으로 활용하여 빠르게 시장에 진입하고 리스크를 최소화하는 데 효과적이며, '탐색' 전략은 고객의 숨겨진 니즈를 발견하거나 새로운 기술과 아이디어를 도입해 차별화된 서비스를 제공하

는 데 적합하다.

기업은 시장에 신속하게 진입하고 동시에 차별화된 가치를 창출하기 위해, 기존 운영시스템과 자원을 기반으로 한 신속한 실행력과 함께 고객 참여(Co-creation), 기술 혁신, 서비스 시뮬레이션 등을 포함한 창의적인 탐색 활동을 병행해야 한다.

이러한 전략은 단기적인 성과뿐 아니라 장기적인 경쟁우위를 확보할 수 있도록 하며, 시장 진입 단계에서의 불확실성을 줄이고 성공 확률을 높일 수 있다.

신서비스의 성공적인 출시는 서비스 담당자의 충분한 훈련, 효과적인 마케팅, 출시 결과에 대한 체계적인 평가 등 핵심 요소를 갖추는 것이 필수적이며, 이는 기업의 전략적 마케팅 역량과 긴밀히 연계되어야 한다(Johne & Storey, 1989).

성공적인 시장진입을 위해서는 시장 조사, 서비스 아이디어 창출, 시제품 개발 및 테스트, 내부 직원 교육, 고객 피드백 반영, 마케팅 전략 수립 등의 단계가 유기적으로 연결되어야 하며, 특히 출시 후 평가와 개선 과정은 NSD의 성패를 좌우하는 결정적 요소이다.

또한, 신서비스개발은 단순히 특정 부서의 과업에 그치는 것이 아니라, 조직 전체가 전략적으로 접근해야 할 과제이다. 이를 위해서는 부서 간 긴밀한 협업, 명확한 목표 설정, 적절한 자원 배분 및 투입이 함께 이루어져야 한다.

디지털 플랫폼 구축으로 지역특화산업 디지털 신서비스개발

대전의 스마트 물류를 비롯한 지역 특화산업의 디지털 혁신을 위해 플랫폼 구축 등을 통한 디지털 신서비스개발 및 실증사업이 추진된다.

과학기술정보통신부는 지난해 11월 발표한 '지역 디지털 경쟁력 강화방안 : 지역 디지털 재창조 사업'의 일환으로 지역별 여건과 특화분야를 반영한 대전 '스마트 물류', 전남 '어장공간정보', 전북 '음식기술(푸드테크)' 과제를 본격 수행한다고 17일 밝혔다.

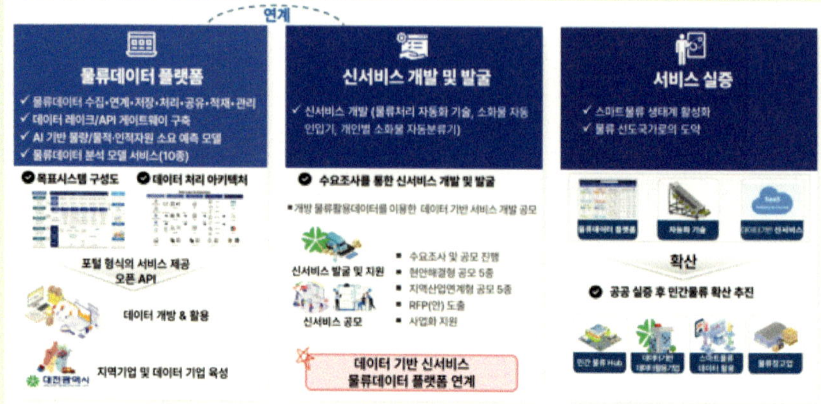

먼저 스마트 물류 기술 실증화 사업은 2026년 말까지 국비 총 90억원이 1:1 매칭으로 지원되며 ▷ 디지털 물류 플랫폼 구축, ▷ AI기반 물류 예측 모델 개발, ▷ 디지털 물류 신서비스 실증 등 세부과제가 추진될 예정이다.

물류 데이터 온라인 플랫폼 구축을 통해 공공·민간의 물류 데이터 수집과 분석 및 공유, 공공데이터 개방을 추진하며, 이를 기반으로 노동강도 저감 등 현안해결형 5종 및 로봇·AI 등 대전 지역산업 연계형 5종의 지능형 물류 신서비스를 발굴해 사업화를 지원한다.

이어 AI기반 어장 공간정보 빅데이터 플랫폼 구축을 통한 디지털 혁신 신서비스 실증사업은 2028년 말까지 국비 총 175억원이 1:1 매칭으로 지원되며 ▷ 수산양식 지능형 플랫폼 구축, ▷ AI·시뮬레이션 기술 개발, ▷ AI·빅데이터 기반 신서비스 실증 등 세부과제가 추진된다.

국립수산과학원 등 유관기관의 데이터와 전남 연안지역 대표 양식품종 김, 전복의 생육데이터 등을 수집·종합한 빅데이터 기반 지능형 온라인 플랫폼을 구축하고, AI 기반 의사결정지원 시스템을 개발해 수산·양식 활동 전반에 대한 의사결정을 지원할 예정이다.

전북의 푸드테크에 특화된 디지털 핵심기술 적용을 위한 플랫폼 구축 및 서비스 실증 사업은 2026년 말까지 국비 총 140억원이 1:1 매칭으로 지원되며 ▷ 디지털 통합 플랫폼 구축, ▷ 메타버스 기반 최적화 시뮬레이션 기술 개발, ▷ 시뮬레이션 및 푸드테크 서비스 실증 지원 등 세부과제를 추진할 계획이다.

출처: 서울STV뉴스(http://www.stvnews.kr, 2024. 7. 17)

함께 이야기해 봅시다

1. ERRC 모델을 적용해서 개선 및 개발 방향을 도출해 봅시다.

2. 새로운 서비스 개발을 위해 조직 내, 외부의 피드백을 수용한다면, 어떤 방법이 가장 효과적일지 의논해 봅시다.

3. 신서비스개발의 성공적인 시장 진입을 위해 가장 중요한 전략은 무엇일지 이야기해 봅시다.

참고문헌

〈단행본〉

박병태·권영미(2024), 병원도 브랜딩이 필요합니다, 현암사.

〈학위 및 학술 논문〉

이병기(2016), 서비스디자인 방법론을 적용한 도서관서비스 혁신 사례분석, 한국문헌정보학회지, 50(3), 71－92.

황혜미·이돈희(2024), 소통중심의 공공서비스디자인 혁신 모델 연구: 한국중부발전(주) 사례를 중심으로, 한국산업정보학회지, 29(2).

Jaakkola, Elina & Hallin, Anette (2018), Organizational Structures for New Service Development, Journal of Product Innovation Management, 35(2), 280－297.

Johne, A. & Storey, C. (1989), New Service Development: A Review of the Literature and Annotated Bibliography, European Journal of Marketing, 23(3), 11－22.

Knox, Stephen & Marin－Cadavid, Carolina (2023) A practice approach to fostering employee engagement in innovation initiatives in public service organizations, Public Management Review, 25:11, 2027－2052.

Menor, L. J., Tatikonda, M. V., & Sampson, S. E. (2002), New Service Development: Areas for Exploitation and Exploration, Journal of Operations Management, 20(2), 135-157.

〈기타〉

서울STV뉴스(http://www.stvnews.kr)

KBS뉴스(https://news.kbs.co.kr/news)

한국교직원공제회홈페이지

한국중부발전(2022년), 아이디어발전소 추진결과보고서

CHAPTER 7

고객경험 디자인

"조선시대에 스타벅스가 있었다면"…
매화 입힌 머그컵·텀블러 진짜 나온다

한국에서 스타벅스를 운영하는 에스씨케이컴퍼니가 국립박물관문화재단의 상품 브랜드 '뮷즈(MU:DS)'와 함께 조선시대 유물에서 영감을 얻은 상품을 개발해 선보인다고 10일 밝혔다.

'조선, 커피를 만나다'를 주제로 조선시대와 커피의 만남을 컵, 텀플러 등 다양한 상품을 통해 표현했다.

국립중앙박물관 소장 유물인 '이한철-매화에 둘러싸인 서옥' 작품을 재구성한 4종의 상품이 대표적이다. 매화가 활짝 핀 서옥의 고즈넉한 운치를 담은 '이한철-매화에 둘러싸인 서옥 머그 355ml', 눈이 내린 날 매화를 바라보며 마시는 차 한 잔의 즐거움을 담은 '이한철-매화에 둘러싸인 서옥 모카텀블러 444ml'.

또 고요한 티타임의 여유를 더할 '이한철-매화에 둘러싸인 서옥 테이블 매트', 공간에 아늑한 운치를 더해줄 '이한철-매화에 둘러싸인 서옥 패브릭 포스터'로 구성됐다.

매화를 양각한 에스프레소 잔과 전통문양의 받침으로 구성된 '백자 양각 매화 에스프레소 잔 세트', 단아한 구형의 백자에 매화 문양을 양각한 '백자 양각 매화문 세라믹 케틀(티팟)', 활짝 핀 꽃잎을 형상화한 단정하면서도 세련된 디자인의 '백자 꽃모양 디저트 플레이트' 3종도 출시된다.

스타벅스 관계자는 "조선시대에 즐기는 스타벅스 커피라는 상상으로 탄생한 이번 협업 상품을 통해 우리 유물의 아름다움과 멋을 알리는 계기가 되길 희망한다"라며 "앞으로도 차별화된 상품을 선보이겠다"고 밝혔다.

출처: 매일경제(2025. 1. 10)

01 감성적 서비스 설계

1.1 고객경험

서비스 시장은 더욱더 고객 중심으로 진화하고 있다. 고객이 원하는 기대를 발굴하여 고객과 함께 서비스를 창출하는 활동은 강화되고 있다. 고객가치 증진을 위해서는 고객의 중요한 특성인 참여 욕구를 활용하는 것이 중요하다. 기업과 고객은 단순히 생산자와 소비자의 관계가 아니라 가치창출의 공동 참여자가 되어가고 있다. 소유효과이론에 따르면 고객은 자신이 참여해 만든 제품에 대해 훨씬 많은 애착을 갖는다고 한다. 최근 서비스 트렌드는 고객을 가치창출에 참여시켜 '고객에 의한 가치'(value by the customer)를 만들어내는 것이다(이유재, 2023).

[그림 7-1]은 호텔 카푸치노에서 실시하고 있는 CSV(Creating Shared Value, 공유가치창출) 프로그램 사례를 보여준다. CSV는 CSR(Corporate Social Responsibility, 기업의 사회적 책임)보다 한 단계 진화한 개념으로, 기업과 지역사회가 함께 성장할 수 있는 전략을 수립하고 실행하는 방식이다. 이는 단순한 사회공헌을 넘어, 경제적·사회적 가치를 동시에 창출하며 기업의 핵심 경쟁력을 강화하는 전략적 경영활동이라 할 수 있다.

호텔 카푸치노는 객실 내 일회용품 사용을 줄이기 위해 어메니티를 사용하지 않는 고객에게 '엔젤쿠폰'을 제공하는 친환경 참여 프로그램을 운영하고 있다. 고객은 이 쿠폰을 통해 아프리카 아이들을 위한 기부에 동참하거나, 호텔 내 커피숍에서 무료 커피를 즐기는 혜택을 선택할 수 있다. 이처럼 호텔 카푸치노는 고객의 자발적인 선택을 유도하는 방식으로 환경 보호와 사회공헌 활동을 연계하고 있으며, 고객이 호텔에서의 경험을 보다 가치 있고 의미 있게 느낄 수 있도록 고객 참여형 CSV 프로그램을 실천하고 있다.

고객경험(Customer Experience)은 고객이 제품이나 기업과 직접 또는 간접적으로 상호작용하는 모든 과정에서 발생하는 인지적·정서적 반응을 의미한다. Meyer와 Schwager(2007)는 고객경험을 고객과 조직 간의 상호작용에서 비롯된

[그림 7-1] 호텔 카푸치노 CSV 프로그램

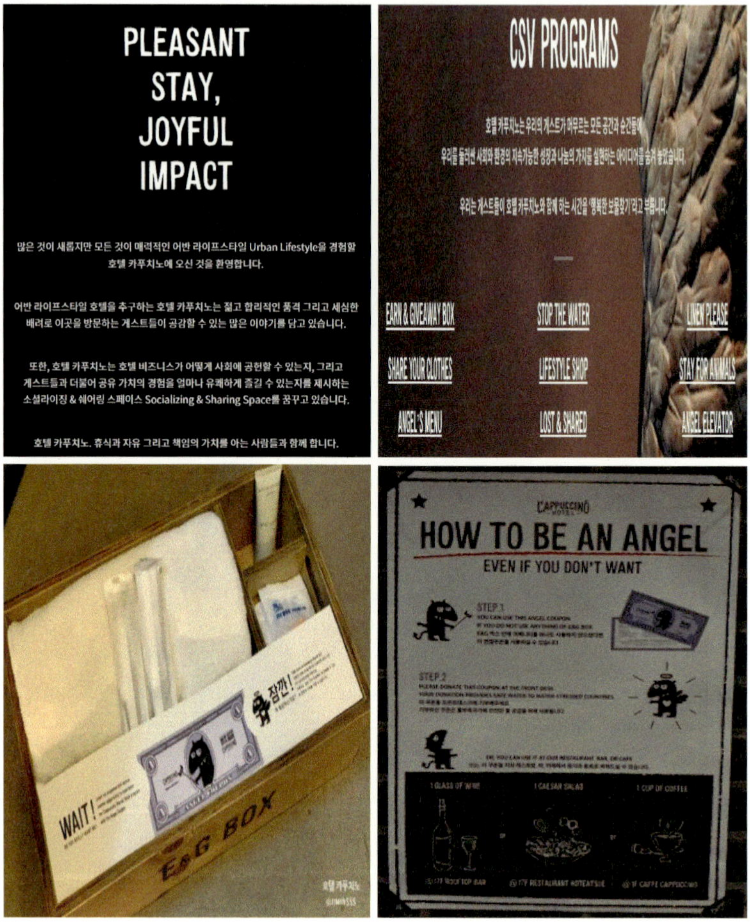

내부적이고 주관적인 반응으로 정의하였으며, 이는 구매, 사용, 서비스 등의 직접 접촉뿐만 아니라 광고, 구전, 뉴스 등과 같은 간접 접촉을 포함한다.

Verhoef et al.(2009)은 고객경험을 전체론적(holistic) 개념으로 설명하며, 고객의 인지, 감정, 사회적, 신체적 반응을 모두 포함한다고 하였다. 이들은 고객경험이 소매기업이 통제 가능한 요소(예: 서비스 인터페이스, 가격, 매장 분위기)와 통제 불가능한 요소(예: 타인의 영향, 개인적 동기)에 의해 영향을 받으며, 검색-구매-소비-사후 평가까지의 전 과정을 포괄한다고 강조하였다.

이에 따라 고객경험을 전략적으로 관리하고자 하는 시도로 고객경험관리(CEM, Customer Experience Management) 개념이 등장하였다. 이상식 외(2012)에 따르면, CEM은 고객의 제품 탐색부터 구매, 사용, 사후 서비스까지의 전 과정에서 고객 접점(Touch Point)을 중심으로 경험을 분석하고 개선하여, 긍정적인 경험을 설계하고 제공하는 전략적 실행 시스템이다.

결국 고객경험관리는 고객과의 모든 접점을 세심하게 설계·운영하여 고객의 만족, 충성도, 재방문 가능성을 증진시키는 데 중점을 두며, 이는 서비스 및 제품 차별화의 핵심 전략으로 주목받고 있다.

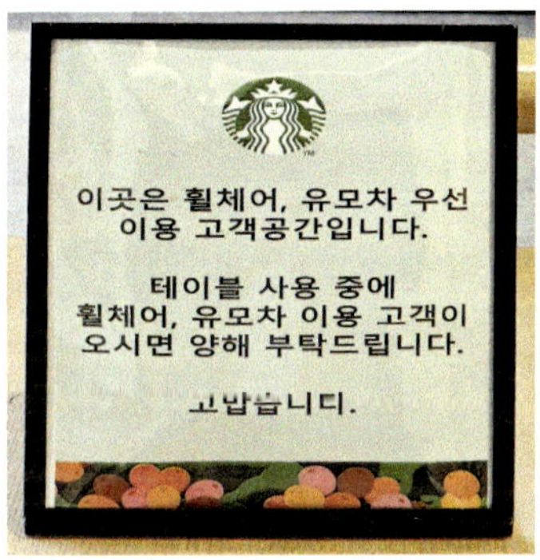

1.2 고객경험 세분화

아모레퍼시픽은 2016~2018년 3년간 이니스프리, 설화수, 에뛰드, 아리따움, 오설록, TR(면세)브랜드를 중심으로 고객이 매장에서 원하는 경험을 구현하고자 고객가치 기반의 서비스 프로세스 재구축 수립을 실시하였다. 아모레퍼시픽의 철학과 브랜드별 철학을 Align(연계)하는 것부터 시작하여 서비스 콘셉트 – 서비스 프로세스 – 서비스 매뉴얼 – 서비스 평가지표를 '고객 긍정 경험' 제공에 초점을 두고 세부적으로 세분화하였다.

이러한 고객경험혁신 활동의 배경이 된 것은 바로 현장에서 발생하는 직원들의 애로사항을 해결하기 위함이었다. 예를 들어, 서비스 매뉴얼에는 고객이 매장에 들어오면 바로 인사하고 필요한 상품을 물어보라고 되어 있지만, 실제 고객은 매장을 방문했을 때 누군가에게 방해받지 않고 혼자 매장을 둘러보고

싶을 수도 있다. 특히 밀레니얼세대 고객들은 더욱더 직원들의 터치에 불편한 반응을 보인다고 한다(황혜미·이돈희, 2022).

직원들도 고객이 자신들의 인사를 받지 않거나 안내에 대해 불편해하는 모습을 보며 어떻게 고객응대를 해야 할지 고민하기 시작했고, 고객과 직원의 경험을 고려해서 서비스 프로세스를 재정립하자는 요구가 직원들로부터 자발적으로 제안되었다.

외부 전문가와 브랜드별 교육담당자가 수개월간 워크숍을 진행하며, <표 7-1>과 같이 브랜드별 서비스 프로세스를 새롭게 재구성했다. 고객응대뿐 아니라 이니스프리는 [그림 7-2]와 같이 '혼자 볼게요'라는 바구니를 매장 입구에 두어 고객이 서비스를 받을지, 혼자 매장을 구경할지 선택할 방안을 제안하여 고객과 직원 모두에게 좋은 반응을 보였다.

<표 7-1>은 서비스 프로세스 단계별 고객의 욕구, 기분상태에 따른 응대 포인트, 고객에게 전달해야 할 세부적인 행동과 멘트 개발 사례이다. 프로세스별 고객의 요구와 감정을 고려해서 구체적인 행동지침을 정의하였고, 어떤 가치(의미)가 있는지를 정리하였다. 즉, 직원들이 자신이 하는 행동이 어떤 의미가 있는지 명확히 이해하게 되면 형식적으로 인사하고 안내하는 행동을 지양하고, 직원의 전문성을 어필할 수 있으며 고객 니즈를 반영한 상품 설명을 통해 신뢰감을 전달할 수 있을 것이다.

[그림 7-2] 이니스프리스 '혼자 볼게요' 바구니

〈표 7-1〉 A 브랜드 서비스 프로세스 세분화: 상품문의 단계 카운슬링 상황

고객 욕구	• 알아보고 온 제품이 나에게 맞는지 설명해 주면 좋겠음 • 내 말을 경청해 주고, 쉽고 자세하게 안내해 주면 좋겠음
고객 감정	• 상품에 대한 궁금함 • 상품선택에 대한 망설임 • 신뢰감을 느끼고 싶음
응대 포인트	• 상품의 고객 맞춤 효능과 사용단계 설명 • 고객 구매시 혜택이나 할인 행사 정확히 안내
세부 행동	① 고객의 니즈에 맞는 제품의 특성과 이익에 관해 설명해줍니다. ② 제품 테스트 의향 문의 후 한 손으로 고객 손바닥을 받친 다음 다른 손으로 손등에 제품을 콩알만큼 취해 손바닥을 이용해 부드럽게 펴 바른다. ③ '사용감 어떠세요?'라고 물으며 고객의 반응을 살핀 후 추가적인 고객 문의가 있을 시 답변해 줍니다. ④ 효과적인 사용단계 및 사용 팁을 순서대로 설명해줍니다. ⑤ 고객이 사용할 수 있는 할인쿠폰, 카드 등을 확인한 후 세품구매 금액대별 추가 혜택에 대해 안내해 줍니다.
행동의 가치(의미)	①②: 전문적인 느낌을 줄 수 있어요. ③④: 나(고객)만을 위한 상품을 정확히 제인해주네요. 제품이 내 피부에 잘 맞을 것 같아 신뢰를 줘요. ⑤: 추가구매를 하거나 구매 결정에 확신을 줄 수 있어요.

02 고객여정관리의 최적화

2.1 고객경험관리의 특징

새로운 서비스 경험을 하는 고객여정(customer journey)은 무결점(seamless)에 도전해야 한다. 처음의 사용 접근부터, 검색, 비교, 체험 및 필요시 구매결정에 이르는 일련의 과정이 자연스러운 플로우(flow)가 이루어지도록 세밀한 고객여정의 계획이 수립되어야 한다(최은정, 2018). 고객여정관리의 최적화를 위해서는 구매시점뿐 아니라 구매시점 이전, 구매시점 이후까지도 고려해야 할 것이다.

LG전자는 콜센터품질지수(KS-CQI) 가전제품 부문 5년 연속 최우수기업으로 선정되었다. AI기반의 통합 상담시스템을 통해 고객의 여정을 관리하고, 상담 컨설턴트의 전문성을 바탕으로 차별화된 베스트 케어 상담 서비스를 제공하며 혁신을 지속해 나가고 있다. 고객맞춤형 상담으로 업계를 선도하는 LG전자의 상담은 '고객을 너무 잘 아는 상담'으로 정평이 나 있다. 고객의 요청 사항을 접수하거나 해결하는데 그치지 않고, 고객이 가장 필요로 하는 부분을 빠르게 파악해 감동적인 경험을 제공한다. 여기에는 고객이 제품을 구매하는 순간부터 배송·설치·상담·서비스 과정까지 고객의 전 여정을 관리하는 AI·디지털기반의 통합 상담시스템이 있다(한국표준협회, 2023).

통합 상담시스템은 전화, 홈페이지, 스마트 홈 플랫폼 LG 씽큐(Thin Q) 등 다양한 접점에서 접수된 고객의 이력을 한눈에 볼 수 있어 고객의 문의사항을 신속하게 처리할 수 있다. 또한 고객의 문의사항을 하나도 놓치지 않고, 정확도 높게 정보를 제공하기 위해 고객의 음성을 텍스트로 변환해 보여주는 실시간 STT(Speech To Text/Text Analysis) 시스템을 운영한다. 고객의 정보는 자동 등록까지 가능해 상담사들의 불필요한 작업을 줄이고 고객 정보를 잘못 알아듣는 실수를 방지한다.

서비스기업에서는 고객의 여정을 체계적으로 관리하고 고객의 부정 경험을 줄이고, 긍정 경험을 향상하기 위해서 고객경험관리를 수행하고 있다. 업종, 대면 및 비대면 접점, 고객 유형 및 특성, 전달 시스템 등에 따라 고객경험관리는 다르게 실시될 수 있으나 공통적인 특징이 있다.

고객경험관리의 특징으로는 첫째, 고객과의 모든 접점에서 발생하는 요소들을 관리할 수 있는 시스템을 도입함으로써 전체 서비스를 고객 중심적으로 혁신해 나가는 경영전략이라는 것이다(김영진·김태중, 2015).

둘째, 오늘날 소매업이 고객 중심의 환경으로 변했기 때문에 고객만족을 통한 차별성을 주어야 한다는 것이다. 공급자 중심의 환경에서 기업은 객관적 성능, 새로운 기능, 제조 용이성 등을 경쟁 우위의 원천으로 활용하였으며, 성능 향상을 통한 차별화를 추구하였다. 그러나 이제 기업들은 다양한 고객의 요구사항과 미적, 심미적 요소를 반영하고자 노력하게 되었다.

한편, 제품 중심의 차별화에서 고객만족을 통한 차별화를 추구하게 되면서 긍정적인 고객경험이 필요하게 되었고, 이에 따라 제품이나 서비스에 대한 고객의 경험을 체계적으로 관리할 수 있는 고객경험관리가 더욱 중요해졌다(김영진·김태중, 2015).

박정현(2006)은 고객경험관리의 성공 프로세스를 4단계로 구분하여 제시하였다. 1단계는 고객이 경험할 수 있는 3가지 차원인 제품과 서비스, 커뮤니케이션, 사람을 통한 고객의 경험 과정을 해부하는 것이다. 기업은 이러한 경험의 3차원을 바탕으로 구매 전 과정에서 고객 접점을 파악하여 타깃 고객의 경험 요소들을 명확히 정의해서 이해해야 한다.

2단계는 경쟁사 대비 차별화된 경험을 창조하는 것이다. 이를 위해서는 경험의 3가지 차원에서 고객 접점별로 고객의 기대와 실제 경험과의 차이를 파악하여 만족, 불만족 요인들을 간파한 후 경험의 우선순위를 매기고 이를 바탕으로 USE(Unique Selling Experience), 즉 독특한 판매 경험의 조합을 구성해야 한다.

3단계는 고객의 의견과 경험에 대한 평가를 적극적으로 반영하는 것이다. 4단계는 일관되고 통합된 경험을 제공하라고 주장한다. 이러한 단계를 통해 고객경험관리를 성공적으로 실행할 수 있다고 하였다.

2.2 고객경험관리 프레임워크

Klink et al.(2018)은 [그림 7-3]과 같이 고객경험관리 과정을 교육하기 위한 체계적인 접근법을 제시하면서 고객경험관리를 위한 프레임워크를 소개하였

[그림 7-3] 고객경험관리를 위한 프레임워크

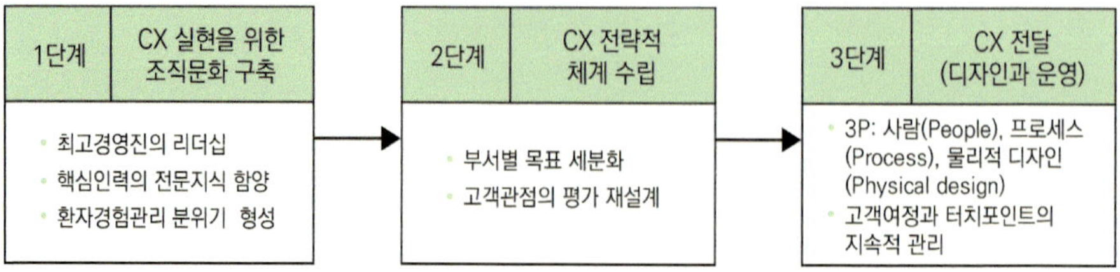

다. 프레임워크에 따르면 1단계는 고객경험에 대한 공통된 목표를 가지는 단계, 2단계는 고객경험에 대한 표준을 설립하는 단계, 3단계는 고객경험을 전달하는 단계로 구성이 되어 있다.

남현정 외(2019)는 Klink et al.(2018)이 제시한 고객경험관리를 위한 프레임워크의 세 가지 단계인 1단계: CX 실현을 위한 조직문화 구축, 2단계: CX 전략적 체계 수립, 3단계: CX 전달(디자인 및 운영)을 통해 일산병원의 환자경험 디자인 수행과정을 분석하였다.

1단계인 CX(Customer eXperience) 실현을 위한 조직문화 구축은 방향성을 정립하는 단계로써 고객경험관리에 대한 개념을 교육하여 인지시키고, 구성원에게 동기를 부여하여 참여를 증진시키는 단계를 의미한다. 일산병원의 경영진은 환경 변화에 맞추어 적절히 대응하고자 환자경험관리를 조직의 경쟁력으로 선정하고 환자경험에서 혁신 기회를 발견하였다. 특히 2015년도부터 진료의 질 향상을 위해 진료부문의 특화, 임상연구 활성화, 진료시설 및 의료장비의 첨단화와 '환자 중심의 서비스 체계 구축'에 집중했다.

일산병원은 첫째, 리더의 역할로서 환자경험관리를 주관하는 부서로 적정진료지원팀을 지정하여 환자경험관리의 선도주자인 클리블랜드 클리닉 단기연수를 지원하였고, 이를 병원에 적용할 수 있도록 클리블랜드 클리닉 프로그램 도입 등을 검토하며 지속적인 관심과 지지를 하였다. 둘째, 리더십 방향 측면으로 일산병원은 환자 중심 분위기 형성과 핵심인력 양성을 추진하였으며, 공유된 문화를 활성화하고 환자 중심의 의료서비스 체계를 수립하여 이를 지속적으로 강화해 나갔다. 셋째, 리더십 구조 측면에서 일산병원은 고객경험디자인 프로젝트 전담 부서로 적정진료지원팀을 선정하고 부서별로 목표를 세분화하여 각 부서가 환자 중심의 의료서비스를 위한 적절한 역할과 기능을 수행하도록 하였다.

2단계인 CX 전략적 체계 수립은 환자중심문화를 활성화시키고, 환자 중심의 의료서비스 체계를 수립하고 강화하는 단계라고 할 수 있다. 이를 위해 일산병원은 첫째, 부서별로 목표를 세분화하고 실행했으며, 둘째, 고객관점의 평가 재설계를 수행하였다. 3단계는 문화구축 및 전략적 체계 수립의 결과물로서 3P인 사람(People), 프로세스(Process), 물리적 디자인(Physical design)과 고객여정 및 터치 포인트의 지속적 관리가 포함된다.

일산병원이 구축한 고객경험관리 프레임워크에서 특히 주목할 점은 각 단계마다 구체적인 세부 활동과 시간개념을 제시한 것이다. 예를 들어, 프레임워크는 <표 7-2>과 같이 ① 최고경영진의 리더십은 리더의 역할, 리더십 방향, 리더십 구조로, ② 핵심인력의 전문지식 함양은 직원교육, 핵심인력 양성, 벤치마킹으로, ③ 환자경험관리 분위기 형성은 전 직원 참여행사, 캠페인, CS향상활동으로 이루어져 있다.

각 단계의 준비기, 도입기, 확산기, 정착기에 맞추어 세부 활동을 실시하였으며 프레임워크 및 도표를 통해 세부 활동이 언제 시작되었고, 시작되기 전에는 어떤 준비활동을 하였으며, 어떻게 지속되고 있는지를 보여주고 있어 환자경험디자인을 준비하고자 하는 병원에게 구체적인 실천지침이 될 수 있을 것이다.

〈표 7-2〉 일산병원 고객경험관리 프레임워크

단 계	실행 방법	구 분	세부 활동			
			준비기(2015)	도입기(2016)	확산기(2017)	정착기(2018)
1단계	1. 최고경영진 리더십		* 본문 서술			
	2. 핵심인력의 전문지식 함양	1) 직원교육	① 전직원 환자 경험교육(26회) ② 보직자 대상 환자경험교육	① 환자경험특강 (2회) ② CS 향상 교육	① 환자경험특강 (2회) ② CS 향상 교육	① 환자경험특강 (1회) ② CS 향상 교육
		2) 핵심인력 양성		① 서비스디자인 1차 핵심인력 양성 ② 원내 CS 강사	① 서비스디자인 2차 핵심인력 양성 ② 부서 CS 리더	① 부서 CS 리더
		3) 벤치마킹	① 국내 타병원 벤치마킹 ② Booking ready conference ③ 학회 등 외국 교육 이수	① 학회 등 외부 교육 이수 ② 해외 병원 벤치마킹	① 국내 타병원 벤치마킹 ② 학회 등 외부 교육 이수	① 학회 등 외부 교육 이수
	3. 환자경험 관리분위기 형성	1) 전직원 참여 행사	① 환자경험의 날	① 환자경험의 날	① 환자경험의 날	① 환자경험의 날
		2) 캠페인	① CS 캠페인	① CS 캠페인	① CS 캠페인 ② 환자경험 캠페인	① CS 캠페인 ② 환자경험 캠페인
		3) CS 향상활동		① CS 향상활동	① CS 향상활동	① CS 향상활동
2단계	1. 부서별 목표 세분화			① 서비스디자인 프로젝트 ② 접점별 고객 응대 매뉴얼 체득화 코칭	① 서비스디자인 프로젝트 ② 접점별 고객 응대 매뉴얼 체득화 코칭	① 서비스디자인 프로젝트 ② 접점별 고객 응대 매뉴얼 체득화 코칭
	2. 고객 관점의 평가 재설계			① 정량적 평가지 재설계 ② 정성적 평가지 대화문 작성 ③ MOT 모니터링	① MOT 모니터링	① MOT 모니터링

3단계	1. CX 전달의 3P		① 대기환자를 위한 서비스 디자인 ② 흉부촬영 통합 탈의실 운영 ③ 병원 안내도 및 배너 개선 ④ 약수령 서비스 디자인 개선 ⑤ 원내 무인 발급기 도입 ⑥ 외래전화업무 개선	① 협진 절차 개선 ② 투약구 환경 및 투약 안내 개선 ③ 문자안내 서비스 개선 ④ 전화예약 안내 문구 게시 ⑤ ARS시스템에 지참서류 멘트 반영 ⑥ 당뇨병환자 처방전·등록 신청서 진료과 발급 실시	① 주차장 및 장례식장 안내 강화 ② 병원 안내 시스템 개선 ③ 노인환자를 위한 낙상예방 안내시스템 개발 ④ 외부전화 차단 및 안내 멘트 반영
	2. 고객여정과 터치 포인트의 지속적 관리				① 환자경험 파트와 전담 부서 체계 ② 지속적 환자 경험관리 모니터링 ③ 환자경험 문화의 지속적 개선

[그림 7-4]는 서비스디자인 프로젝트를 통해 바뀐 환경을 보여주고 있다. 장례식장을 찾아오기 어려운 고객을 위해 주차장부터 안내를 강화하였고, 투약 현황은 오래 걸리는 약과 처방 확인 중인 약을 구분하여 안내하게 되었다. 그리고 갑작스러운 문 열림사고로 인한 안전사고를 예방하기 위해 가독성 높은 안내 표시를 새롭게 만들었다(남현정 외, 2019).

고객경험관리의 핵심은 고객이 중요하다고 생각하는 접점에서 기업과 고객이 긴밀한 유대관계를 맺는 방법을 찾는 것이다. 서비스기업은 고객의 여정을 체계적으로 분석하여 부정적인 경험을 제거하거나 줄일 수 있고 긍정적인 경험은 강화시킬 수 있는 최적의 방안을 지속적으로 발굴해야 할 것이다.

[그림 7-4] 서비스디자인 프로젝트 전·후 비교

<table>
<tr><th>프로젝트 전</th><th>프로젝트 후</th></tr>
<tr><td colspan="2">주차장에서부터 장례식장 안내 강화</td></tr>
<tr><td></td><td>
</td></tr>
<tr><td colspan="2">투약현황 모니터 안내 강화: 오래 걸리는 약과 처방 확인 중인 약을 구분하여 안내</td></tr>
<tr><td>
</td><td>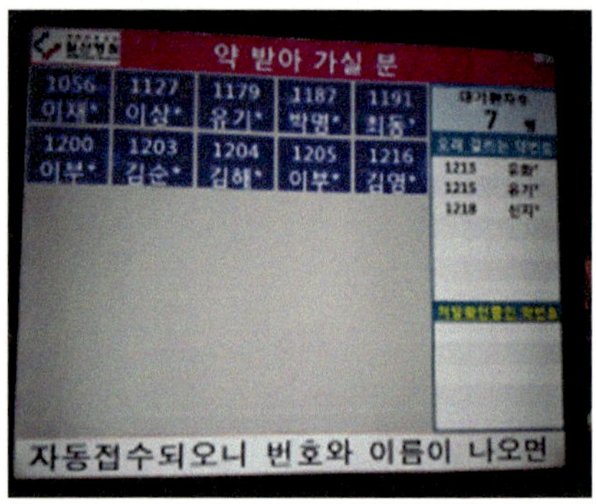
</td></tr>
<tr><td colspan="2">안전사고 예방 강화: 갑작스러운 문열림으로 인한 안전사고 예방</td></tr>
<tr><td></td><td></td></tr>
</table>

03 고객과의 소통디자인

3.1 소통의 중요성

Hillebrand 외(2011)는 고객을 깊이 이해하는 기업만이 탁월한 고객 가치를 창출할 수 있다고 강조하였다. 서비스기업이 고객에게 만족스러운 경험을 제공하기 위해서는, 무엇보다 고객의 니즈를 정확히 파악하고, 양방향 소통과 상호작용을 통해 고객의 만족 수준을 정기적으로 진단하는 노력이 필요하다. 단순히 피드백을 수집하는 수준을 넘어서, 고객의 감정, 기대, 불편함까지도 섬세하게 읽어내는 정성적 접근이 중요하다.

특히 고객 접점(Touch Point)에서 발생할 수 있는 잠재적인 불만 요인을 사전에 분석하고, 불만 제거 및 예방 활동을 선제적으로 수행함으로써 고객 경험의 품질을 체계적으로 향상시켜야 한다. 예를 들어, 국민권익위원회는 반복적으로 접수되는 민원 유형과 민원인의 불만 요인을 분석한 결과, '처리 지연'보다도 '진행 상황에 대한 안내 부족'이 민원인의 불신과 불만을 유발하는 핵심 요소임을 파악하였다. 이에 따라 민원 처리 시스템을 개선해 진행 단계별 상황을 실시간으로 확인할 수 있는 기능을 도입하고, 상담직원이 중간 처리 경과를 적극적으로 안내하도록 응대 프로세스를 재설계했다. 그 결과, 민원 만족도와 공공서비스에 대한 신뢰도가 동시에 향상되는 성과를 거두었다(국민권익위원회, 『2022 민원서비스 종합평가 보고서』).

이처럼 고객과의 지속적인 소통은 고객 중심의 서비스 설계와 운영을 가능하게 하며, 고객의 신뢰와 충성도를 강화하고, 나아가 조직의 지속가능성과 공공 신뢰성 확보에도 긍정적인 영향을 미친다. 궁극적으로 고객과 깊이 있는 소통은 단기적 문제 해결을 넘어, 장기적인 가치 창출과 관계 형성의 핵심 전략이라 할 수 있다.

3.2 공공 소통디자인

국내 공공기관들은 외부 고객은 물론 내부 고객과 협력사 등 다양한 이해관계자들의 목소리를 경청하기 위해, 기관의 특성에 맞는 소통 채널을 구축하여 운영하고 있다.

한국중부발전(주)는 고객 및 이해관계자와의 소통을 강화하기 위해 '소통채널관리위원회'를 구성하고, 국민참여를 통한 환경 개선, 정보공개, 규제혁신 등의 성과를 도출하였다. 또한, 직원 참여 활성화를 위해 '아이디어 발전소'를 운영하며 업무 프로세스 개선 활동을 추진하였고, 협력업체 직원과의 소통 활성화를 위해 근무환경 개선 과제를 도출하였다. 이와 함께 '안전톡' 시스템을 개선하여 안전 환경 관리 체계를 더욱 강화하였다.

특히 한국중부발전은 지역주민과의 상생을 위해 에코-스마트팜 사업을 추진하며, 보령발전본부 주변 지역주민의 의견을 수렴해 일자리 창출과 지역경제 활성화 방안을 마련하였다. 해당 서비스는 다음의 4단계 절차를 거쳐 개발되었다.

- 1단계: 지역 주민 대상 사업 설명회를 열고, 주민 참여 기반의 사업시행자 공모 및 선정을 진행함.
- 2단계: 지역 내 영농조합과 전문기업이 컨소시엄을 구성하여, 지역 주민 우선 채용 및 일부

수익의 지역 환원 등 사회적 기여를 실현함.
- 3단계: 주민협의체 주도로 대규모 해상풍력 사업을 추진함. 보령 해상풍력 예정지역 주민들의 의견을 수렴하여, 주민참여협의체를 우선 구성하고, 이 협의체가 최종 사업 위치 선정 과정에 주도적으로 참여함.
- 4단계: 주민 수용성을 확보한 후 입지를 확정하고 풍화 계측을 시행함으로써, 사업 취소나 보류 등 리스크를 사전에 차단함.

이러한 활동을 통해 온배수(냉각 후 배출되는 온수)의 연간 100만 톤 재활용, 지역 주민 약 20명 고용, 지역 경제 활성화 등의 실질적인 성과를 거두었다(황혜미·이돈희, 2024).

서비스디자인은 특정 문제를 해결하기 위해 문제를 반복적으로 발산하고 수렴하는 구조화된 프로세스를 통해 최종 산출물을 도출하는 방식이다. 이 과정에서 지속적으로 다양한 이해관계자의 의견을 수렴하고 평가하여 의사결정을 하기 때문에, 참여자의 선정 방식에 따라 의사결정의 유형도 달라질 수 있다.

황혜미와 이돈희(2024)는 공공기관에서도 더블 다이아몬드(Double Diamond) 모델을 적용하면 고객, 직원, 이해관계자 간의 원활한 소통이 가능하다고 보며, 이에 따라 공공서비스디자인 혁신 모델을 <표 7–3>과 같이 제안하였다.

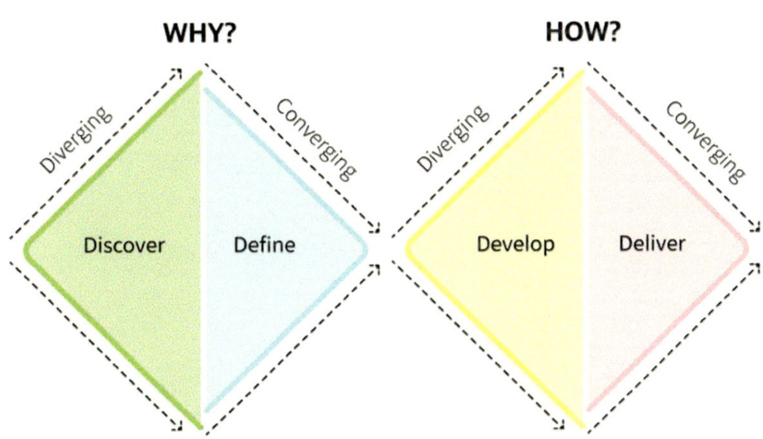

더블 다이아몬드 디자인 프로세스는 디자이너를 문제 공간에서 솔루션 공간으로 안내하는 4단계 모델로, '발견-정의-개발-전달'로 구성된다. 디자인 및 혁신 과정을 시각적으로 표현한 이 모델은 발산적 사고와 수렴적 사고의 균형을 강조한다. 각 단계는 다음과 같다:

1. 발견(Discover): 사용자의 요구와 과제에 초점을 맞춰 조사 및 데이터 수집을 통해 문제를 탐색하고 이해한다.
2. 정의하기(Define): 문제를 구체화하고 명확히 하여 초기 결과를 명확하고 간결한 문제 진술로 변환하는 것을 목표로 한다.
3. 개발(Develop): 다양한 접근 방식과 개념을 탐색하면서 잠재적인 해결책을 구상하고 생성하는 데 중점을 둔다.
4. 전달(Deliver): 마지막으로 선택한 솔루션을 최종적으로 확정하고 테스트 및 구현하여 정의된 요구사항을 충족하는지 확인한다.

이미지 출처: https://brunch.co.kr/@rladudrl305/2
텍스트 출처: 구글 AI

① 의견 발산(발견) 단계

이 단계에서는 다양한 아이디어의 확보와 이를 수용할 수 있는 개방적 자세가 필요하다.

아이디어 제안자는 조직 내부 직원에만 국한하지 않고, 고객, 전문가, 이해관계자 등 외부로 범위를 확대해야 하며, 온·오프라인의 다채널 소통방식을 활용하여 수용 폭을 넓혀야 한다.

VOC(Voice of Customer)를 단순한 불만 해소 도구로 활용하기보다는 제안, 칭찬, 아이디어 등 긍정적인 피드백 채널로 확장할 필요가 있다.

고객들이 아이디어 제안에 익숙하지 않은 경우, 소집단 단위의 의견 수렴과 반영 경험을 제공함으로써 참여를 유도할 수 있다. 내부에서는 '해봤는데 안 됐다', '제도적으로 불가능하다'는 식의 부정적 선입견을 배제해야 하며, 열린 태도로 아이디어를 수용하는 문화가 필요하다.

② 의견 수렴(정의) 단계

수집된 아이디어를 분석하고, 실현 가능한 콘셉트와 방향성을 설정하는 단계이다.

이 단계는 단순히 정량적 분석에 그치는 것이 아니라, 고객 니즈의 본질을 파악하고 실행 가능한 해결책을 도출하는 데 초점을 맞춰야 한다.

이를 위해 참가자들의 전문성과 창의성이 뒷받침되어야 하며, 특히 소통을 담당하는 직원에게는 디자인적 사고(design thinking)가 요구된다. 개별 시민의 경험과 상황에 공감하며 '진짜 요구'를 읽어낼 수 있어야 하며, 이를 위해 직원 교육 또는 공공서비스 디자이너 역량을 갖춘 인재 채용이 병행되어야 한다(Kim et al., 2019).

③ 의견 발산(개발) 단계

이 단계에서는 경영진의 리더십과 지원체계가 중요하다. 수요자 중심의 프로토타입이 개발되더라도, 예산이나 자원 부족으로 실행 단계에 이르지 못하는 경우가 많기 때문이다.

경영진은 실행 장애요인을 극복할 수 있도록 강력한 추진 의지와 자원 지원을 제공해야 하며, 실제로 Song(2020)은 실행으로 이어지는 역량을 경영진의 의지로 해석하며, 기획에 그치지 않고 실현할 수 있는 프로세스를 구축해야 한다고 강조하였다.

④ 의견 수렴(전달) 단계

마지막 단계에서는 고객 및 이해관계자의 반응과 피드백이 가장 중요하다. 프로토타입이 실제 구현되었을 때, 예상과 다르거나 보완이 필요한 부분이 드러날 수 있다. 직접 서비스를 이용하는 고객들의 불편 사항과 개선 요청을 적극적으로 반영하여, 전달 단계의 완성도를 높이고 실제 운영 가능성까지 고려한 피드백 루프를 설계하는 것이 핵심이다.

이와 같은 공공서비스디자인의 4단계 모델은 더블 다이아몬드 접근법에 기반하며, 단순한 아이디어 도출에서 끝나는 것이 아니라 실행과 전달까지의 전 과정을 체계적으로 운영할 수 있도록 돕는다. 특히, 조직문화의 유연성과 경영진의 의지가 성공적인 혁신 모델의 핵심 요인으로 작용한다.

〈표 7-3〉 공공서비스디자인 혁신 모델

단 계	1. 의견 발산하기 (발견)	2. 의견 수렴하기 (정의)	3. 의견 발산하기 (개발)	4. 의견 수렴하기 (전달)
개 념	해결하고자 하는 문제점/가능성 다양하게 파악하기	산출된 의견을 중심으로 중요한 것부터 의사결정하기	결정된 대안을 다시 확장하여 테스트 및 피드백을 통해 아이디어 찾아 개발하기	테스트 및 피드백을 거친 아이디어에 대해 의사결정하여 전달하기
참가자	내·외부고객 및 이해관계자	내·외부고객 및 이해관계자	고객이나 전문가집단	내부구성원
자 료	자료수집, 조사가능성 파악	수집된 자료에 대한 시각화	프로토타입 구성 및 통합적 분석	최종콘텐츠(결과)
의사결정 도구	다양한 아이디어 수렴	수집된 정보의 패턴과 주체 결정	프로토타입 구성	스토리보드, 영상
의사결정권	참가자	참가자	전문가집단, 경영진	담당책임자, 고객
의사결정 도구 예	텍스트, 영상, 인공물, 숫자, 설문조사 등	데이터 시각화	페르소나, 여정지도, 블루프린트 등	고객의 소리(VOC)
고려사항	다양한 아이디어 확보 노력	실현가능한 방안 도출	경영진의 의지	고객 및 이해관계자 집단의 반응과 피드백
한국중부발전(주) 적용 예	소통채널관리위원회를 통한 의견수렴	데이터 시각화: 데이터 표준화	주역주민 맞춤형 사업: 페르소나 적용방식	혁신과제 발굴/데이터 공유/에코-스마트팜 사업

3.3 참여형 소통

국립현대미술관은 [그림 7-5]와 같이 뮤지엄 매너에 대한 공공 캠페인을 실시하고 있다. 이 캠페인은 단순히 관람객에게 일방적으로 관람 매너를 안내하는 방식이 아니라, 관람객 스스로가 뮤지엄 매너에 대한 자율적 참여와 실천을 유도하는 참여형 소통 디자인이라는 점에서 의미가 있다.

관람객은 '나의 뮤지엄 매너는 ________이다'라는 문장을 직접 작성하여 미술관 벽면이나 지정된 공간에 부착할 수 있다. 이 과정을 통해 관람객은 예술을 사랑하는 시민으로서의 책임감을 갖고, 타인의 관람을 방해하지 않으며 함께 지켜야 할 약속을 공유하게 된다.

이러한 방식은 단순한 메시지 전달이 아니라, 관람객이 주체적으로 관람 문화 형성에 기여하도록 유도함으로써 보다 지속가능하고 자율적인 공공질서 유지로 이어진다.

이 캠페인은 관람객과 미술관 사이의 수직적 관계가 아니라, 상호 소통과 참여를 기반으로 한 수평적 문화 경험을 가능하게 하며, 공공예절을 예술적으로 표현하는 미적 체험 요소를 포함하고 있다는 점에서 공공서비스디자인의 우수 사례로 주목받고 있다.

함께 지키는 예술 공간, 여러분의 한마디가 관람 문화를 바꿉니다. 아래 순서를 따라 캠페인에 참여해 주세요!

① '뮤지엄 매너 고양이 에티켓'의 행동을 잘 살펴보세요.
전시된 고양이 캐릭터의 행동 속에 담긴 바람직한 관람 예절을 눈여겨보며, 예술 공간에서 우리가 지켜야 할 매너를 함께 생각해 봅니다.

② 여러분이 느꼈던 미술관 관람 예절과 같은가요?
지금까지 미술관을 방문하며 느낀 관람 예절과 비교해보고, 여러분이 직접 실천할 수 있는 '나의 뮤지엄 매너'를 한 문장으로 적어 주세요.

③ 작성한 약속 종이를 잘라 미술관 로비에 마련된 캠페인 벽에 부착해 주세요.
여러분의 약속이 또 다른 관람객에게도 좋은 영감이 될 수 있습니다!

④ 남은 부분은 잘 보관해 주세요.
최고의 매너를 약속해 주신 분께는 서울관 통합입장권 등 소정의 선물을 보내드립니다.

(*추첨을 위한 정보는 별도 안내된 방식에 따라 작성해 주세요.)

[그림 7-5] 국립현대미술관 뮤지엄 매너 게시판

행위유도(Choice Architecture)란, 사람들이 선택을 내리는 환경이나 구조를 설계하여 특정 행동을 유도하는 방법을 말한다. 이 개념은 사람들이 완전히 합리적으로 판단하지 않고, 상황에 따라 직관적이고 제한된 정보를 바탕으로 결정을 내리는 경향(제한적 합리성)을 기반으로 한다. 따라서 선택의 맥락을 어떻게 설계하느냐에 따라 사람들의 행동은 크게 달라질 수 있다.

이 중에서도 자유를 제한하지 않으면서도 특정 방향으로 유익한 선택을 하도록 부드럽게 유도하는 방식을 넛지(Nudge)라고 한다. 넛지는 경제학자 리처드 세일러(Richard Thaler)와 법학자 캐스 선스타인(Cass Sunstein)이 2008년 저서 <넛지(Nudge)>에서 본격적으로 소개했으며, 이후 정책, 건강, 환경, 소비자 행동 등 다양한 분야에서 활용되고 있다.

행위유도는 물리적·디자인적 요소를 통해 행동을 유도하는 데 초점을 맞추지만, 넛지는 심리적·인지적 요소를 활용하여 비강제적 개입 방식으로 사람들의 행동을 이끌어낸다. 오늘날 디지털 서비스나 공공 디자인에서는 이 두 개념을 통합적으로 활용하여 사용자 경험(UX)을 개선하고, 바람직한 행동을 유도하는 데 효과적으로 사용되고 있다.

Activity

1. 일상생활 중 고객(시민)을 대상으로 행위유도 설계가 필요한 부분을 발굴해 봅시다.

2. 직접 행동유도 설계를 하고 어떻게 적용할지 토의해 봅시다.

Fitzsimmons and Fitzsimmons(2023)는 서비스를 "고객을 공동생산자 역할로써 전제하고 수행되며, 시간이 지남에 따라 소멸되는 무형의 경험"으로 정의하며, 서비스의 본질을 고객과의 상호작용과 시간적 특성, 무형성에 중점을 두고 설명하였다.

반면 Kuczmarski and Johnston(2005)는 서비스의 결과로서의 경험에 초점을 맞추며, 이 경험은 고객마다 다르게 인식되는 개인화된 경험(individualized experience)이며, 서비스 체인의 각 단계를 개별적으로 평가하는 것이 아닌 전체적, 총합적(holistic)으로 인식되는 특성을 강조하였다. 이는 서비스 경험이 제품과 구별되는 중요한 속성임을 보여준다.

우수한 고객경험을 제공하는 기업은 열등한 고객경험을 제공하는 기업보다 평균 5배 빠르게 수익이 증가하는 것으로 나타났다. 실제로 80% 이상의 소비자는 더 나은 경험을 제공받기 위해 더 많은 비용을 지불할 의향이 있으며, 효과적인 고객경험 관리는 기업에게 수백만에서 수억 달러의 비용을 절감할 수 있는 중요한 전략적 수단이다(Klink, 2018).

그러나 많은 서비스기업들이 고객경험관리의 중요성을 인지하고 있음에도 불구하고 이를 효과적으로 실행하는 데는 실패하고 있는 실정이다. 90%의 기업이 고객 중심 문화의 중요성을 인식하고 있음에도 불구하고, 실제로 고객경험 제공이 매우 효과적이라고 평가하는 기업은 15%에 불과하며, 고객 중심적인 기업이라 자부하는 기업이 75%인 반면, 실제 고객 중 이에 동의하는 비율은 단지 30%에 그치고 있다. 이는 고객경험관리의 중요성 인식과 실행 간의 명확한 괴리를 보여주는 대표적인 사례라 할 수 있다.

Super Office(2021)의 조사에 따르면, 전 세계 1,920명의 비즈니스 전문가 중 45.9%는 향후 5년간 고객경험이 가장 중요한 요소라고 응답했으며, 제품(33.6%)과 가격(20.5%)보다도 더 중요한 요인으로 인식되고 있었다. 또한 Puthiyamadam and Reyes(2018)의 12개국 15,000명을 대상으로 한 설문조사에서는, 응답자의 86%가 우수한 고객경험을 위해 더 큰 비용을 지불할 의향이 있다고 답했으며, 73%는 구매 결정 시 고객경험을 중요한 요소로, 65%는 긍정적인 고객경험이 전통적인 광고보다 더 큰 영향력을 갖는다고 응답하였다.

이러한 조사 결과는 고객경험이 단순한 마케팅 차원을 넘어 기업의 생존과 성장을 좌우하는 핵심 전략 요소임을 시사하며, 기업들이 고객 중심의 조직 문화를 강화하고 고객의 기대에 부응하는 체계적 고객경험관리를 실천해야 함을 강조한다.

'오징어 게임' 시즌2·해리포터 팝업스토어… 유통업계, 고객 맞춤형 체험 공간 선보여

넷플릭스 드라마 '오징어 게임' 시즌2가 공개되면서 유통업계가 관련 팝업스토어를 잇따라 운영하며 소비자 공략에 나섰다. 동시에, 해리포터를 테마로 한 팝업스토어도 영화 팬들의 눈길을 사로잡고 있다.

유통업계에 따르면 신세계백화점은 넷플릭스의 인기작 '오징어 게임' 시즌2를 실감 나게 체험할 수 있는 팝업스토어를 선보였다. 이는 K-콘텐츠의 글로벌 인기를 활용해 콘텐츠 경쟁력을 강화하려는 전략의 일환이다. 강남점과 부산 센텀시티점에는 '오징어 게임' 세트장을 재현한 체험 공간이 마련되었고, 전국 주요 점포에서는 300여 종의 협업 굿즈가 판매된다. 강남점의 경우 센트럴시티 1층 '오픈 스테이지'에서 철제 침대와 초록색 트레이닝복을 활용한 인증샷 체험, 작품 속 참가자 등록 체험 등이 가능하다.

GS리테일의 편의점 브랜드 GS25는 서울 성수동 도어투성수에 '오징어 게임 팝업스토어'를 열었다. 시즌2의 세계관을 반영한 이 공간은 체험형 게임과 굿즈 판매를 통해 고객을 맞이한다. 팝업스토어의 대표 이벤트는 예고편 속 구호에서 착안한 ▲ 힘차게 쓸어 담기, ▲ 씩씩하게 부를 쌓기, ▲ 굳세게 집중하기의 세 가지 미션으로 구성된다. 성공 시 달고나 간식과 굿즈를 증정하며, 핑크가드와 함께 사진을 찍고 SNS에 올리면 추가 경품도 받을 수 있다.

롯데백화점 잠실점은 오는 30일까지 '위자드몰×해리포터' 팝업스토어를 운영하며 영화 팬들을 위한 체험 공간을 선보이고 있다. 팝업스토어에서는 마법 지팡이, 망토, 빗자루 등 다양한 오리지널 굿즈와 영화 속 장면을 재현한 포토존을 즐길 수 있다. 대표 상품으로는 ▲ 지팡이펜 스탠드 세트(3만 2,000원), ▲ 여권 케이스(2만 2,000원) 등이 있다. 오픈 기념으로 당일 15만원 이상 구매 고객에게 토트백, 30만원 이상 구매 고객에게 어드벤트 캘린더를 선착순 증정한다.

업계 관계자는 "'오징어 게임'과 '해리포터'라는 글로벌 콘텐츠를 활용한 팝업스토어는 단순한 쇼핑을 넘어 체험과 팬덤을 결합한 마케팅 전략으로 자리 잡고 있다"며 "이러한 체험형 공간은 소비자들에게 색다른 즐거움을 제공하며 브랜드와 콘텐츠 간 시너지를 극대화하고 있다"고 전했다.

출처: 세계일보(2024. 12. 29),
'오징어 게임' 시즌2·해리포터 팝업스토어 … 유통업계, 고객 맞춤형 체험 공간 선보여

함께 이야기해 봅시다

1. 고객의 긍정경험이 서비스 충성도(로열티)에 미치는 영향을 생각해 봅시다.

2. 공공 서비스디자인 우수 사례를 찾아 공유해 봅시다.

참고문헌

〈단행본〉

최은정(2018), 마케팅관리, 피앤씨미디어.

황혜미(2022), 「서비스경영: 고객접점 실무중심」, 정독.

Bordoloi, S., Fitzsimmons, J. A., & Fitzsimmons, M. J. (2023), Service Management, Tenth Edition, McGraw－Hill.

Thaler, R. H. & Sunstein, C. R. (2008), Nudge: Improving Decisions About Health, Wealth, and Happiness. Yale University Press.

〈학위 및 학술 논문〉

김영진·김태중(2015), 고객경험관리 기법을 활용한 인천국제공항 환승 서비스 품질 개선에 관한 사례 연구, 한국항공경영학회지, 13(1), 63－81.

남현정·황혜미·박희선(2019), 국민건강보험 일산병원의 환자경험디자인 우수사례: 고객경험관리 프레임워크를 기반으로, 서비스경영학회지, 20(4), 201－226.

이상식·이형룩, 권민진(2012), 성공적인 고객 경험 관리를 위한 서비스 경험 실사, 대한경영학회지, 25(1), 529－543.

황혜미·이돈희(2024), 소통중심의 공공서비스디자인 혁신 모델 연구: 한국중부발전(주) 사례를 중심으로, 한국산업정보학회지, 29(2),

_____(2022), 지속적인 고객가치 창출을 위한 통합 지원서비스 모델 프레임웍 개발, 서비스경영학회지, 23(3), 101－128.

Gentile, C., Spiller, N., & Noci, G. (2007), How to sustain the customer experience: An overview of experience components that co－create value with the customer, European Management Journal, 25(5), 395－410.

Klink, R. R., Zhang, J. Q., & Athaide, G. A. (2018), Designing a customer experience management course, Journal of Marketing Education, 1－13.

Meyer, C. & Schwager, A. (2007), Understanding customer experience, Harvard Business Review, 85(2), 116.

Verhoef, P. C., Langerak, F., & Donkers, B. (2007), Understanding brand and dealer retention in the new car market: The moderating role of brand tier, Journal of Retailing, 83(1), 97－113.

Verhoef, P. C., Lemon, K. N., Parasuraman, A., Roggeveen, A., Tsiros, M., & Schlesinger, L. A. (2009), Customer experience creation: Determinants, dynamics and management strategies, Journal of Retailing, 85(1), 31－41.

〈기타〉

국민권익위원회, 『2022 민원서비스 종합평가 보고서』.

박정현(2006), 고객경험관리(CEM)에 주목하라, LG주간경제, 16-20.

한국표준협회(2023), KS-CQI 콜센터품질지수 우수기업 사례집.

Kim, J. S. & Kim, K. W. (2020), A Study on the Improvement Plans to Public Participation Platform in Local Government Level: Focusing on the Online Participation Platform, Korea Research Institute for Local Administration.

Puthiyamadam, T. & Reyes, J. (2018), Experience is everything: Here's how to get it right, PwC. pwc.com/future-of-cx

Song, K. Y. (2020), A Study on the Priority of the Stakeholder Competency in Public Service Design. Marine Convergence Design of Pukyong National University. Doctoral Dissertation.

Super office (2021), Key Customer Experience Statistics You Need To Know. https://www.superoffice.com/blog/customer-experience-statistics/

CHAPTER 8

NSD를 위한 비즈니스모델

패션 커머스 서비스 '차란', 월 평균 거래액 100% 이상 증가

㈜마인이스(대표 김혜성)가 운영하는 패션 커머스 서비스 '차란'이 올 2월 말 베타 서비스 출시 이후 월 평균 거래액이 100% 이상 증가하며 가파른 성장세를 이어가고 있다고 밝혔다.

차란은 SPA부터 명품까지 인기 브랜드의 중고 의류를 정가 대비 최대 90% 저렴하게 판매하는 패션 커머스 앱이다. 판매자 편의를 위해 의류 수거 후 살균 처리, 의류 촬영, 판매까지 모든 과정을 대행한다. 이 과정에서 자체 검수 시스템을 통해 중고 의류의 정품 여부, 상품 등급, 실측 사이즈 등 구매자가 필요로 하는 정보를 투명하게 공개한다.

판매자, 구매자 측면에서 모두 신뢰할 수 있는 차별화된 의류 거래 방식으로 베타 서비스임에도 불구하고 올 2월부터 6월까지 4개월 동안 거래액은 월 평균 100% 이상 성장하고 있다. 또한, 7월 기준 등록된 의류 수량이 누적 2만 2천 벌 이상이고, 앱 설치 5만 건 및 앱 스토어 평점 4.9점(5점 만점)을 기록하면서 이용자들의 호평을 받고 있다.

이 같은 성장세를 바탕으로 마인이스는 우리벤처파트너스 등으로부터 12.1억원 규모의 추가 시드 투자를 유치했다. 이에 앞서 진행된 첫 시드 투자에서는 41.5억원의 투자를 받으며 총 53.6억원으로 시드 투자를 마무리하게 됐다. 투자 혹한기에도 탄탄한 서비스 운영 능력과 성장세를 보여주며 시드 투자를 성공적으로 마무리했다는 업계의 평가다.

추가 시드 투자에 참여한 우리벤처파트너스 차승준 팀장은 "마인이스는 중고 거래의 가장 불편한 점을 쉽게 해결해주면서 중고 의류 시장의 정보 불균형을 해소해 줄 구체적인 모델을 제시하였으며, 이를 베타 테스트에서 충분히 증명하였기에 높은 성장성을 기대하고 투자하게 됐다"고 설명했다.

마인이스 김혜성 대표는 "옷장 속에 잠자고 있던 의류들의 가치를 발견하고 새로운 주인을 찾아주는 과정에서 많은 고객 분들이 옷을 통해 공감과 유대를 느낀 것은 물론, 개선점을 적극적으로 제시해주신 것이 베타 기간의 가장 큰 수확이었다"며 "이번 투자금으로 좋은 의류를 합리적인 가격으로 빠르게 공급할 수 있도록 검수와 물류 인프라를 확충해 국내 대표 패션 커머스로 성장해 나가는 것이 목표"라고 전했다.

출처: 스타트업엔(StartupN)(https://www.startupn.kr), 2023년 7월 27일자

01 서비스모델 설계

1.1 서비스모델 유형

서비스모델(Service Model)은 서비스가 제공되고 소비되는 방식을 구조적으로 정의하는 프레임워크로, 현대 서비스 산업의 전략적 설계와 운영에 있어 핵심적인 개념으로 간주된다. 급변하는 시장 환경과 고객 요구의 다변화 속에서, 서비스모델은 조직이 지속가능하고 차별화된 서비스를 제공하기 위한 토대가 된다.

서비스모델은 다양한 산업 및 비즈니스 환경에 적용할 수 있으며, 서비스의 설계, 전달, 운영 전반에 걸친 기본적인 청사진을 제시한다. 또한, 이는 고객경험, 운영 효율성, 비용 구조, 기술 도입 방식 등 서비스 시스템의 핵심 요소에 지·간접적인 영향을 미친다.

최근의 서비스모델은 디지털 전환과 고객 중심 경영의 흐름 속에서 더욱 다양화되고 있으며, 대표적인 예로는 고객의 즉각적인 요구를 충족하는 온디맨드(On-Demand) 서비스모델과 자원의 공유를 기반으로 한 공유경제(Sharing Economy) 모델을 들 수 있다.

온디맨드 서비스는 우버(Uber)나 배달 애플리케이션처럼 실시간으로 서비스를 제공함으로써 고객의 즉시성 니즈를 만족시키며, 공유경제 모델은 에어비앤비(Airbnb)와 같이 유휴 자원의 효율적 활용을 기반으로 한다.

서비스모델을 설계할 때는 고객 니즈에 대한 정밀한 분석, 서비스 제공 채널의 확보, 그리고 디지털 기술의 도입 여부 등을 종합적으로 고려해야 한다. 이러한 요소들은 서비스의 성공적인 구현뿐 아니라 지속가능성과 차별화된 고객경험 창출에 결정적인 영향을 미친다.

〈표 8-1〉 서비스모델 유형

구 분	세부 내용
IT 서비스모델	1) IaaS(Infrastructure as a Service): 서버, 스토리지, 네트워크 등 IT 인프라를 클라우드에서 제공 2) PaaS(Platform as a Service): 개발 및 배포 플랫폼 제공 3) SaaS(Software as a Service): 소프트웨어를 클라우드를 통해 서비스로 제공(예: Gmail, Dropbox)
비즈니스 서비스모델	1) B2C(Business-to-Consumer): 기업이 소비자에게 직접 서비스 제공 2) B2B(Business-to-Business): 기업 간의 서비스 제공 3) C2C(Consumer-to-Consumer): 소비자 간의 서비스 거래를 중개(예: 중고거래 플랫폼) 4) D2C(Direct-to-Consumer): 제조업체가 중간 단계를 거치지 않고 소비자와 직접 거래
서비스 제공 관점에서의 모델	1) 제품 중심 서비스모델: 기존 제품에 부가적인 서비스 제공 2) 경험 중심 서비스모델: 고객 경험을 극대화하기 위해 설계된 모델 3) 구독형 서비스모델(Subscription Model): 일정 주기로 비용을 지불하며 지속적으로 서비스 제공(예: 카카오톡 이모티콘 플러스)
공공 및 비영리 서비스모델	사회적 서비스를 제공하기 위한 모델로, 공공기관, 비영리 단체가 사용하는 구조

1.2 구독형 서비스모델

라준영(2020)은 비즈니스모델 분석 틀을 바탕으로, 미술작품 대여 서비스를 중심으로 구독경제 비즈니스모델을 성공적으로 전개하고 있는 오픈갤러리 사례를 분석하였다. 분석 결과, 오픈갤러리는 미술품이라는 재화의 특성에 적합한 구독 서비스를 제공할 수 있도록, 가치 제안(Value Proposition), 가치 창출(Value Creation), 가치 확보(Value Capture)의 체계를 일관되게 구축하고 있는 것으로 나타났다.

오픈갤러리의 구독 서비스는 정기적으로 미술품을 대여하고 회수하는 '대여 모델'에 해당하며, 동시에 고객의 개별적인 선호와 취향에 기반한 맞춤형 추천을 제공하는 '큐레이트형 구독 서비스'로 분류할 수 있다.

이러한 큐레이트형 구독은 고객의 선택 부담을 줄여주는 한편, 사전 정의형이나 서프라이즈형 구독에 비해 중간 정도의 통제 수준과 위험 수준을 특징으로 한다.

특히 큐레이트형 구독 서비스의 가치제안은 소비자의 구독 의사결정에 영향을 미치는 주요 요인인 '효용적 가치(utilitarian value)'와 '쾌락적 가치(hedonic value)'를 동시에 제공할 수 있어야 하며, 소비자가 느끼는 사전적 '지각 위험(perceived risk)'을 최소화할 수 있도록 설계되어야 한다.

또한, 오픈갤러리는 미술 산업의 본질을 '감상'으로 인식하고, 미술 감상의 대중화를 위한 전략으로 그림 인테리어 요소를 접목한 가치 제안을 구성하고 있다.

이를 통해 편리성, 경제성, 접근성, 인테리어의 차별성과 같은 효용적 가치뿐 아니라, 그림 감상의 심미적 만족, 예술적 취향의 변화, 인테리어에 대한 사회적 인정 효과와 같은 쾌락적 가치 역시 소비자에게 전달하고 있다(라준영, 2020).

〈구독 서비스의 개념〉

구독 서비스(subscription service)란 소비자가 특정 제품이나 서비스를 일정 주기마다 지속적으로 이용할 수 있도록 하는 정기결제 기반의 비즈니스모델을 의미한다. 이는 고객이 매번 개별 구매를 하지 않아도 되고, 기업은 안정적인 수익 구조와 고객 데이터를 확보할 수 있다는 점에서 양측 모두에게 효율적인 구조를 제공한다(Chen et al., 2021).

이 모델은 단순한 반복 구매를 넘어서, 고객과의 장기적 관계 형성과 고객 경험의 연속성 확보를 목표로 하며, 개인화된 큐레이션 서비스나 프리미엄 콘텐츠 제공 등과 결합될 경우 차별화된 고객가치를 창출할 수 있다(Lemon, 2016).

또한, 구독 서비스는 그 유형에 따라 사전 정의형(Fixed), 큐레이트형(Curated), 서프라이즈형(Surprise) 등으로 분류되며, 각 유형은 고객의 통제 수준, 기대감, 지각위험 인식 정도에 따라 상이한 고객 반응을 유도하게 된다(Dholakia, 2020).

1.3 공공 및 비영리 서비스모델

공공 및 비영리 분야에서의 서비스모델 사례로는 [그림 8-1]과 같이 '방문재활서비스 사업'을 들 수 있다. 이 사업은 보건복지부가 2023년부터 시작한 재활의료기관 수가(酬加) 3단계 시범사업의 일환으로, 집중 재활치료 후 퇴원한 환자 중 재택 재활이 필요한 대상자를 중심으로 운영된다.

방문재활 서비스의 목적은 퇴원 이후에도 지속적으로 잔존 장애를 체계적으로 관리함으로써, 재활의료기관에서 시작된 치료 효과가 지역사회 내 회복 과정으로 원활하게 연계되도록 지원하는 데 있다. 이를 통해 회복기 환자의 기능 회복 및 조기 사회복귀를 촉진하고자 한다.

해당 서비스는 재활의학 전문의, 물리치료사, 작업치료사, 간호사, 사회복지사 등 다직종 전문가들로 구성된 팀이 환자의 자택을 직접 방문하여 제공되며, 환자의 신체 상태, 주거 환경, 생활 조건 등을 종합적으로 평가한 후, 개인 맞춤형 재활계획에 따라 통합적 치료 서비스를 제공한다(국립재활원, 2024).

[그림 8-1] 방문재활 서비스

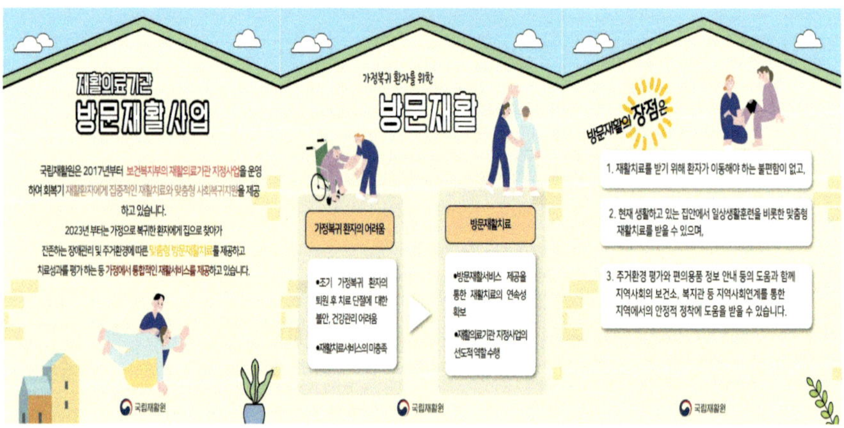

1.4 경험 중심의 서비스모델

고객 경험을 중심으로 설계된 서비스모델에는 판매 후 서비스 관리와 개인화된 서비스개발이 포함된다. 판매 이후의 유지·보수, 고객 응대, 만족도 관리는 고객 충성도 형성에 중요한 역할을 하며, 제품 및 서비스의 전체 수명주기 동안 일관된 경험을 제공하는 데 기여한다.

또한 고객의 선호도, 구매 이력, 행동 데이터를 기반으로 한 개인화 서비스는 고객의 기대를 능동적으로 반영하여 차별화된 경험과 높은 만족도를 유도할 수 있는 핵심 요소로 간주된다.

1) 구매 시점 이후의 서비스 관리

신규 고객을 확보하여 충성 고객으로 전환하는 것보다, 기존 고객을 유지하는 것이 비용 측면에서 더 효율적이라는 점은 여러 연구를 통해 강조되어 왔다. 기존 고객은 특정 브랜드에 대한 로열티(loyalty)를 형성하고 있으며, 브랜드에 대한 이해도와 편의성으로 인해 반복 구매를 지속하는 경향이 있다.

Orendorff(2018)에 따르면, 고객이 두 번째로 해당 브랜드를 이용했을 경우 재구매 가능성은 45%, 네 번째 방문 시에는 56%까지 증가한다고 하였다.

특히 온라인 플랫폼 환경에서는 고객이 기업뿐만 아니라 다른 고객과 간접적으로 상호작용하며 자신의 경험을 공유하게 된다. 온라인은 고객 경험이 자연스럽게 확산될 수 있는 매체로 기능하며, 이로 인해 '상품평' 또는 '리뷰'를 확인하는 것이 구매 과정에서의 일상적인 행위가 되었다.

Chen et al.(2017)은 기업이 고객의 구매 이후에도 전략적인 관점에서 고객 관리 활동을 지속적으로 수행해야 한다고 제언하였다. 예를 들어, 고객이 제품에 대해 만족 또는 불만족을 표현하거나, 사용 후기 및 팁을 공유할 수 있도록 유도하는 것은 기업이 고객과의 관계 유지를 중시하고 있음을 전달하는 기회가 된다. 또한, 고객 불만에 대해 적극적인 피드백과 개선 방안을 제시하는 것은 긍정적 브랜드 이미지를 구축할 수 있는 계기로 작용할 수 있다.

온라인 플랫폼을 활용하면 챗봇, 이메일, 푸시 알림 등을 통해 고객에게 실시간으로 다양한 콘텐츠를 제공할 수 있으며, 구매 이후에는 신제품 정보, 할인 쿠폰, 프로모션 안내 등을 통해 고객에게 선제적인 혜택을 제공할 수 있다. 이는 구매 이후에도 고객과의 지속적인 관계를 유지하는 서비스 관리 활동으로 간주된다.

최근에는 많은 고객들이 온라인 쇼핑에 익숙해짐에 따라, 온라인 환경에서의 구매 후 서비스가 더욱 중요해지고 있다. 다양한 구매 채널의 등장과 함께 소비자는 유사 제품에 대한 정보 탐색, 리뷰 검토, 제품 비교가 용이해졌으며, 이에 따라 판매 후 서비스 관리의 중요성도 더욱 부각되고 있다(Chen et al., 2017).

실제로 [그림 8-2]에서 나타나듯, 기업은 배송 상태 실시간 업데이트, 구매 후 피드백 대응, 지속적인 프로모션 및 혜택 제공과 같은 구매 후 고객 관리 전략을 적극적으로 실행해야 한다(황혜미·이돈희, 2022).

[그림 8-2] 고객 구매 후기

1.5 개인화 서비스개발

최근 디지털 혁신 기술의 발전은 개인맞춤형 서비스(personalized service)의 창출과 제공을 가능하게 하며, 고객 중심의 서비스 설계와 운영 방식에 지대한 영향을 미치고 있다(진희수·이동원, 2022). 인터넷과 모바일의 일상화로 인해, 고객은 다양한 디지털 접점에서 개별화된 서비스를 경험하고 있으며, 구글, 메타(구 페이스북), 유튜브 등의 주요 플랫폼은 사용자 데이터를 기반으로 한 차별화된 서비스 제공을 통해 개인화 전략을 실현하고 있다.

기업들은 빅데이터 분석과 알고리즘 기반 추천 시스템을 활용하여 고객의 구매 이력, 방문 기록, 클릭 패턴 등 다양한 정보를 통합 분석함으로써, 고객 맞춤형 콘텐츠와 커뮤니케이션을 제공할 수 있게 되었다. 이에 따라 고객은 더욱 정교하고 일관된 개인화된 서비스 경험을 누릴 수 있는 환경에 노출되고 있다.

개인화 서비스란 과거의 고객 데이터와 알고리즘 기반 분석을 활용하여 개별 고객의 취향, 행동 패턴, 구매 경향성에 맞추어 유·무형의 맞춤형 산출물을 제공하는 방식으로 정의된다(Nunes & Kambil, 2001). 초기에는 유사 관심사를 가진 고객 집단을 대상으로 하는 '페르소나(persona)' 기반 서비스 설계가 일반적이었으나, 최근에는 기술 발전에 따라 개별 고객 단위로 확장되어 1:1 맞춤형 서비스 제공이 가능한 수준으로 진화하고 있다(Hyken, 2020). 이는 단순한 개인 맞춤을 넘어, 고객의 감정과 맥락까지 고려한 정서적 경험 설계로도 확장되는 추세다.

대표적인 사례로 아마존은 고객 맞춤형 서비스를 실현하기 위해 개인화 알고리즘을 전사적으로 확대 적용하고 있다. 고객이 자주 검색하거나 구매한 제품에 기반해 관련 상품을 추천하고, 장바구니에 담긴 제품과 연계된 추가 제품을 제안하며, 구매 확인 이메일을 통해 후속 제품을 안내하는 등 다양한 방식으로 개인화 전략을 전개한다(Lindecrantz et al., 2020).

개인화 서비스의 성공적 구현을 위해서는 고객 세분화 전략이 필수적이며, 특히 충성 고객을 중심으로 한 타기팅 전략이 높은 수익률을 창출할 수 있다. 기존 연구에 따르면, 충성 고객을 대상으로 할 경우 일반 고객에 비해 투자 대비 수익률이 3배 이상 높은 것으로 나타났다.

이러한 맥락에서 고객 데이터의 체계적 수집과 분석, 맞춤형 서비스의 지속적 제공은 고객 만족도 제고와 장기적 관계 형성에 기여하는 핵심 요소로 작용한다고 볼 수 있다(Lindecrantz et al., 2020).

나아가, 성공적인 개인화 전략 실행을 위해서는 기술 기반의 접근 외에도 조직 구성원의 인식 전환과 역량 강화가 병행되어야 한다. 이를 위해 고객 데이터를 해석할 수 있는 분석 역량, 맞춤형 서비스 설계 및 운영 전략, 정교한 커뮤니케이션 설계 능력 등이 조직 차원에서 체계적으로 뒷받침되어야 한다(황혜미·이돈희, 2022).

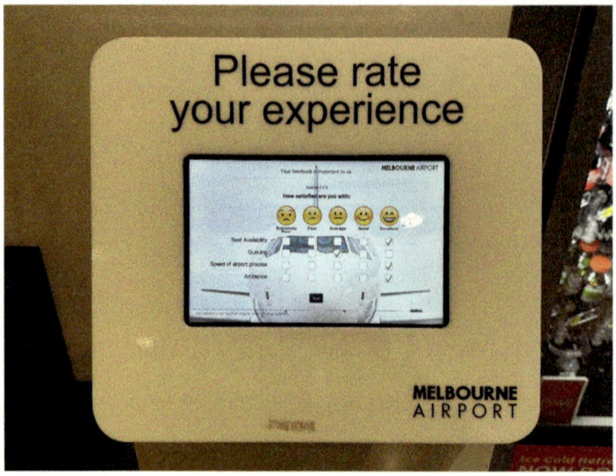

비즈니스모델 캔버스(BMC)

비즈니스모델(Business Model)은 조직이 어떻게 가치를 창출(create), 전달(deliver), 포착(capture)하는지를 합리적이고 체계적으로 설명하는 틀이다(Osterwalder & Pigneur, 2010). 이는 단순한 비즈니스 아이디어를 넘어, 조직의 전략을 실행 가능한 형태로 구체화한 전략적 청사진으로 간주된다. 즉, 비즈니스모델은 기업이 고객에게 어떤 가치를 제공할 것인지, 이를 어떻게 전달하고 수익화할 것인지에 대한 구조적 설계를 포함한다.

이러한 비즈니스모델을 시각적으로 표현하고 분석할 수 있도록 고안된 도구가 바로 비즈니스모델 캔버스(Business Model Canvas, BMC)이다. 오스터왈더(Osterwalder)와 피그누어(Pigneur)가 공동 개발한 이 모델은, 기업이 수익을 창출하는 메커니즘을 9개의 핵심 구성요소를 통해 설명한다. 각 구성요소는 다음과 같다.

① 고객 세그먼트(Customer Segments, CS): 조직이 가치를 제공하고자 하는 명확한 고객 그룹을 정의한다.
② 가치 제안(Value Propositions, VP): 특정 고객 세그먼트의 문제를 해결하거나 니즈를 충족시키기 위해 제공하는 제품 및 서비스의 고유한 가치.
③ 채널(Channels, CH): 가치제안을 고객에게 전달하기 위한 커뮤니케이션, 유통, 판매 경로.
④ 고객 관계(Customer Relationships, CR): 각 고객 세그먼트와 구축하고 유지하고자 하는 관계 유형.
⑤ 수익원(Revenue Streams, RS): 고객이 가치에 대해 지불하는 방식으로, 수익

을 창출하는 경로.

⑥ 핵심 자원(Key Resources, KR): 비즈니스모델이 작동하기 위해 필수적인 자산(인적, 물적, 지적, 재정 등).

⑦ 핵심 활동(Key Activities, KA): 비즈니스모델을 실현하기 위해 수행해야 하는 주요 업무.

⑧ 핵심 파트너십(Key Partnerships, KP): 외부 자원 확보 및 효율성 제고를 위해 맺는 전략적 협력관계.

⑨ 비용 구조(Cost Structure, CS): 비즈니스모델 운영에 드는 주요 비용 요소.

비즈니스모델 캔버스는 시각적이고 직관적인 분석 도구로, 신속한 아이디어 구상과 모델 비교, 전략 수립 등에 널리 활용되고 있다. 특히 신사업 개발, 스타트업 전략 수립, 서비스 혁신 등의 맥락에서 그 유용성이 강조되고 있으며, 비즈니스모델의 동적 변화와 진화 과정을 이해하는 데에도 효과적인 프레임워크로 자리매김하고 있다.

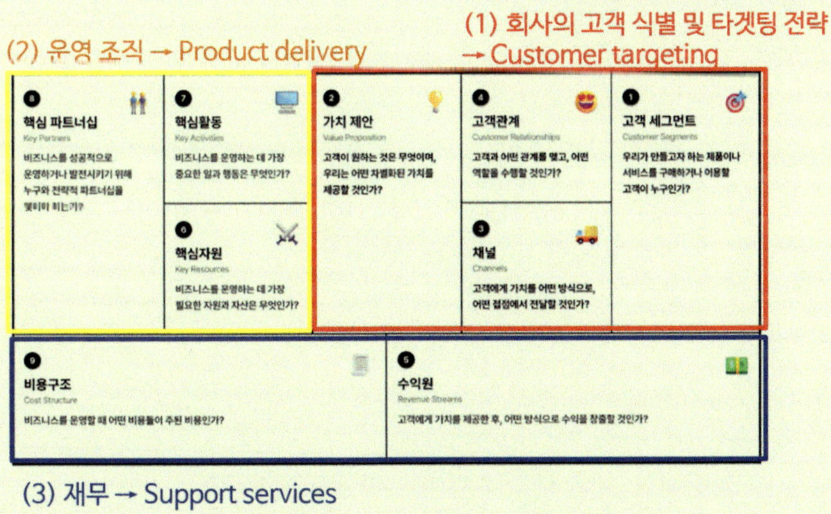

출처: Tian Heong Chan, Anandhi Bharadwaj, & Deepa Varadarajan (2022), Business Method Innovation in U.S. Manufacturing and Trade. Manufacturing & Service Operations Management 25(1): 50-69.

02 비즈니스모델과 가치제안 캔버스

2.1 비즈니스모델

비즈니스모델(Business Model)은 기업이 서비스를 통해 수익을 창출하고 고객에게 가치를 전달하는 방법을 정의하는 전략적 계획이다. 이는 곧 "어떻게 돈을 벌 것인가"에 대한 구체적인 답을 제시한다. 비즈니스모델은 조직이 목표를 달성하기 위해 수행해야 할 구조적·전략적 요소를 포함하며, 다음과 같은 핵심 구성요소로 이루어진다.

첫째, 가치 제안(Value Proposition)은 고객에게 제공하는 독특한 가치로, 고객이 해당 서비스나 제품을 선택해야 하는 이유를 설명한다.

둘째, 고객 세그먼트(Customer Segments)는 기업이 타깃으로 삼는 고객군을 정의하며, 연령대, 직업군, 지역, 관심사 등 다양한 기준으로 세분화된다.

셋째, 수익 모델(Revenue Model)은 수익 창출 방식에 대한 설계를 의미하며, 직접 판매, 구독, 광고 수익, 중개 수수료 등 다양한 방식이 존재한다.

넷째, 비용 구조(Cost Structure)는 서비스를 제공하는 데 소요되는 주요 비용 항목(예: 개발, 마케팅, 운영비 등)을 정의한다.

다섯째, 유통 채널(Channels)은 고객에게 가치를 전달하는 경로로, 오프라인 대면 서비스부터 온라인 플랫폼, 모바일 애플리케이션 등 다양한 방식이 활용된다.

여섯째, 고객 관계(Customer Relationships)는 고객과의 장기적 관계를 유지하고 강화하기 위한 전략으로, 사후관리, 맞춤형 커뮤니케이션, 충성도 프로그램 등을 포함한다.

이러한 구성요소를 시각적으로 정리한 도구가 비즈니스모델 캔버스(Business Model Canvas, BMC)이다. BMC는 알렉스 오스터왈더(Alex Osterwalder)와 이브 피그누어(Yves Pigneur)에 의해 개발되었으며, 비즈니스모델을 9가지 핵심 블록으로 구성하여 체계적으로 설계하고 분석할 수 있도록 고안되었다.

BMC의 주요 장점은 다음과 같다. 첫째, 공통 언어로써의 캔버스는 다양한 이해관계자 간의 효과적인 커뮤니케이션 수단이 되며, 새로운 전략을 구상하거나 기존 모델을 개선하는 데 유용하다. 둘째, 비즈니스모델의 시각화를 통해 조직의 구조, 프로세스, 시스템을 명확하게 이해하고 실행할 수 있는 전략으로 전환할 수 있다.

2.2 가치제안 캔버스

비즈니스모델 캔버스의 세부 요소 중 하나인 가치제안을 보다 구체적으로 설명하고자 오스터왈더와 그의 핵심 팀은 가치제안 캔버스(Value Proposition Canvas, VPC)를 개발하였다. 이는 비즈니스모델 캔버스의 두 핵심 요소인 고객 프로필(Customer Profile)과 가치 맵(Value Map)의 적합성(Fit)을 중심으로 구성되었다.

고객 프로필은 다음 세 가지로 구성된다.

첫째, 고객 활동(Jobs)은 고객이 일상생활이나 업무에서 수행하는 활동, 해결하려는 문제, 충족시키려는 욕구 등을 포함한다.

둘째, 고객 불만(Pains)은 고객 활동 중 경험하게 되는 어려움, 불편함, 실패, 위험 등의 부정적 요소를 의미한다.

셋째, 고객 혜택(Gains)은 고객이 기대하거나 열망하는 결과와 이점으로, 기능적·정서적·사회적 혜택 등을 포함한다.

반면, 가치 맵은 기업이 제공하는 서비스가 어떻게 고객 활동을 지원하고, 불만을 완화하며, 혜택을 증진시키는지를 분석한다. 이를 위해 서비스기업은 자사가 제공하는 제품이나 서비스를 상세히 열거하고, 그 서비스들이 고객의 니즈와 어떤 방식으로 부합하는지를 파악해야 한다.

특히 고객 불만을 해결하기 위한 전략으로는 신속한 응대, 서비스 회복관리, 불만 예방 활동 등이 있으며, 고객 혜택 창출을 위해서는 고객의 변화하는 기대를 지속적으로 모니터링하고, 숨겨진 욕구를 발굴하기 위한 노력이 요구된다.

궁극적으로 가치제안 캔버스의 핵심은 고객이 진정으로 원하는 것에 부합하는 서비스를 설계하는 것이다. 즉, 고객이 중요하게 여기는 활동을 중심으로, 불만을 제거하고, 새로운 혜택을 제공하는 방식으로 가치 제안을 수립해야 한다. 이처럼 고객 프로필과 가치 맵 간의 적합성(Fit)을 도출하는 과정은 신서비스개발의 성공을 결정짓는 핵심 요인 중 하나이다(박철주, 2020).

2.3 개발 사례

① 헬스온(HealthOn)

정보통신기술(ICT)과 인공지능(AI)을 접목한 스마트 헬스케어 서비스는 일상 속 건강 데이터를 수집·분석하여 개인 맞춤형 건강 솔루션을 제공함으로써, 질병 예방 중심의 헬스케어 패러다임 전환을 촉진하고 있다.

이러한 흐름 속에서 주목받는 서비스가 바로 '헬스온(HealthOn)'이다. 헬스온은 서울대학교병원과 SK텔레콤이 공동 출자한 헬스커넥트㈜가 개발한 비대면 건강관리 플랫폼으로, 국내외에서 스마트 헬스케어의 대표 사례로 평가받고 있다.

헬스온은 건강검진 결과, 생체신호, 라이프로그(Lifelog) 등 개인 건강 데이터를 종합적으로 분석하여, 건강 리스크 예측과 맞춤형 건강관리 콘텐츠를 제공하는 플랫폼이다. 사용자는 스마트폰 앱 또는 전용 디바이스(스마트워치, 혈압계, 심전도 측정기 등)를 통해 데이터를 실시간으로 기록하고, 그 결과를 기반으로 전문의 또는 알고리즘 기반 피드백을 받을 수 있다.

예를 들어, 혈압이나 심박수 변화가 일정 기준을 초과하면 앱이 즉시 알람을 제공하고, 필요시 의료진의 원격 진료로 연계되는 방식이다. 또한 사용자의 식사, 운동, 수면 패턴 등을 분석해 개인 맞춤형 건강 미션을 제시하거나, 건강 점수를 산출하여 사용자의 자기관리 동기를 자극한다(보건산업진흥원, 2020).

헬스온의 핵심 기술 중 하나는 AI 기반의 만성질환 예측 기능이다. 헬스온은 수집된 대규모 건강검진 데이터 및 생활 데이터(약 100만 건 이상)를 기반으로 고혈압, 당뇨, 심혈관질환 등의 발병 위험도를 산출할 수 있다.

예측 알고리즘은 개인의 유전 정보, 생활습관, 건강 상태 등을 종합 분석하여 '건강 예보'를 제공하는데, 이는 마치 날씨 예보처럼 사용자가 향후 건강 상태를 가늠하고 사전 대응할 수 있도록 돕는다. 이 기술은 국내 다수 대학병원과 공동연구를 통해 임상적 신뢰성을 확보하고 있다(진희수·이동원, 2022).

② 루루닷컴(Lulu.com)

루루닷컴(Lulu.com)은 전통적인 출판 구조를 파괴하고, 개인 작가에게 출판의 주도권을 넘긴 혁신적인 출판 플랫폼이다. 자비 출판(self-publishing)이라는 새로운 시장을 만들어내며, 수많은 아마추어 작가가 자신만의 책을 쉽게 출판하고 판매할 수 있도록 했다(A. Osterwalder & Y. Pigneur, 2023).

루루닷컴의 서비스 특징과 성공 요인은 <표 8-2>에 정리하였다. 루루닷컴은 작가들이 직접 책을 만들고, 판매하며, 수익을 얻을 수 있는 툴을 제공하는 플랫폼으로, 고객이 콘텐츠를 생산하는 '프로슈머(prosumer)' 구조를 기반으로 한다. 누구나 쉽게 책을 출판할 수 있으며, 설령 실패하더라도 플랫폼 입장에서는 비용 부담이 없다.

또한, 책은 주문이 들어올 때만 인쇄되므로 과잉 생산, 재고, 반품 등 전통 출판 산업의 리스크를 제거한 것이 큰 장점이다.

〈표 8-2〉 루루닷컴의 서비스 특징과 성공요인

항 목	내 용
비즈니스모델	주문형 출판(On-Demand Publishing) 기반 셀프 출판 서비스
수요 고객	자비 출판을 원하는 작가 및 콘텐츠 생산자
핵심 가치	누구나 쉽게 책을 만들고 유통할 수 있는 도구 제공
수익 구조	책 판매 수수료, 프리미엄 편집·유통 서비스
성공요인	재고 부담 없음, 실패 비용 없음, 고객=작가

한편, <표 8-3>은 루루닷컴의 비즈니스모델 캔버스 분석 자료이다. 루루닷컴은 디지털 기술을 활용해 출판의 진입 장벽을 낮추고, 수요 기반 출판 방식으로 비용을 최소화했으며, 1인 창작자 중심의 새로운 생태계를 구축한 대표적 사례로 평가된다. 이는 플랫폼 비즈니스가 전통 산업을 어떻게 혁신할 수 있는지를 잘 보여준다.

〈표 8-3〉 루루닷컴 비즈니스모델 캔버스(BMC) 분석

영 역	내 용
고객 세그먼트	자비 출판 작가, 소규모 출판사, 교육기관
가치 제안	누구나 쉽게 출판 가능, 비용 부담 없는 인쇄, 자율적 콘텐츠 제작
채 널	루루닷컴 웹사이트, Amazon, eBook 플랫폼 등
고객 관계	셀프 서비스 중심, 온라인 고객 지원, 커뮤니티 포럼
수익원	책 판매 수수료, 인쇄·유통 대행 수수료, 프리미엄 서비스
핵심 자원	디지털 출판 플랫폼, 주문형 인쇄 기술, 물류 네트워크
핵심 활동	인쇄·유통 자동화, 플랫폼 운영, 고객지원
핵심 파트너	인쇄업체, 온라인 서점, 배송사
비용 구조	플랫폼 개발/운영비, 파트너사 수수료, 고객지원 인력 운영 등

2.4 신서비스개발 vs 비즈니스모델

신서비스개발(New Service Development, NSD)과 비즈니스모델은 상호보완적인 관계이다. 신서비스개발은 기업이 시장에서 경쟁우위를 확보하고, 고객의 변화하는 요구에 부응하기 위한 핵심 활동이다. 반면 비즈니스모델(Business Model)은 그러한 신서비스가 시장 내에서 어떻게 수익을 창출하며, 어떤 가치를 제공하고, 어떠한 방식으로 고객에게 전달되는지를 체계적으로 설명하는 전략적 구조이다.

즉, 신서비스는 비즈니스모델을 실행하는 수단이며, 비즈니스모델은 신서비스의 성공 가능성을 높이기 위한 전략적 설계도라 할 수 있다. 이 두 요소는 각각 독립적이라기보다 유기적으로 작동하며, 서로의 성공에 결정적 영향을 미친다.

〈표 8-4〉 신서비스개발과 비즈니스모델의 상호보완 관계

구 분	내 용
서비스 아이디어와 가치 제안의 일치	신서비스를 개발할 때, 그 서비스가 어떤 가치 제안을 통해 고객에게 혜택을 줄 수 있는지를 충분히 고려해야 한다. 이는 비즈니스모델의 핵심요소이다.

수익 창출	신서비스가 비즈니스모델에서 정의한 수익 창출 방식을 충족할 수 있을지 분석해야 한다. 예를 들어, 신서비스가 구독 기반이라면 해당 서비스를 고객들이 지속적으로 이용할 수 있는 가치를 제공해야 한다.
비용 구조와 효율성	신서비스개발은 비즈니스모델에 맞춰 효율적으로 운영될 수 있어야 한다. 비용 구조가 과도하게 높다면, 비즈니스모델의 수익성에 부정적인 영향을 미칠 것이다.
시장 반응 및 피드백	신서비스를 시장에 출시한 후, 시장에서의 반응은 비즈니스모델을 개선할 수 있는 가장 중요한 피드백이다. 고객 반응이 좋지 않다면 비즈니스모델을 수정해야 할 필요가 있는 것이다.

<표 8-5>는 신서비스개발과 비즈니스모델의 차이점을 보여준다. 신서비스개발은 고객에게 새로운 가치를 제공하기 위한 창의적 실행 활동이며, 비즈니스모델은 이러한 신서비스가 수익을 창출하고 시장에서 성공할 수 있도록 전략적으로 설계하는 틀이다. 두 요소는 각각의 역할은 다르지만, 서비스 실행과 가치 창출을 연결하는 중요한 파트너로서 함께 작동한다.

〈표 8-5〉 신서비스개발과 비즈니스모델 비교

구 분	신서비스개발(NSD)	비즈니스모델(BM)
핵심 목적	고객에게 새로운 경험과 가치를 제공	조직의 수익 창출 및 가치전달 체계 구축
중점 요소	창의성, 고객 니즈 반영, 기능·디자인 혁신	가치제안, 수익모델, 고객 세그먼트, 채널 등
실행 방식	서비스디자인, 프로토타이핑, 고객테스트	비즈니스모델 캔버스(BMC) 기반 설계 및 최적화
성공 요건	사용자 경험(UX), 시장 적합성	지속가능성, 수익성, 확장성
상호보완 역할	비즈니스모델을 실현시키는 실행 단위	신서비스의 시장 적합성을 높이는 전략적 틀
대표 사례	HealthOn, 스마트 키오스크, AR기반 고객상담 등	Amazon의 1:1 개인화 추천모델, Uber의 플랫폼 전략

이 두 요소는 상호보완적 관계로서 긴밀하게 연결되어 작동하며, 각각의 성공적인 실행은 기업의 경쟁력 확보와 성과 창출에 중대한 영향을 미친다. 특히 급변하는 시장환경 속에서 기업이 생존하고 성장하기 위해서는 창의적인 신서비스개발과 이를 효과적으로 수익화할 수 있는 비즈니스모델 간의 유기적인 조화가 필수적이다.

〈Stitch Fix의 비즈니스모델〉

Stitch Fix는 개인 맞춤형 스타일링 서비스를 제공하는 온라인 패션 플랫폼으로, 기술과 인간의 직관을 결합하여 패션 소매업을 혁신한 사례로 유명하다. 이 회사는 2011년 미국 샌프란시스코에서 설립되었으며, 고객의 스타일, 사이즈, 예산에 맞춘 맞춤형 의류와 액세서리를 제공하는 독창적인 비즈니스모델을 운영하고 있다.

Stitch Fix는 데이터 과학과 개인 스타일리스트의 전문성을 결합하여 고객에게 최적화된 쇼핑 경험을 제공하며, 주요 특징은 다음과 같다.

1. 개인화된 스타일링
   - 고객은 온라인 스타일 프로필을 작성하여 선호 스타일, 사이즈, 가격대를 입력한다.
   - 이 데이터를 기반으로 AI 알고리즘이 적합한 아이템을 추천하며, 스타일리스트가 이를 세부적으로 조정해 최종 선택을 만든다.
2. 구독 및 주문형 서비스
   - 고객은 정기적으로 "Fix"라는 이름의 패키지를 받아 집에서 직접 착용해 볼 수 있다.
   - 마음에 드는 제품만 구매하고 나머지는 반품할 수 있으며, 피드백을 통해 다음 추천 품질이 향상된다.
3. 수익 모델
   - 패키지당 스타일링 수수료를 부과하며, 이 금액은 구매 시 차감된다.
   - 정기 구독 외에도 '스타일 패스'와 같은 추가 서비스를 통해 고객 충성도를 높인다.

* Stitch Fix의 기술 활용

Stitch Fix는 AI와 머신러닝 기술을 적극 활용하여 다음과 같은 혁신을 이루었다.

- 예측 분석: 고객 데이터를 기반으로 스타일 선호도를 예측하고 트렌드를 파악한다.
- 재고 최적화: AI를 활용해 재고 관리 효율성을 극대화한다.
- 맞춤 추천: 고객의 라이프 이벤트(예: 직장 변화, 특별 행사 등)를 고려하여 더 개인화된 아이템을 제공한다.

〈인간 스타일리스트의 역할〉

AI가 데이터 기반으로 추천을 제공하고, 인간 스타일리스트는 다음과 같은 가치를 더한다.

- AI 추천 검토 및 세부 조정
- 고객의 특별 요청(예: 특정 색상 회피, 행사 의상 등)을 반영한 선택
- 고객과의 감정적 연결을 강화하는 맞춤형 메시지와 액세서리 추가

Stitch Fix는 AI와 인간 전문가의 협력으로 정확하면서도 감성적인 쇼핑 경험을 제공하고, 집에서 시착 가능하며 구독 없이도 필요한 시점에 서비스 이용할 수 있다. 또한 고객 피드백을 통해 알고리즘과 서비스 품질을 지속해서 향상시키고 있다.

출처: [1] https://vizologi.com/business-strategy-canvas/stitch-fix-business-model-canvas/
[2] https://www.forbes.com/sites/bernardmarr/2018/05/25/stitch-fix-the-amazing-use-case-of-using-artificial-intelligence-in-fashion-retail/
[3] https://www.datanext.ai/case-study/ai-personalized-clothing-stitch-fix/
[4] https://www.buzzfeed.com/jessicabrunt/stitch-fix-review

03 수익화(차별화) 전략

3.1 차별화 전략

신서비스개발에서의 차별화 전략은 단순히 서비스의 기능이나 외형을 바꾸는 것에서 그치지 않는다. 핵심은 고객 경험 중심의 가치 창출에 있다. 고객의 니즈를 충족시키면서도 차별화된 경험을 제공해야 한다. 이는 경쟁사와의 뚜렷한 차이를 만들어내고, 결과적으로 고객 충성도와 브랜드 선호도, 수익성 향상으로 이어진다.

일본의 시루카페(Shirucafe, 지식카페)는 도쿄대, 교토대, 와세다대 등 상위 11개 대학 학생들만 이용할 수 있는 특별한 공간이다. 이용 방법은 간단하다. 학생증을 제시하고 음료를 주문하면 된다. 커피 비용은 학생이 아닌 일본 내 78개 기업(예: 소프트뱅크, 닛케이, 마이크로소프트 등)이 부담한다.

시루카페는 현재 일본에만 11개 매장을 운영 중이며, 매장당 평균 30개 기업이 연간 약 300만 엔을 후원하고 있다. 하루 평균 250명의 학생이 방문하며, 매장당 연간 1억원 이상의 수익을 창출한다.

기업들이 이 카페를 후원하는 이유는 명확하다. 우수 인재 채용을 위해 자사 브랜드를 알릴 수 있기 때문이다. 테이크아웃 컵에는 후원 기업의 로고가 인쇄되고, 매장 내에는 기업 정보를 제공하는 홍보물이 비치된다. 학생은 무료로 커피를 즐기고, 기업은 자사 홍보 효과를 얻는 '일석이조'의 수익 모델이다. 시루카페는 일본을 넘어 인도공과대학교 하이데라바드 캠퍼스에도 진출했으며, 현지에서도 큰 인기를 얻고 있다(매일경제, 2018).

한편, 국내의 W카페 역시 독특한 수익 모델을 도입해 주목받고 있다. 전국에 6개 지점을 운영 중인 이 카페는 '커피 무제한 요금제'라는 새로운 방식의 멤버십을 운영한다. 월 29,900원을 지불하면 아메리카노를 무제한으로 마실 수 있고, 월 59,900원을 내면 모든 음료가 무제한 제공된다.

예를 들어, 아메리카노 한 잔 가격이 1,900원일 때 매일 1잔씩 마시면 최대 47%의 할인 효과를 누릴 수 있으며, 이용 횟수가 많아질수록 가성비는 더 높아진다. 이용자는 합리적인 소비 혜택을, 카페는 안정적인 정기 수익을 확보할 수 있다.

이처럼 시루카페는 지불 주체를 소비자에서 기업으로 전환시킨 사례이고, W카페는 기존 단품 판매 방식을 정액제로 변경해 새로운 시장을 연 사례이다. 두 모델 모두 상품 본질은 그대로 유지하되, 과금 방식의 전환을 통해 수익화를 달성한 창의적인 사례로 평가받고 있다(매일경제, 2018).

3.2 지속가능한 서비스전략

현대 사회에서는 지속가능성과 환경 보호에 대한 인식이 확산됨에 따라, 기업들도 환경에 대한 책임을 반영한 친환경적 서비스 모델(Eco-Friendly Service Model)을 적극적으로 도입하고 있다. 글로벌 컨설팅 회사 McKinsey & Company(2021)는 이러한 변화에 대응하기 위한 다양한 지속가능 서비스전략을 제안하며, 특히 다음과 같은 세 가지 핵심 모델을 강조한다.

① 순환 경제 기반 서비스모델

순환 경제(Circular Economy)는 제품을 단순히 소비하고 폐기하는 것이 아니라, 재사용, 수리, 재활용을 통해 자원 사용의 효율을 높이고 폐기물을 줄이는 구조를 말한다. 예를 들어, 리퍼비시(refurbish) 제품을 판매하거나, 제품 수리 서비스를 통해 새로운 구매를 최소화하는 방식이 이에 해당한다. 이러한 모델은 자원 절약, 비용 절감, 환경 보호라는 세 가지 효과를 동시에 실현할 수 있다.

② 렌탈 기반 서비스모델

렌탈 서비스는 제품을 소유하지 않고 일정 기간 사용하는 방식으로, 의류, 가전제품, 자동차 등 다양한 분야에서 활용되고 있다. 고객은 필요한 기간만큼만 이용함으로써 경제적 부담을 줄일 수 있으며, 기업은 반복적인 서비스 제공을 통해 지속가능한 수익 창출이 가능하다. 또한 자원의 낭비를 줄이는 효과도 크다.

③ 친환경 인증 및 소비자 행동 유도 모델

제품이나 서비스에 대해 친환경 인증을 부여하거나, 친환경적 소비를 장려하는 교육 콘텐츠나 인센티브 프로그램을 통해 소비자의 행동을 변화시키는 모델도 주목받고 있다. 예를 들어, 친환경 제품에 에코라벨을 부착하거나, 재활용 활동에 포인트를 제공하는 서비스가 이에 해당한다. 이러한 접근은 소비자에게 선택의 기준을 제공하고, 기업의 브랜드 이미지 제고에도 긍정적인 영향을 미친다.

<표 8-6>에서는 친환경 서비스모델의 유형과 효과를 비교 설명하였다.

첫째, 순환 경제 모델은 제품의 재사용과 수리를 통해 자원 낭비를 줄이고 환경 보호에 기여한다. 둘째, 렌탈 서비스 모델은 제품을 구매하지 않고 빌려 쓰는 방식으로, 소비자에게는 비용 절감의 이점을, 기업에는 반복적 수익 창출의 기회를 제공한다. 셋째, 친환경 인증 및 인센티브 모델은 친환경 제품에 인증을 부여하거나, 환경 보호 활동에 혜택을 제공하여 소비자의 지속가능한 행동을 유도한다.

이러한 모델들은 자원 절약과 환경 보호는 물론, 소비자 신뢰 확보와 기업의 지속가능성 강화에 효과적이다.

〈표 8-6〉 친환경 서비스모델 유형과 효과

서비스모델 유형	핵심 특징	대표 사례	기대 효과
순환 경제 모델	자원 재사용·재활용 중심	리퍼비시 제품 판매, 수리 서비스	자원 절약, 환경 보호
렌탈 서비스모델	소유 대신 대여 방식	의류·가전제품 렌탈	비용 절감, 수익 지속성
친환경 인증 및 인센티브 모델	인증 부여, 행동 변화 유도	에코라벨, 재활용 포인트	신뢰 확보, 소비자 교육

처음부터 끝까지 환경을 생각하는 스킨푸드
잘 버렸습니다
Campaign
why 캠페인을 왜 시작했는지?
when 언제부터 시작했는지?
먹지 마세요, 피부에 양보하세요
스킨푸드 슬로건처럼
'건강한 푸드가 피부에 좋다'라는
근본적인 답에서부터 출발했습니다.
건강한 푸드가 자라기 위해서는
환경적인 요소들이 중요해요!
'누구나 손쉽게 실천할 수 있는
행동이 무엇이 있을까?'라는
아이디어에서 시작했습니다.
누구나 쉽게, 환경에 도움이 되도록
다 쓴 화장품 용기를 올바르게 버리는
'잘 버렸습니다 캠페인'을
시작하게 되었어요!
1
올바른 분리배출 캠페인
스킨푸드 제품 용기 "잘 버리는 방법"을 알려드립니다.
홈페이지의 제품 상세페이지 하단에서
"잘 버리는 법"을 안내해 드리고 있습니다.

2
비닐이 없는 배송 박스
스킨푸드 공식몰에서 주문하신 제품은
100% 재활용이 가능한 종이 포장박스로 배송됩니다.
테이프가 없는 박스
종이봉투
종이 완충제
날개 박스로
테이프 없이 고정 가능
테이프 뜯는 작업이 필요 없어요!
테이프를 사용하지 않는 택배 박스
지구를 생각하는 스킨푸드의
또 다른 흔적도 발견할 수 있어요!
MIX
Packaging
FSC
PRINTED WITH
SOY INK
FSC 인증 지류
식물성 콩기름 인쇄

참고문헌

〈단행본〉

알렌산더 오스터왈더·예스 피그누어·유효상 옮김(2023), 비즈니스모델의 탄생, 비즈니스 북스.

박철주(2020), 스타트업 창업을 위한 사업계획서 완전정복, 형설출판사.

Lindecrantz, E., Gi, M., & Zerbi, S. (2020), Personalizing the customer experience: Driving differentiation in retail, McKinsey & Company.

〈학위 및 학술 논문〉

라준영(2020), 구독경제와 미술작품의 서비스화: 오픈갤러리 사례, 서비스경영학회지, 21(3), 227−252.

진희수·이동원(2022), 디지털전환 기반의 숙박예약 서비스 경쟁우위전략: 사례연구, 한국산업정보학회논문지, 27(1), 93−109.

진희수·이동원(2022), 디지털 헬스케어 시대의 개인화 서비스 전략. 보건산업연구, 9(2), 89−103.

황혜미·이돈희(2022), 지속적인 고객가치 창출을 위한 통합 지원서비스 모델 프레임워 개발, 서비스경영학회지, 23(3), 101−128.

Chen, J., Zhang, C., & Xu, Y. (2021), Subscription−based business models: Benefits, challenges, and the role of digital platforms, Journal of Business Research, 134, 576−585.

Chen, M., Hu, Q., & Wei, H. (2017), Interaction of after−sales service provider and contract type in a supply chain, International Journal of Production Economics, 193, 514−527.

Dholakia, U. M. (2020), The psychology of subscription: Why consumers subscribe and what businesses can do about it, Journal of Consumer Behavior, 19(4), 341−353.

Lemon, K. N. (2016), Interactive and personal: Tailoring marketing in the digital era, Journal of Marketing, 80(6), 36−46.

〈기타〉

국립재활원(2014), 재활의료기관 방문재활사업

매일경제, 수익모델 혁신 나선 기업들 “우린 돈 버는 방법이 달라”, 2018년 2월 2일자.

보건산업진흥원(2020), 비대면 헬스케어 서비스 사례 분석 보고서.

McKinsey & Company (2021), Sustainability in Services: A Growth Opportunity.

Nunes, P. & Kambil, A. (2001), Personalization? no thanks, Harvard Business Review, 79(4), 32–33.

Orendorff, A. (2018), Ecommerce Loyalty Programs: 25 Strategies Backed by 36 Examples and Over 100 Results & Stats, Shopify. https://www.shopify.com

CHAPTER 9

NSD를 위한 조직문화

무신사, '무신사다운' 조직문화 강화 … 자율·몰입 중심 근무환경 조성

온라인 패션 플랫폼 무신사가 빠른 성장 속도에 발맞춰, 임직원이 몰입할 수 있는 '무신사다운' 조직 문화 정비에 나선다. 우선 오는 5월 1일부터 하이브리드 근무제를 도입해 본질에 집중할 수 있는 근무 환경을 마련한다. 재택근무는 주 2회를 기본으로 하되, 부서별 자율에 따라 조정할 수 있도록 했다.

자율 출근제도 확대된다. 오전 8시부터 11시 사이 원하는 시간에 출근한 뒤 점심시간을 제외하고 8시간 근무 후 퇴근하는 방식으로, 재택근무 시에도 동일하게 적용된다.

몰입한 만큼 충분한 휴식을 제공하는 복지제도도 새롭게 마련됐다. 대표적으로 매월 마지막 주 금요일은 4시간만 근무하는 '얼리 프라이데이' 제도가 도입된다. 더불어 임직원의 정신적·심리적 안정 지원을 위한 멘탈 헬스케어 서비스도 운영을 시작한다.

5월부터는 임직원과 그 가족을 대상으로 하는 단체상해보험도 시행된다. 본인뿐 아니라 배우자, 자녀까지 주요 질병, 수술비, 상해 입원 등을 기본 보장하며, 실손의료비나 치과치료 보장 중 하나를 추가 선택할 수 있다.

또한 '선택적 복리후생 제도'를 도입해 연간 350만원 한도 내에서 임직원이 원하는 항목을 자유롭게 구성할 수 있도록 했다. 선택 가능한 항목에는 자기계발, 도서구입, 운동, 문화 활동, 육아지원 등이 포함된다.

무신사는 이번 인사제도 개편이 임직원의 자율성과 성장 동기를 높이는 한편, 일과 삶의 균형을 지원하는 환경이 될 것으로 기대하고 있다. 앞서 지난 3월 21~22일에는 무신사, 스타일쉐어, 29CM 전 직원 대상의 인사제도 설명회도 진행됐다.

김나래 무신사 HR실장은 "이번 제도 변화는 임직원이 업무에 몰입하며 회사와 함께 성장할 수 있는 무신사만의 일하는 방식을 구축하는 첫걸음"이라며, "앞으로도 우수 인재 확보와 임직원 성장을 위한 투자에 아낌없이 나설 것"이라고 밝혔다.

출처: 무신사 뉴스룸(2022. 4. 25), https://newsroom.musinsa.com

01 혁신을 촉진하는 조직

1.1 NSD와 NPD수행 조직의 차이

신서비스개발(New Service Development, NSD)은 기업이 수행하는 다양한 활동 중 하나로, 직원들의 창의적인 아이디어를 바탕으로 고품질의 상품과 서비스를 지속적으로 창출하기 위한 전반적인 서비스개발 프로세스를 의미한다. 신서비스개발의 성공은 치열한 경쟁을 피하고 고객의 복잡하고 다양한 요구를 선제적으로 수용하기 위한 핵심 전략으로 작용하며, 궁극적으로는 상품 및 서비스의 차별성과 우월성 확보에 필수적이다(윤용보, 2015).

이상기와 김보영(2015)은 신서비스개발(NSD)과 신제품개발(NPD)의 차이점을 정리하면서, 두 활동이 시장 경쟁력, 기업 전략, 자원의 적합성, 혁신 문화 및 관리 방식 등 다양한 측면에서 서로 다른 특성이 있음을 <표 9-1>에 제시하였다.

예를 들어, 하나은행이 개발한 모바일 지갑 서비스는 기존 금융 플랫폼을 기반으로 선략을 수립하고, 높은 자원 활용도를 통해 효율적인 서비스 개발을 이뤘다. 또한, 고객 접점에서의 실무 경험과 피드백을 중요시하는 혁신 지향적 조직문화와 관리 방식이 적용되었다. 특히 신서비스개발의 주요 장애요인으로는 관료주의적 관리체계가 지적되었다. 이는 신속한 의사결정과 실험 기반 실행이 요구되는 서비스 혁신 과정에서 큰 걸림돌이 될 수 있음을 시사한다.

신서비스개발을 성공적으로 수행하기 위해서는 시장, 기업, 개발 프로세스의 요인이 복합적으로 작용하지만, 그중에서도 기업 요인, 특히 혁신 문화와 관리 시스템의 역할이 핵심적이다. 최근에는 관료주의적 조직문화를 탈피하고자 하는 다양한 노력이 지속적으로 시도되고 있으며, 이는 신속하고 유연한 서비스 혁신을 가능하게 하는 기반으로 주목받고 있다.

〈표 9-1〉 신서비스개발(NSD)과 신제품개발(NPD)의 차이

구 분	항 목	신서비스개발	신제품개발
시장요인	시장 경쟁력	개발 기간은 짧지만 모방으로 인한 진입장벽이 낮다	진입장벽이 보다 높다
	시장 잠재력	점진적인 혁신이 고객의 요구를 파악할 통찰력과 고객이 적응할 기회가 더 부여된다.	혁신성이 높을수록 경쟁력을 가질 가능성이 높다
기업요인	전략 및 자원적합도	기존 플랫폼을 기초로 한 전략을 사용함으로써 높은 자원적합도를 이용하는 것이 경쟁우위를 가진다	장기적인 전략 차원에서의 제품개발을 함으로써 연속적 경쟁우위를 가질 수 있다
	혁신문화 및 관리	전방직원의 역할이 크게 작용하고, 관료주의적인 관리체계가 문제이다	전방직원과 후방직원의 관계가 비교적 원활하다.
개발 프로세스 요인	공식적 평가 및 설계	명백한 목적과 설계 시 고객의 참여가 필요하다	NSD보다는 공식적 평가와 설계를 사용한다.
	공식적 시험 및 출시	무형성으로	유형성으로

출처: 이상기·김보영(2015), 스마트폰뱅킹 활성화를 위한 모바일 지갑 서비스 개발: 하나은행 N Wallet 사례를 중심으로, Korea Business Review, 19(1), 157-182.

1.2 조직운영의 주요 가치

기업 내부에서 구성원 개인 또는 소집단이 자발적으로 새로운 아이디어를 창출하고, 조직 내 변화와 혁신을 주도하는 사내 기업가정신(Intrapreneurship)의 중요성이 부각되고 있다. 동시에, 고객에게 최고의 가치를 제공하는 데 초점을 맞춘 고객지향적 조직문화(Customer-Oriented Culture)의 필요성 역시 강조되고 있다(윤용보, 2015).

윤용보(2015)는 사내 기업가정신의 구성요소를 요인 분석한 결과, 이를 진취성, 혁신성, 위험 감수성의 세 가지 차원으로 제시하였다. 예를 들어 호텔 산업을 대상으로 한 연구에서는, 직원들이 사내 기업가정신을 높게 인식할수록

고객지향성과 신서비스개발 수준이 유의미하게 향상되는 경향이 나타났다. 더불어 고객지향성과 신서비스개발 간의 관계 분석을 통해 두 변수 간 인과관계가 존재함을 확인하였다.

〈사내 기업가정신의 3가지 구성요소〉

- 진취성은 경쟁사보다 앞서 신기술이나 신서비스를 도입하여 시장 선점 및 경쟁우위 확보를 추구하는 성향이다.
- 혁신성은 R&D 능력과 기술적 리더십을 바탕으로 지속적인 서비스 혁신을 가능하게 하는 기업의 성향을 의미한다.
- 위험 감수성은 불확실한 환경 속에서도 새로운 기회를 포착하고 과감한 결단을 내릴 수 있는 역량을 나타낸다(박진옥·김원식, 2014).

혁신성이 높은 기업일수록 공식적인 신서비스개발 프로세스와 전략이 명확히 존재하며, 이를 지원하기 위한 재정적·인적 자원이 충분히 확보되어 있다. 또한, 서비스개발 과정을 체계적으로 관리하고 피드백을 반영할 수 있는 제도적 장치가 마련되어 있어, 혁신이 일회성에 그치지 않고 조직 내에 내재화될 수 있다(박진옥·김원식, 2014).

새로운 서비스를 개발하는 조직의 성공적인 운영을 위해서는 진취성, 혁신성, 위험 감수성 외에 고객지향적인 문화구축이 필요하다. 고객지향성은 기업의 혁신 역량을 강화하고 신서비스개발을 촉진하는 중요한 요인으로 작용한다. 고객의 니즈를 정확하게 파악하고, 상품 및 서비스에 대한 평가를 분석하며, 경쟁사의 차별화 전략을 모니터링하는 일련의 과정은 고객지향적 조직문화를 정착시키는 데 필수적이다. 이를 통해 고객 중심의 혁신 서비스를 창출할 수 있다(김태구, 2014).

고객지향적인 조직문화는 단순한 서비스 태도를 넘어, 조직의 자원 활용 방식, 비즈니스 수행 방식, 구성원 간의 상호작용 등 조직의 핵심 가치 전반에 영향을 미치는 요소이다. 서비스 문화의 정착은 운영 비전과 전략 수립에 영향을 미치며, 궁극적으로 조직의 운영 효과성과 지속가능성을 높이는 기반이 된다(성백서 외, 2023).

관광호텔을 중심으로 한 실증 연구에 따르면, 신서비스개발은 서비스 품질 향상과 경쟁력 확보는 물론, 재무성과 개선에도 긍정적인 영향을 미치는 것으로 확인되었다. 특히 서비스 기술과 절차의 품질 향상을 통해 경쟁우위를 달성하기 위해서는 목표 고객의 변화하는 요구에 대응하는 상품 믹스 개선이 이뤄져야 한다(김태구, 2014).

1.3 의사결정의 공정성

구성원의 조직에 대한 충성도와 몰입도를 높이기 위해서는 조직 내 의사결정의 투명성과 공정성이 전제되어야 한다. <표 9-2>에 나타난 바와 같이, 의사결정의 공정성은 분배적(Distributive), 절차적(Procedural), 상호작용적(Interactional) 공정성으로 구분된다.

특히 상호작용 공정성은 정보적 정의(Informational Justice: 결정에 대한 충분한 정보 제공)와 대인관계적 정의(Interpersonal Justice: 직원에 대한 존중과 배려)를 포함하며, 이는 구성원의 신뢰 형성과 조직 몰입에 결정적인 영향을 미친다.

〈표 9-2〉 조직 의사결정의 공정성 3가지 유형

구 분	내 용
분배적 공정성 (Distributive Justice)	• 조직에서 제공하는 보상(급여, 승진, 인센티브 등)이 직원의 기여도에 따라 공정하게 배분되는 정도 • 성과에 따른 보상이 적정하다고 판단할 경우, 직원들은 조직을 더 신뢰하고 업무에 몰입할 수 있음
절차적 공정성 (Procedural Justice)	• 의사결정 과정에서 일관되고 투명하게 이루어지는지에 대한 평가 • 직원들이 의사결정 과정에 참여할 기회가 있거나, 결정 과정이 명확하게 공개될 때 직원들은 조직에 대한 신뢰가 상승함
상호작용적 공정성 (Interactional Justice)	• 조직이 직원들과 정보를 공유하고, 의사결정 과정에서 직원들의 의견을 존중하는 방식임 • 정보적 정의(Informational Justice): 주요 결정에 대해 직원들에게 중요한 정보를 제공하는 것 • 대인관계적 정의(Interpersonal Justice): 직원들을 존중하고 배려하며, 공정하고 정중하게 대하는 것

나아가, 조직의 전반적인 의사결정이 공정하고 투명하게 이루어지며, 직원들이 존중과 배려 속에서 대우받고, 의사결정의 과정과 결과가 명확히 설명될 때, 직원들은 조직에 대한 신뢰와 심리적 안정감을 형성하게 된다. 이러한 조직 환경은 구성원들이 자신의 가치와 역량을 충분히 발휘할 수 있도록 하며, 개인의 유능성 욕구 충족과 더불어 상사 및 동료들과의 긍정적인 상호작용을 통한 관계 욕구 또한 만족시킨다.

이처럼 공정성과 배려가 조화된 조직문화는 직원들의 내재적 동기부여를 촉진하며, 결과적으로 고객에게 더 높은 수준의 서비스를 자발적으로 제공하려는 태도로 이어진다(조민정, 2024). 이는 고객경험의 질을 향상시키고, 장기적으로는 신서비스개발과 조직 성과에 긍정적인 영향을 미치게 된다.

02 조직의 핵심 역량

2.1 인적자원 역량

신서비스개발의 성패는 구성원 간의 협업 역량과 팀워크에 달려 있다. 고객 중심의 서비스 개선과 새로운 서비스 창출을 효과적으로 수행하기 위해서는 유연하고 창의적인 협업 환경이 조성되어야 하며, 각 구성원이 자신의 역할과 책임을 명확히 이해하고 목표를 향해 효율적으로 협력하는 팀워크가 필수적이다(멘토즈 블로그).

서비스 산업은 고객의 요구가 빠르게 변화하는 특성을 보이므로, 변화에 신속히 대응할 수 있는 다부서 간 협업 체계가 필요하다. 예컨대 항공사의 기내 서비스 개선 사례에서처럼, 승무원, 고객센터, 마케팅팀, 기내식 서비스팀, 정비팀 등이 유기적으로 협력하여 고객의 피드백을 수집·분석하고, 브랜드 전략에 부합하는 서비스 개선안을 실행함으로써 전체 고객경험의 질을 높일 수 있다.

최근 신서비스개발은 단순한 서비스 확장을 넘어, 디지털 기술, 인공지능(AI), 고객 감성 및 행동 분석 등 다양한 요소를 융합하여 고객 중심의 혁신적

해결책을 제시하는 방향으로 진화하고 있다. 이러한 융합적 접근은 부서 간의 경계를 허물고 정보 공유와 유기적 협업을 활성화할 때 비로소 가능하다.

이와 관련하여 Melton and Hartline(2013)은 신서비스개발의 성과와 효율성은 구성원 간의 협력 및 지식 학습 정도에 따라 크게 달라진다고 강조하였다. 직원들의 학습 지향성은 신서비스개발에 대한 동기부여와 집중력을 높이며, 이는 조직의 성과 향상에 유의미한 영향을 미친다.

또한 윤용보(2015)는 조직 관리자들이 구성원에게 시장과 고객에 대한 정보를 공유하고, 자율성과 진취성을 장려하는 환경을 조성해야 함을 강조하였다. 특히 신서비스개발 초기에는 시행착오가 불가피하므로, 실패를 학습의 기회로 받아들이는 관용적 분위기의 조성이 중요하다. 동시에, 협업이 효과적으로 이뤄지기 위해서는 원활한 의사소통을 위한 공식 채널과 협력 기반의 조직문화가 필요하다.

박진옥과 김원식(2014)의 연구에 따르면, 신서비스개발의 효과성을 극대화하기 위해서는 경영진과 관리자, 고객 접점 직원 간의 긴밀한 협력이 필수적이다. 이를 위해 기업은 공식적인 신서비스개발 프로세스를 구축하고, 충분한 재정적·인적 자원을 확보해야 한다. 특히 신서비스개발 및 혁신 경험과 역량을 자격을 갖춘 인재의 부족은 혁신의 큰 장애 요소가 될 수 있다.

이에 따라, 기업 관리자들이 수행해야 할 주요 역할은 다음과 같다.

① 정보 공유 및 시장 지식 획득
고객과 경쟁사에 대한 데이터를 분석하고 공유하며, 트렌드 변화에 민첩하게 대응할 수 있는 기반을 마련한다.

② 자율성과 창의성 장려
구성원이 새로운 아이디어를 자유롭게 제안할 수 있도록 지원하고, 수평적인 조직문화를 통해 혁신적 사고를 장려한다.
예: 구글의 '20% 룰' – 직원이 업무 시간의 20%를 개인 프로젝트에 투자하도록 허용.
실패를 용인하는 관용적 조직 분위기 조성

③ 신서비스개발 과정에서의 실패를 학습의 기회로 전환하는 조직문화를 조성한다.
예: 아마존의 'Day 1' 철학 – 항상 스타트업처럼 도전하고 실험하는 자세

④ 부서 간 협업 촉진 및 소통 채널 구축
다양한 부서 간 협업을 체계적으로 촉진하고, 공식적인 커뮤니케이션 채널을 통해 정보의 흐름을 원활하게 유지한다.

2.2 직원경험 기반의 인적자원 관리

Josh Plaskoff(2017)는 혁신과 급격한 시장 변화에 대응하기 위해, 조직이 직원의 다양한 경험을 중심에 둔 인적자원관리(HRM) 전략을 구축해야 한다고 주장하였다. 그는 기존의 상명하달식 HRM 방식에서 벗어나, 직원들이 인적자원관리 프로세스에 직접 참여하고, 채용 전부터 퇴직 후까지의 경험 전반을 설계하는 방식이 중요하다고 강조했다.

Plaskoff는 직원 경험(Employee Experience)을 다음의 세 단계로 구분하여 채용 전-중-후의 전 주기적 관리가 필요하다고 설명하였다.

① 사전 단계: 지원자 조사, 관심사항 탐색
② 진입 및 성장 단계: 온보딩(Onboarding), 성과관리 및 경력개발
③ 지속적 관계 단계: 퇴직자와의 관계 유지, 재고용(Re-employment) 기회 제공

온보딩(onboarding) 또는 조직 사회화(organizational socialization)는 신입직원이 효과적인 조직 구성원 및 내부자가 되기 위해 필요한 지식, 기술 및 행동을 습득하는 메커니즘을 가리키는 미국 용어이다. 표준 영어에서는 이를 "induction"(인덕션)이라고 한다. 미국에서는 직원의 최대 25%가 온보딩 프로세스에 참여하는 조직의 신규 직원이다.

이 프로세스에서 사용되는 전술에는 직원이 참여하는 조직의 운영과 문화를 개략적으로 설명하는 공식 회의, 강의, 비디오, 인쇄물 또는 컴퓨터 기반 오리엔테이션이 포함된다.

연구에 따르면 온보딩 프로세스는 직원 유지를 강화하고 생산성을 향상하며 긍정적인 조직 문화를 육성하는 데 중요하다. 온보딩과 같은 사회화 기술은 신입사원에게 긍정적인 결과를 가져온다. 여기에는 더 높은 직업 만족도, 더 나은 직업 성과, 더 큰 조직적 헌신, 직업적 스트레스 및 퇴직 의도 감소 등이 포함된다. "온보딩"이라는 용어는 1970년대에 만들어진 경영학 특수용어이다.

출처: 위키백과

또한 그는, 직원 경험 설계(Employee Experience Design)를 위한 다음의 6가지 핵심 원칙을 제시하였다.

〈표 9-3〉 직원경험관리 6가지 원칙

구 분	내 용
직원에 대한 깊은 이해	직원들을 이해하기 위해서는 깊이 있는 대화를 하여 직원들의 인식, 직원들의 업무 과정에서의 중요한 접점을 파악하고, 직원들을 프로세스에 참여시켜야 함. 조직 내 직원들의 상황에 대한 공감을 불러일으키는 것이 중요함
포괄적이고 통합적인 사고	직원들이 직장생활(employee journey)을 하는 단계마다 그들의 감정과 생각, 긍정적 및 부정적 경험에 영향을 미치는 상호의존성을 철저히 파악해야 함
직원 요구의 시각화	직장생활 각 단계에서 보고, 생각하고, 사용하거나 느끼는 것과 개선의 기회를 시각적으로 묘사하는 것임. 직원의 입장에서 생각하고 느끼는 것에 대한 '공감 맵핑'이 필요함
적극적 직원 참여	조직 전반의 다양한 관점과 전문지식을 통합하여 보다 견고한 솔루션을 만들고, 변화에 대한 저항을 줄이며, 주인의식, 능동적인 참여와 헌신을 유도함
솔루션 개발을 위한 반복과 실험	한 번에 한 개의 설계가 완성되는 것이 아니라 반복적인 시행으로 적합한 솔루션을 도출해야 함. 유연하고, 적응력이 뛰어나며, 조직과 직원의 요구를 반영할 수 있는 솔루션 수립이 필요함
직원 경험 개발 프로세스에 대한 신뢰	직원 경험을 개발하는 과정은 긍정적이고 낙관적인 과정이어야 함. 직원 경험디자인 프로세스는 리서치－정의－아이디어 개발－프로토타입－적용 5단계로 운영함

새로운 조직 환경에서는 인적자원에 대한 새로운 사고방식과 접근 방식이 요구되고 있다. 특히, 경험경제(Experience Economy) 시대의 업무 참여는 단순한 직무 수행을 넘어, 직원이 조직과 맺는 전반적인 경험에서 비롯된다.

이러한 변화 속에서 조직은 다양한 세대의 시각을 반영하여 직원 경험을 설계하고, 직원 개개인의 기대와 가치에 부합하는 경험을 제공해야 한다. 단순히 직원들을 '기업의 자원'으로 보는 관점을 넘어, 목적을 가지고 학습하며 성장하는 '경험하는 주체'로 인식하는 전환이 필요하다.

결국, 조직의 지속가능한 성장은 직원들의 경험을 존중하고, 그들이 조직의 일원으로서 의미를 느끼며 몰입할 수 있도록 지원하는 것에서 출발해야 할 것이다.

03 NSD 수행조직 특성과 유형

3.1 NSD 조직구조의 특성

신서비스개발(NSD, New Service Development)과 혁신 역량은 오늘날 대부분의 산업 분야에서 기업의 경쟁우위 확보 및 경제성장의 핵심 원천으로 간주된다. 다수의 연구에서는 NSD의 성공 요인으로 조직구조의 중요성을 강조하고 있으며, 이는 조직 내 인력 배치와 업무 설계 방식에 따라 신서비스개발 성과가 달라질 수 있음을 시사한다(Menor et al., 2002; Johne & Storey, 1998).

신서비스개발이 효과적으로 이루어지기 위해서는 조직구조의 주요 특성인 전문화, 표준화, 형식화, 중앙집중화가 적절히 조화를 이루어야 한다. 이러한 구조적 특성은 서비스 혁신의 성과와 효율성에 직결되는 중요한 요소이다. 다음은 각 조직구조 특성과 신서비스개발 간의 관계를 정리한 내용이다.

① 전문화(Specialization)와 신서비스개발

전문화는 조직 내 부서 및 구성원이 특정 업무에 특화되어 있는 정도를 의미한다. 이는 전문 분야의 수, 역할의 세분화 정도, 직원들이 자신의 분야에서만 전문가로 기대되는 정도로 나타난다.

높은 전문화는 기술 축적과 역량 강화를 통해 기술적 혁신과 서비스 개선을 가능하게 한다. 그러나 부서 간 협업이 약화될 수 있으며, 혁신적인 신서비스 창출에 장애 요인이 될 수 있다.

예를 들어, R&D, 디자인, 마케팅 등 여러 부서의 협업이 필요한 신서비스개발에서는 지나친 전문화가 의사소통의 비효율로 이어질 수 있다. 따라서 신서비스개발을 위해서는 전문성과 함께 부서 간 협업을 촉진할 수 있는 구조적 장치(예: TF조직, Cross-functional Team 등)가 필요하다.

② 표준화(Standardization)와 신서비스개발

표준화는 업무 절차가 반복될 때 동일한 방식으로 수행되도록 정형화하는 것을 의미한다. 이에 따라 작업의 규칙성, 명확한 역할 정의, 자격 요건, 성과 측정 기준 등이 제시된다.

표준화는 서비스의 일관성을 유지하고 개발 과정의 효율성을 높이는 데 기여한다. 하지만 지나친 표준화는 창의성을 억제하고, 새로운 아이디어의 도출을 방해할 수 있다.

예컨대 호텔이나 병원과 같은 서비스 업종에서는 표준화된 프로세스가 서비스 품질 유지에 필수적이지만, 동시에 신속한 혁신이 필요한 경우에는 유연한 대응이 어려울 수 있다. 따라서 기본적인 표준화는 유지하되, 혁신을 위한 유연성 확보가 병행되어야 한다.

③ 형식화(Formalization)와 신서비스개발

형식화는 업무 수행 방식, 규정, 절차 등이 문서화되어 체계화된 정도를 의미한다. 높은 형식화 수준은 서비스 개발 과정에서의 오류를 줄이고, 일관된 품질 관리를 가능하게 한다.

그러나 지나치게 형식화된 환경은 창의적인 사고와 실험적 접근을 제한할 수 있다. 예를 들어, 스타트업이나 IT 기업은 낮은 형식화로 높은 유연성을 갖는 반면, 금융기관이나 공공기관은 높은 형식화로 안정성과 신뢰성을 확보한다.

신서비스개발에서는 핵심 프로세스를 체계적으로 관리하되, 창의적인 아이디어가 자유롭게 나올 수 있도록 유연하고 개방적인 조직 문화를 조성하는 것이 필요하다.

④ 중앙집중화(Centralization)와 신서비스개발

중앙집중화는 조직의 의사결정 권한이 상위 계층에 집중되어 있는 정도를 의미한다. 이는 직원의 자율성과 의사결정 참여 정도를 제한할 수 있으며, 상사의 승인이나 직접적인 감독이 필요한 구조이다.

높은 중앙집중화는 전략적 방향 유지나 리스크 관리에는 효과적일 수 있지만, 의사결정이 느려져 신속한 혁신이 어려워질 수 있다.

예컨대 대기업은 중앙집중화된 의사결정 구조로 인해 신서비스 출시가 지연될 수 있으며, 스타트업은 분권화된 구조 덕분에 빠른 의사결정이 가능하다. 따라서 신속한 서비스 혁신을 위해서는 일정 수준의 분권화를 통해 현장의 의견을 반영할 수 있는 체계 구축이 중요하다.

<표 9-4>는 신서비스개발을 위한 조직구조 특성을 요약하였다. 신서비스개발을 성공적으로 수행하기 위해서는 조직구조를 창의성과 혁신을 촉진하는 방향으로 설계해야 한다.

전문화는 필수적이나, 부서 간 협업을 위한 구조적 장치가 필요하다. 표준화와 형식화는 서비스 품질 유지를 위한 기본 장치로 활용하되 창의성을 해치지 않도록 유연성이 보장되어야 한다. 중앙집중화보다는 현장의 자율성과 참여를 존중하는 분권화된 구조가 신속한 의사결정과 실행을 가능하게 한다.

〈표 9-4〉 신서비스개발을 위한 조직구조 특성

조직구조 특성	정 의	신서비스개발에의 영향	주의할 점/보완방안
전문화 (Specialization)	업무가 세분화되어 각기 다른 부서나 직원이 특정 분야에 특화	기술혁신 용이, 서비스 품질 제고	협업 약화 가능성→Cross-functional Team, TF 구성 필요
표준화 (Standardization)	업무 수행 절차 및 결과가 정해진 방식에 따라 반복	효율성 증대, 일관된 서비스 제공	창의성 저해→유연성 확보 필요(예: 프로토타이핑 단계 자유 보장)
형식화 (Formalization)	업무 절차 및 규칙이 문서화된 정도	실수 방지, 품질 관리에 효과	실험적 시도 제한→창의적 아이디어 수용 문화 병행
중앙집중화 (Centralization)	의사결정 권한이 조직 상위 계층에 집중	리스크 관리, 전략 정렬 용이	현장 의사 반영 어려움→부분적 분권화 필요(현장 의견 수렴 채널 구축)

3.2 NSD 조직구성의 유형

아직까지 신서비스개발(NSD) 조직의 특성이나 구성 유형에 대한 구체적인 국내 연구 자료는 많지 않다. 이는 신서비스개발 과정에서 특정한 조직 유형이 다른 유형에 비해 서비스 개발에 더 효과적이라고 단정 짓기 어렵기 때문이다. 서비스개발은 기업의 전략, 산업 특성, 조직 문화 등 다양한 요소에 영향을 받기 때문에, 어떤 조직 형태가 가장 적합한지에 대한 실증적 분석이 제한적일 수밖에 없다. 따라서 향후에는 국내 기업 사례를 바탕으로 한 보다 체계적인 연구가 요구된다.

정상철과 김명숙(2006)은 국내 여행산업을 대상으로 신서비스개발(NSD)의 성공 요인을 연구하였다. 이들은 기업이 하나의 신서비스를 창출하기 위해서는 팀 구성원들이 관련 지식을 내재하고 있어야 하며, 이러한 지식을 통합할 수 있는 공식적인 조직 구조, 즉 다기능팀(cross-functional team)의 필요성을 강조하였다.

특히, 부서 간 통합된 형태의 다기능팀은 신서비스개발의 핵심 요소로 작용하며, 정보기술(IT)에 대한 경험 수준은 신서비스의개발 속도와 효과성에 긍정적인 영향을 미친다고 보았다. 또한 IT는 부서 간 원활한 의사소통을 가능하게 하여, 신서비스 창출의 촉진제 역할을 한다고 분석하였다.

따라서 서비스 기업들은 신서비스개발 시, 다기능팀 구성과 부서 간의 효과적인 커뮤니케이션 체계 구축이 중요하며, 정보기술을 전략적으로 활용함으로써 보다 신속하고 효과적인 서비스 혁신이 가능함을 시사한다.

Elina Jaakkola와 Anette Hallin(2018)은 지식집약적 비즈니스 서비스(Knowledge-Intensive Business Services, KIBS)를 제공하는 9개 기업(소기업, 중소기업, 대기업 각 3개)을 대상으로 신서비스개발(NSD) 조직의 구성 방식에 대한 다중 사례 비교 연구를 수행하였다. 이 연구는 서로 다른 조직 형태를 비교함으로써, NSD에 적합한 조직 구조 유형을 도출하고자 하였다.

연구 결과, 기업의 규모, 산업 특성, 전략적 방향에 따라 NSD 조직의 구조가 달라지며, 이는 신서비스개발의 효율성, 창의성, 협업 수준에 영향을 미치는 것으로 나타났다. Jaakkola와 Hallin은 NSD 수행을 위한 조직구조를 다음의 네 가지로 분류하였다:

〈표 9-5〉 신서비스개발을 위한 4가지 조직 배열(structural configurations)

구 분	내 용
기능 중심 조직 (Function-Based NSD)	• 신서비스개발이 기존 조직 내 특정 기능 부서에서 수행됨 • 연구개발(R&D)팀, 마케팅팀, 서비스 운영팀 등이 NSD를 담당 • 장점: 조직 내 전문성을 활용하여 안정적이고 체계적인 서비스 개발 가능 • 단점: 획일적인 접근으로 혁신성이 다소 낮을 수 있음
프로젝트 중심 조직 (Project-Based NSD)	• 특정 신서비스개발을 위해 전담 프로젝트 팀을 구성 • 일정 기간 동안 운영된 후 프로젝트가 종료되면 해체됨 • 장점: 유연성과 창의성이 높고, 새로운 아이디어 도출에 유리 • 단점: 프로젝트 종료 후 지식이 조직 내에 축적되지 않을 위험
매트릭스 조직 (Matrix-Based NSD)	• 기능 부서와 프로젝트 팀이 동시에 운영되는 하이브리드 구조 • 여러 부서의 인력이 협업하며, 개발 과정에서 지속적인 피드백 반영 가능 • 장점: 혁신성과 안정성을 모두 확보할 수 있음 • 단점: 의사결정 과정이 복잡해지고 조정 비용이 증가할 가능성
네트워크 조직 (Network-Based NSD)	• 기업 내부뿐만 아니라 외부 파트너(스타트업, 연구기관, 고객 등)와 협력하여 신서비스개발 • 개방형 혁신(Open Innovation)을 활용하여 신속한 개발과 확장 가능 • 장점: 다양한 아이디어와 기술을 결합하여 차별화된 서비스 개발 가능 • 단점: 외부 협력에 의존하기 때문에 기업의 핵심 역량이 약화될 가능성

연구자들은 기능 중심 조직은 대기업에서 선호되며, 프로젝트 중심 조직은 중소기업에 적합하다고 설명하였다. 매트릭스 조직과 네트워크 조직은 혁신성과 협업이 핵심 경쟁력인 산업에서 높은 효과를 보였다.

또한 NSD의 성과를 높이기 위해서는 다음과 같은 조직적 요소가 중요하다고 강조했다.

- 조직 내부의 수평적 협업 촉진
- 외부 전문가 및 기업과의 네트워크 연계
- 실험과 도전을 장려하는 혁신 문화 조성

Jaakkola와 Hallin의 연구는 NSD 조직을 구성할 때 기업이 자신의 환경, 전략, 자원 수준에 맞는 적절한 모델을 선택해야 한다는 점을 시사하며, 기업의 지속가능한 서비스 혁신 전략 수립에 실질적인 가이드라인을 제공하고 있다.

참고문헌

〈단행본〉

성백서 · 권영훈 · 김대철 · 박진한 · 이인태(2023), 서비스운영관리, 한경사.

〈학위 및 학술 논문〉

김태구(2014), 관광호텔의 조직지향성이 기업혁신성, 신서비스개발과 성과에 미치는 영향, International Journal of Tourism and Hospitality Research, 28(3), 39－60.

박진옥 · 김원식(2014), 호텔기업의 기업가정신이 신서비스개발에 대한 경영진 의지와 프로세스 체계에 미치는 영향, 호텔관광연구, 16(3), 131－145.

윤용보(2015), 호텔기업 종사원의 사내기업가정신이 신서비스개발과 감성적 성과에 미치는 영향, 관광연구저널, 29(7), 149－164.

이상기 · 김보영(2015), 스마트폰뱅킹 활성화를 위한 모바일 지갑 서비스 개발: 하나은행 N Wallet 사례를 중심으로, Korea Business Review, 19(1), 157－182.

장상철 · 김명숙(2006), 국내 여행산업의 신서비스개발 성공요인, 經營論集, 第40卷1·2號, 307－334.

조민정(2024), 다양성, 형평성, 포용성(DEI)에 기반한 직원경험 향상에 관한 고찰, 고객만족경영연구, 25(4), 39－66.

Jaakkola, Elina & Hallin, Anette (2018), Organizational Structures for New Service Development, Journal of Product Innovation Management, 35(2), 280－297.

Johne, Axel & Storey, Chris (1998), "New Service Development: A Review of the Literature and Annotated Bibliography", European Journal of Marketing, Vol. 32, Iss. 3/4, 184.

Melton, Horace L. & Hartline, Michael D. (2013), Employee Collaboration, Learning Orientation, and New Service Development Performance, Journal of Service Research, 16(1), 67－81.

Menor, L. J., Tatikonda, M. V., & Sampson, S. E. (2002), New Service Development: Areas for Exploitation and Exploration, Journal of Operations Management, 20(2), 135-157.

Plaskoff, Josh (2017), Employee experience: the new human resource management approach, Strategic HR Review, 16(3), 136－141.

Tajeddini, Kayhan (2011), Customer Orientation, Learning Orientation, and New Service Development: An Empirical Investigation of the Swiss Hotel Industry,

Journal of Hospitality & Tourism Research, 35(4), 437–468.

〈기타〉

멘토즈 블로그, https://blog.naver.com/mentoz

CHAPTER 10

신서비스개발 사례연구

01 금융서비스 디지털화

1.1 하나은행 모바일지갑 서비스개발

오늘날 금융기업의 신서비스개발은 단순한 일회성 마케팅 효과를 넘어, 새로운 비즈니스 창출을 목표로 하고 있다. 이러한 관점에서 신서비스는 새로운 금융 거래 문화와 트렌드를 선도할 수 있어야 하며, 이를 위해 충분한 개발 투자와 조직적 지원이 필수적이다.

하나은행은 이러한 조건을 충족하며, 적극적인 리더십과 조직문화 조성, 체계적인 개발 프로세스 지원을 통해 성공적인 프로젝트를 이끈 사례로 주목받는다(이상기·김보영, 2015).

하나금융그룹은 2015년까지 아시아 기반의 글로벌 금융그룹으로 도약하는 것을 전략 목표로 삼았으며, 금융 파트너로서 고객 만족 추구, 비즈니스 파트너로서 주주 가치 극대화, 즐거운 직장으로서 직원 가치 창조, 금융 선도기업으로서 사회적 책임 실현이라는 네 가지 미션을 지향하고 있다.

이에 따라 하나은행은 2009년경부터 IT 기술을 바탕으로 재편되는 금융 환경을 선도하기 위해 스마트폰 뱅킹 서비스를 선제적으로 도입하였다. 그 결과, 2009년 12월 한국 최초의 스마트폰 금융 서비스인 '하나 N Bank'를 출시하였고, 이어 국내 금융사 최초로 개인 자산관리 애플리케이션 '하나 N Money'를 선보였다. 해당 앱은 출시 한 달 만에 20만 건의 다운로드를 기록하며 한국 앱스토어 금융 부문에서 선두를 차지했다.

또한 2010년 8월에는 국내 최초의 기업용 금융 애플리케이션 '하나 N CBS'를 출시하였다. 이 앱은 본·지점 간 자금 업무 및 결재권자가 외부에서도 스마트폰으로 자금 이동을 승인할 수 있도록 하는 기능 등, 기업 고객을 위한 특화된 서비스를 제공함으로써 하나은행의 스마트 금융 리더십을 더욱 강화했다.

2011년부터는 시장과 언론의 주목을 받던 NFC 기술과 모바일 지갑 서비스가 신용카드사 및 주요 금융기관의 스마트 서비스 중심축으로 부상하였다. 글로벌 시장에서는 구글이 신용카드 기반의 모바일 지갑 서비스를 파일럿 프로젝트 형태로 도입하고, Visa 및 Paypal 등도 모바일 결제(Mobile Payment) 시장에 적극적으로 진출하기 시작했다.

이와 같은 흐름 속에서 하나은행은 스마트 디바이스를 활용한 신사업 기회로 '계좌 기반 선불충전(Prepaid Card)' 시장에 주목하였고, 이에 발맞추어 2012년 2월 은행권 최초로 'N Wallet'을 출시하였다.

'N Wallet'은 기존 은행 서비스의 자행 고객 중심 구조를 넘어, 타행 고객까지 포괄할 수 있는 독립형 스마트 서비스로 개발되었다. 단순한 휴대폰 번호만으로 P2P(개인 간) 이체와 소액 결제를 가능하게 하였으며, 하나은행의 현금자동입출금기(ATM) 네트워크를 활용한 휴대폰 기반 현금 인출 기능도 제공한다.

또한 계좌 기반 서비스와 하나금융그룹(HFG)의 인프라를 활용하여, 통신사나 카드사의 모바일 지갑 서비스와 차별화를 시도하였다. 이를 통해 하나은행은 자사 서비스의 경쟁력을 강화하고, 국내외 주요 기업과의 제휴를 통해 시장 지배력을 더욱 확장하고자 하였다.

하나 N Wallet의 신서비스개발 성공 요인은 Menor와 Roth(2007)가 제시한 다섯 가지 관점에서 분석할 수 있다.

첫째, 개발 프로세스(Process) 측면이다. 하나은행은 2011년 하반기 기업 내부적으로 시장 트렌드를 조사한 결과, 비대면 뱅킹 채널의 진화와 고객의 다양한 금융 서비스 수요가 확대되고 있다는 사실을 확인하였다. 이에 따라 외부 전문 컨설팅 기관과의 협력을 통해 혁신적인 금융 서비스 개발을 위한 조사 프로젝트를 착수하였고, 체계적인 접근을 통해 새로운 서비스의 가능성을 모색하였다.

둘째, 시장 지향성(Market Orientation) 측면이다. 시장 조사 결과, 고객들은 복수의 채널을 통해 정보를 수집하고, 여러 은행과 유동적으로 거래 관계를 형성하는 경향이 강해지고 있었다. 이에 따라 고객의 능동적 참여와 양방향 소통의 중요성이 부각되었고, 하나은행은 '캐시닛 톡톡', '충전하기', '더치페이', '복불복 게임', '용돈 주기' 등의 참여형 기능을 도입하였다. 아울러 쿠폰과 상품권 구매 및 선물하기 기능을 통해 단순한 금융 서비스 이상의 재미와 소통을 제공하고자 하였다.

셋째, 서비스 전략 설계(Service Design Strategy) 측면이다. 하나 N Wallet은

선불 충전 방식으로 송금과 모바일 결제가 가능한 신개념 모바일 지갑 서비스로, 가입 조건에 큰 제약이 없어 누구나 쉽게 사용할 수 있도록 설계되었다. 이는 폭넓은 고객층의 접근성과 이용 편의성을 고려한 전략적 설계로, 다양한 잠재 고객의 니즈를 수용할 수 있는 기반을 마련하였다.

넷째, 서비스 개발 문화(Service Development Culture) 측면이다. 하나은행은 '스마트 기반 비즈니스를 통한 국내 금융 산업의 Top Leader'가 되겠다는 비전을 바탕으로, 은행장의 강력한 리더십 아래 다양한 시도를 추진하였다. 스마트폰 지급결제 모델의 확산, SNS와 연계된 소셜 커머스 판매, 기존 뱅킹 서비스의 감성적 리뉴얼, 스마트폰 중심의 멀티채널 연계 전략 등의 실행을 통해 스마트 금융 시대에 부합하는 서비스 문화를 조성하였다.

다섯째, 정보기술 활용(Use of Information Technology) 측면이다. 하나 N Wallet은 최신 정보기술의 최적 조합을 통해 [그림 10-1]과 같이 지급 결제 플랫폼을 구축하였다. 이를 통해 은행 계좌나 신용카드 없이도 스마트폰만으로 자금 이체, 온라인 결제, 나아가 해외 송금까지 가능한 서비스를 실현함으로써, 기술 기반의 혁신적인 금융서비스를 구현하였다(이상기 · 김보영, 2015).

[그림 10-1] 캐시넛 결제/충전 및 바코드 결제 화면

1.2 신한카드 고객세분화를 통한 맞춤형 서비스 개발

Sally는 신한카드의 빅데이터를 기반으로 고객의 소비 트렌드와 특성을 분석하여, 고객별로 최적화된 혜택을 추천하는 한국형 CLO(Card-Linked Offer) 서비스이다. 이는 고객이 예상하지 못했던 맞춤형 혜택을 제공하고자 하는 신한카드의 새로운 서비스 브랜드로, 고객 중심 가치 실현의 일환으로 기획되었다.

Sally는 홈페이지나 모바일을 통해 조회 또는 거래 시 자동으로 매칭되며, 고객은 단 한 번의 클릭만으로 해당 혜택을 자신의 카드에 손쉽게 탑재할 수 있다. 이후 Sally 가맹점에서 신한카드로 결제하면 자동으로 할인 혜택이 적용되며, 일부 혜택의 경우 쿠폰 등을 별도로 제시할 필요조차 없다.

신한카드는 고객 중심 서비스를 구현하기 위해 고객에 대한 명확한 정의를 바탕으로 체계적인 세분화 전략을 수립하였다. 이 전략은 [그림 10-2]와 같이 다음의 네 가지 방향성을 기준으로 설정되었다.

첫째, 카드사의 사업 목적은 거래 서비스와 대출 서비스로 구분되며, 고객의 요구 또한 '편의 추구'와 '금융 수요'로 나뉘기 때문에 신용카드 비즈니스의 특성을 반영한 세분화가 필요하다.

[그림 10-2] 신한카드의 고객세분회 방향

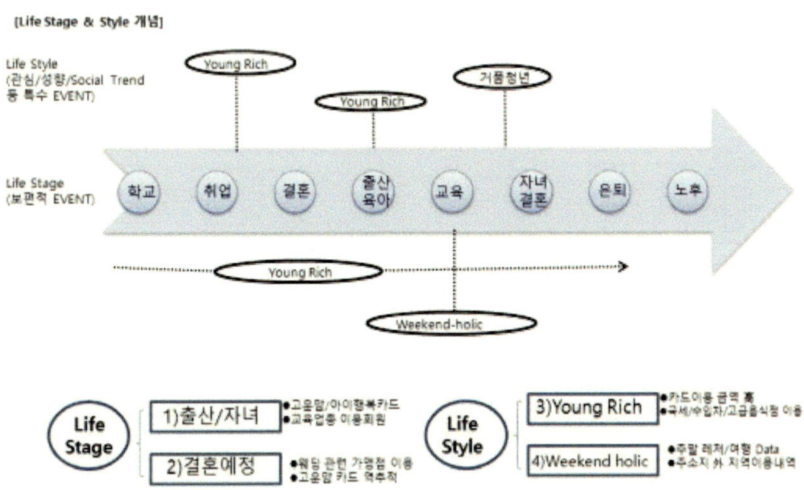

둘째, 고객가치는 카드사에 제공하는 수익으로 계량화할 수 있으나, 이를 내부 수익성에만 국한할 경우 고객이 지닌 잠재 가치와 본연의 가치를 간과하게 된다. 따라서 고객을 평가할 때는 수익성뿐만 아니라 고객 본연의 가치를 함께 고려하는 것이 바람직하다.

셋째, 고객군별로 차별화된 영업 전략을 수행하기 위해 통합 리스크 등급을 활용하여 고객을 세분화하고, 이에 따른 맞춤형 전략을 수립한다.

넷째, 고객 세분화는 실질적인 경영관리와 포트폴리오 관리를 위한 수단으로 활용되어야 하며, 이를 통해 전략 간 원활한 커뮤니케이션이 가능해져야 한다(이보라·서창적, 2015).

신한카드는 시장을 면밀히 분석한 후, 고객별 영업 전략과 마케팅 목표를 체계적으로 수립하기 위해 고객 맞춤형 카드 매칭 시스템을 전사적으로 확대하였다. 고객 개개인의 일상적인 이벤트를 기준으로 한 라이프스테이지(Life Stage), 개인의 관심사와 성향 및 특수 이벤트를 기준으로 한 라이프스타일(Life Style), 그리고 카드 이용 패턴을 종합적으로 고려하여 고객에게 최적화된 혜택을 제공하고 그 가치를 극대화하고자 하였다.

이에 따라 신한카드는 고객의 니즈별로 세분화된 패턴을 도출하여, <표 10-1>과 같이 회원 니즈 세그먼트 및 회원 특성 정보를 기반으로 한 최적 카드 추천 체계를 구축하였다. 이를 통해 고객 맞춤형 상품 제안이 가능해졌으며, 마케팅 효율성 또한 크게 제고되었다.

〈표 10-1〉 회원 니즈 세그먼트와 회원 특성 정보 활용을 통한 최적카드 제시

Life stage	Life Style	Card Usage Pattern	
		남 자	여 자
졸업/취업	문화형	활동적인 싱글 남성	신소비 싱글 여성
결 혼	레포츠형	열정적인 30대 남성	편리추구 초보 주부
출산/육아	외식형	변화추구 통큰 남성	선도적 소비 여성
교육(초~고등)	웰빙형	현실적 소비 남성	알뜰한 주부
교육(대학)	여행형	후원하는 아버지	가정적인 주부
자녀취직/결혼	오락/취미형	성공한 중년 남성	사교적인 중년 여성
노후생활(퇴직)	쇼핑형	생활형 장년 남성	웰빙 추구 여성

또한, [그림 10－3]에 제시된 것처럼 신한카드는 빅데이터 분석을 통해 유사한 소비 패턴을 보이는 고객군을 남성과 여성 각각 9개의 집단으로 세분화한 'Code 9' 시스템을 개발하였다.

'Code 9'은 다음과 같은 의미를 내포하고 있다.

- C: Customer Oriented(고객 중심)
- O: Optimized Marketing(최적화된 마케팅)
- D: Data-Based Insight(데이터 기반 통찰)
- E: Efficiency & Effectiveness(효율성과 효과성)
- 9: 99.9%의 정밀 타기팅

이 시스템은 빅데이터 기반으로 고객 인사이트를 지속적으로 추출하고, 이를 바탕으로 고객 코드별로 세분화된 맞춤형 상품과 서비스를 개발함으로써, 고객 중심의 선순환 마케팅 구조를 정착시킨 대표적인 사례로 평가받는다(이보라·서창적, 2015).

[그림 10-3] 빅데이터를 활용한 세그먼트 "code 9" 개발

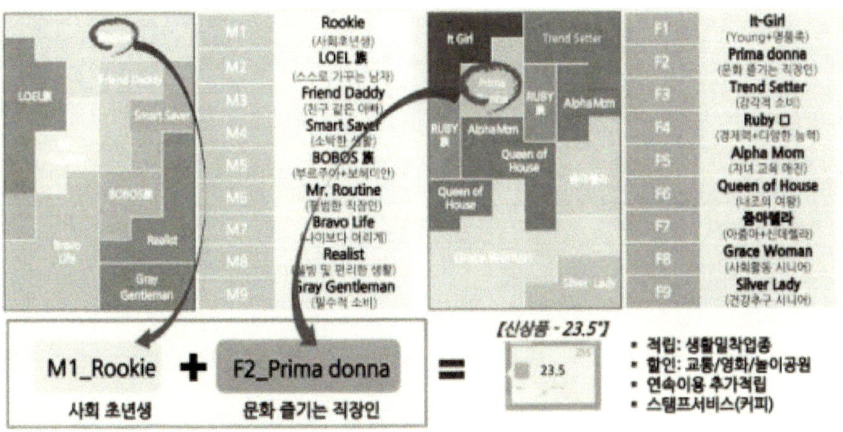

02 공공 서비스의 변화와 혁신

2.1 경력단절 예방 서비스

한국여성정책연구원은 경력단절 위험에 노출된 여성들을 조기에 발굴하고, 이들이 경력 단절 없이 지속적인 경력개발을 이어갈 수 있도록 지원하는 체계적 모델을 개발하였다.

2008년부터 시행된 『경력단절여성의 경제활동 촉진법』에 따라, 전국의 여성새로일하기센터(이하 '새일센터')가 중심이 되어 관련 서비스를 운영하고 있다. 그러나 현재 운영 방식은 기업 기반이 아닌 지역사회 기반으로 이뤄지고 있어, 경력단절이 예상되는 여성들을 사전에 발굴하고, 그들의 근본적인 문제를 심층적으로 상담·논의하는 데에 한계가 존재한다(오은진 외, 2018).

이에 따라 새일센터의 기능을 기초 새일센터와 광역 새일센터로 이원화하여, 각 센터가 수행해야 할 경력단절 예방 기능을 보다 체계적이고 효과적으로 강화할 수 있는 새로운 서비스모델이 개발되었다.

첫 번째 주요 내용은 경력단절 예방 상담 및 컨설팅 운영 모형이다.

이 모형에서는 상담 영역을 심리상담, 노무상담, 경력개발 상담으로 구분하고, 새일센터 유형에 따라 다음과 같이 운영한다.

- 광역 새일센터: 심리상담과 노무상담을 필수적으로 제공하며, 상담은 회기 중심(대면 상담)으로 진행된다.
- 기초 새일센터: 경력개발 상담은 필수, 심리상담과 노무상담은 선택적으로 제공되며, 심리상담은 전화 상담을 중심으로 운영된다.

이와 같은 이원적 운영 체계는 여성의 경력단절을 예방하기 위한 보다 정교한 맞춤형 지원체계를 구축하기 위한 시도로, 경력 유지와 개발을 위한 사전 개입의 실효성을 높이고자 한다.

> 상담회기는 내담자의 연령이나 특성, 호소문제의 유형, 상담 접근방법에 따라 다양하게 적용한다. 일반적으로 한 회기는 50분 내외로 정해지고 진행되고 있지만 대상이나 상담발달단계, 사안에 따라 다르다. 내담자가 아동이라면 30분 정도가 적당하고, 성인이라면 50분이 적합하다. 첫 회기는 검사를 실시하지 않으면 50분보다 더 길어지는 편이다. 접근방법에 따라서도 회기 시간이 달라지는데, 최면요법일 경우에는 90~180분 정도로 활용되고 있다.
>
> 출처: [네이버 지식백과] 상담회기 [counseling session, 相談回期]

둘째, <표 10−2>와 같이 '직장 적응 및 복귀 지원 프로그램 운영 모형'이 제시되었다. 이 모형은 취업 이후 여성들이 직장에 안정적으로 적응하고 지속적으로 근무할 수 있도록 돕는 데 중점을 둔다. 주요 프로그램은 다음과 같이 기초 새일센터, 광역 새일센터, 중앙 단위의 역할에 따라 구분되어 운영된다.

① 취업자 간담회는 기초 새일센터에서 필수적으로 운영되며, 취업자의 애로사항을 공유하고 적응을 지원하기 위한 장으로 활용된다.
② 직장 내 동아리 지원은 광역 새일센터에서 필수로 시행되며, 식상 내 유대감 형성과 지속적 관계 유지를 위한 활동으로 구성된다.
③ 종사자 멘토링 및 1:1 코칭은 기초 새일센터에서 필수로 운영되며, 1:1 또는 1:N 방식으로 유연하게 진행된다.
④ 사례 공모전 및 토크 콘서트는 광역 및 중앙 단위에서 필수로 추진되며, 우수 사례 확산과 직장 적응 노하우 공유를 위한 플랫폼 역할을 한다.
⑤ 교육 프로그램은 기초 및 광역 새일센터에서 선택 사항으로 운영되며, 필요에 따라 맞춤형 교육 콘텐츠를 제공하도록 설계되었다.

이와 같은 다차원적 프로그램 구성은 경력단절 예방을 넘어 직장 복귀 이후의 지속적 적응과 성장까지 포괄하며, 실질적인 고용유지 효과를 기대할 수 있다.

〈표 10-2〉 직장적응 및 복귀지원 프로그램

프로그램 운영 영역	운 영	광 역	기 초	중 앙	비 고
취업자 간담회	필수		●		사후관리 사업
	선택				
직장 내 학습 동아리 지원	필수	●			
	선택		●		
종사자 멘토링, 1:1 코칭	필수		●		1:1 혹은 1:多 코칭
	선택				
사례공모 및 토크콘서트 개최	필수	●		●	
	선택				
교 육	필수				
	선택	●	●		

셋째, <표 10-3>과 같이 '직장문화 개선 지원 프로그램 운영 모형'이 제시되었다. 이 모형은 여성의 경력 지속을 방해하는 직장 내 문화적 장벽을 해소하고, 성평등한 근무 환경을 조성하기 위한 것이다.

① 직장문화 개선 컨설팅은 기초 및 광역 새일센터 모두에서 필수적으로 운영되며, 조직 내 성인지 감수성 향상과 직장 내 제도 개선을 지원하는 핵심 프로그램이다.

② 직장문화 개선 교육 및 정보 제공 사업은 기초 및 광역 새일센터에서 선택적으로 운영되며, 직장 내 구성원의 인식 개선과 문화 변화 촉진을 목표로 한다.

③ 직장문화 개선 워크숍은 정보 제공 또는 교육 사업과 통합하여 운영되도록 제안되었으며, 실무 중심의 참여형 프로그램으로 구성된다.

④ 여성친화 문화기업 우수사례 공유 및 네트워킹 지원 사업은 광역 및 중앙 단위에서 운영되며, 모범 사례의 확산과 유관 기관 간 협력 체계 구축을 통해 직장문화 개선의 지속가능성을 도모한다.

이러한 운영 모형은 직장 내 성평등 문화 정착을 통해 여성의 고용 유지와 일·생활 균형 실현을 간접적으로 지원하는 기반 조성 전략으로 평가된다.

〈표 10-3〉 직장문화 개선 지원 프로그램 운영과정

프로그램 운영 영역	운 영	광 역	기 초	중 앙	비 고
직장문화개선 교육 및 정보제공	필수				
	선택	●	●		
직장문화개선 컨설팅	필수	●	●		
	선택				
직장문화개선 워크숍	필수				정보제공, 교육으로 진행
	선택				
여성친화 문화 기업 우수 사례 공유 및 네트워킹 지원	필수	●		●	
	선택				

넷째, '경력단절 예방 협력망 운영 모형'이다. 이 모형은 경력단절 여성 지원의 실효성을 높이기 위해 유관 기관 간의 협력 체계와 공동 거버넌스 구축을 핵심으로 한다.

① 우선, 기업과 새일센터 간의 협력망, 센터와 지자체 간의 네트워크, 그리고 중앙정부와 광역 및 기초 새일센터 간의 삼자 네트워크가 유기적으로 작동해야 하며, 이를 통해 공동의 책임 하에 경력단절 예방 사업을 수행할 수 있는 거버넌스 체계의 확립이 필요하다.

② 또한, 협력망의 지속적 운영과 기능 강화를 위해 종사자 대상 교육 프로그램이 함께 운영되어야 한다.

- 광역 새일센터에서는 신규 종사자를 대상으로 필수 교육을 하고,
- 중앙 단위에서는 중간관리자를 대상으로 한 필수 교육을 운영함으로써 정책 실행력과 조직 내 전문성을 동시에 확보하고자 한다(오은진 외, 2018).

이러한 협력망 기반 운영 모형은 각 기관이 역할과 책임을 명확히 하고, 상호 소통과 협력 기반 위에 효과적인 경력단절 예방 서비스를 제공하는 데 기여할 것이다.

이처럼 개발된 경력단절 예방 서비스는 기업 대상 홍보 캠페인과 우수사례 발굴 활동 등을 통해 다음과 같은 성과를 거두고 있다.

첫째, 인력 공백 예방에 기여하였다.

기업들은 여성 인재의 고용을 유지하기 위해 무엇이 필요한지, 경력 공백을 방지하기 위해 어떤 제도와 노력이 필요한지를 선제적으로 인식하게 되었다.

둘째, 근무 분위기 개선 효과가 나타났다.

경력단절 예방에 대한 고용주와 근로자의 공감대 형성은 전반적인 사내 분위기를 긍정적으로 변화시켰으며, 상호 신뢰 기반의 조직문화 형성으로 이어졌다.

셋째, 고용주의 인식 전환이 이루어졌다.

정시 출퇴근 보장, 휴가 사용 등 근로자의 기본 권리에 대한 이해도가 낮았던 일부 고용주들의 인식이 개선되면서, 실제로 법과 제도를 준수하는 '준법 고용' 사업장이 점차 확대되고 있다(서울시여성능력개발원 블로그).

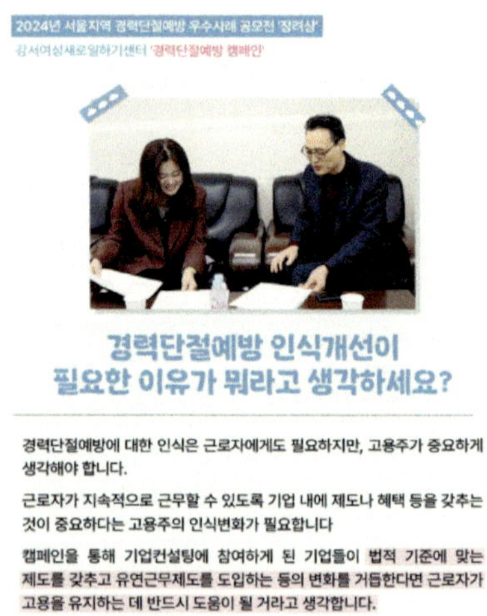

출처: 서울시여성능력개발원 블로그

여성가족부는 여성의 경제활동 참여 촉진 및 경력단절 예방을 위해 2025년 새일센터의 취·창업 지원 서비스를 대폭 강화할 계획이다. 2024년 한 해 동안, 새일센터를 통한 직업교육훈련 및 창업교육 등의 지원으로 약 17만 명의 여성이 취업에 성공했으며, 이는 여성의 지속가능한 경제활동 참여 기반을 강화하였다.

특히, 구인·구직 수요가 높은 신산업 분야에 대응하기 위해 고부가가치 직업교육훈련 과정은 총 89개 과정으로 확대되었다. 또한, 훈련생의 경제적 부담 완화를 위해 '직업교육훈련 참여 수당'을 신설하여 여성들이 더욱 안정적인 환경에서 교육에 집중할 수 있도록 지원하고 있다.

아울러, 여성가족부는 경력단절 예방 강화 및 일·생활 균형 문화의 확산을 목표로, 여성의 고용 유지를 위한 개인 상담(컨설팅)과 함께, 직장 내 문화 개선을 위한 기업 대상 컨설팅 등 심층 서비스를 병행하여 제공하고 있다(여성가족부 공식 블로그).

새일센터 취·창업 지원 서비스 강화
- 고부가가치 직업교육훈련 과정 확대 : ('24) 79개 → ('25) 89개
- 직업교육훈련 참여수당 월 10만 원(최대 4회) 신설
- 인턴 고용유지장려금 확대 : ('24) 1인당 380만 원 → ('25) 460만 원

2.2 공공복지 디지털 혁신과 서비스품질 향상

공공서비스는 일반적으로 사회적 가치를 실현하는 중요한 역할을 하며, 그 특성상 고객의 만족과 효율성을 동시에 고려해야 한다. 공공기관은 민간 서비스 기업과 달리 공익성을 중심에 두고 서비스를 설계해야 하므로, 서비스의 품질, 접근성, 형평성 등을 고려하는 전략적 접근이 필요하다.

공공서비스의 품질 향상을 위해 서비스 품질 측정 및 고객의 요구 분석을 체계적으로 진행하고, 이를 기반으로 중장기 서비스 전략을 수립해야 한다. 또한 고객 중심의 서비스 설계와 함께 서비스 제공자와 고객 간의 상호작용을 최적화하는 방안을 모색해야 한다(황혜미, 2022).

한국사회보장정보원은 공공복지 분야의 디지털 혁신과 서비스 품질 향상을 위해 다양한 노력을 기울여왔다. 또한, 보건복지부의 위탁 등을 받아 다음 각호의 업무를 수행하고 있다(사회보장급여의 이용·제공 및 수급권자 발굴에 관한 법률 제29조 제3항).

- 사회보장정보시스템의 구축 및 유지·기능개선·관리 등 운영에 관한 사항
- 사회보장정보시스템을 통하여 처리할 수 있는 자료, 정보의 처리 및 사회보장정보의 처리
- 사회보장급여의 수급과 관련된 법령 등에 따른 신청, 접수, 조사, 결정, 환수 등 업무의 전자적 처리지원
- 「사회서비스 이용 및 이용권 관리에 관한 법률」 등 관계 법령 등에 따른 사회서비스이용권의 이용·지급 및 정산 등에 필요한 정보시스템의 운영, 사회서비스이용권을 통하여 사회서비스를 제공하는 사업의 관리에 관한 사항
- 사회보장 관련 민간 법인·단체·시설에 대한 전자화 지원
- 사회보장제도의 운영에 필요한 정책정보 및 통계정보의 생산·분석, 제공과 사회보장정책 지원을 위한 조사·연구
- 사회보장급여 관련 대국민 포털의 운영에 관한 사항 등

한국사회보장정보원의 고객중심의 혁신활동을 지속적으로 수행하여 다음과 같은 성과를 거두었다.

① AI 기반 부정수급 탐지 시스템 구축

정보원은 인공지능(AI)과 빅데이터 기술을 활용하여 공공재정의 부정수급을 탐지하는 시스템을 구축하였다. 이 시스템은 공공재정의 적정성을 예측하고, 부정수급을 효과적으로 탐지하여 재정관리의 효율성과 투명성을 확보하였다. 이러한 노력은 2022년 정부혁신 우수사례 경진대회에서 동상을 수상하며 인정받았다(전자신문, 2022년 10월 26일자).

② 코로나19 대응 허브시스템 개발

정보원은 보건복지부 중앙사고수습본부와 협업하여 코로나19 확진자 정보를 연계한 허브시스템을 개발하였다. 이 시스템은 위중증 환자의 적기 치료를 지원하고, 재택치료자에게 맞춤형 정보를 제공하여 코로나19에 효과적으로 대응하였다. 이러한 협업은 2022년 정부혁신 우수사례 공모전에서 우수상을 수상하였다.

③ 보육료 집행 추계시스템 도입

정보원은 실시간 보육료 추계자료를 제공하고, 자동으로 추계액의 과부족을 예측하는 '보육료 집행 추계시스템'을 구축하였다. 이 시스템은 국고보조금 예산 관리의 효율성을 높이고, 지자체 공무원과 협력하여 데이터 기반의 재정관리 혁신을 실현하였다. 이러한 노력은 국민소통통합 분야에서 장려상을 수상하였다.

④ 문화누리카드 사업의 선제적 서비스 개선

정보원은 문화소외계층을 위한 문화누리카드 사업에서 발급 절차를 지속적으로 개선하였다. 2014년 주민센터 방문 발급에서 시작하여, 2019년 전화 ARS 재충전, 2021년 자동 재충전까지 발급 절차를 간소화하였다. 또한, '찾아가는 발급서비스'와 '선제적 권리구제 서비스'를 시행하여 대국민 서비스 개선의 우수성을 인정받아 2023년 사회보장 복지정보공유 활용 우수사례 공모에서 최우수상을 수상하였다(뉴스핌, 2023년 9월 19일).

⑤ 국민행복 서비스 발굴·창업경진대회 개최

정보원은 사회보장정보와 공공·민간 빅데이터를 활용하여 국민행복 서비스를 발굴하는 창업경진대회를 개최한다. 2022년에는 총 72개 팀이 참여하여, 장애 유형별 유동인구 데이터와 공공데이터를 융합한 플랫폼 구축 등 다양한 아이디어가 선정되었다. 이러한 대회는 사회보장 분야의 혁신적인 아이디어를 발굴하고 실현하는 데 앞장서고 있다.

⑥ 콜센터 서비스 품질 향상

정보원은 고객상담센터의 서비스 품질 향상을 위해 다양한 노력을 기울이고 있다. 민원 통합관리 운영체계를 구축하고, '국민불편개선위원회'를 운영하여 반복적인 민원을 해소하였다. 또한, '긴급민원 핫라인'을 신설하여 긴급민원을 신속하게 처리하였으며, 상담사의 감정노동 치유를 위한 다양한 프로그램을 운영하였다. 이러한 노력은 2024년 한국 콜센터 품질지수(KS－CQI) 공공기관 부문에서 우수기관으로 선정되는 성과를 이루었다(전자신문, 2024년 9월 26일).

이러한 사례들은 한국사회보장정보원이 공공복지 분야에서 디지털 혁신과 서비스 품질 향상을 위해 지속적으로 노력하고 있음을 보여준다.

출처: 한국사회보장정보원 홈페이지

03 급식 공간컨설팅 사례분석

3.1 급식 공간컨설팅의 필요성

오늘날 급식 공간은 단순한 식사 제공 공간을 넘어 사회적 변화에 따라 더욱 다양하고 복합적인 요구를 수용해야 하는 공간으로의 진화를 위해 급식 전문기업들은 키친리스(kitchen less) 시스템, 스마트오더, 무인 자판기, HMR 기반 소형 급식 공간 등 다양한 형태의 혁신적 운영방식과 공간 활용을 모색하고 있다. 키친리스는 고객이 원하는 맞춤 식단과 서비스를 제공하는 이동형 모델로, 주방이 필요 없는 것이 특징이다.

이러한 환경 변화는 급식 공간의 단순 리뉴얼이나 기능 배치 수준의 설계만으로는 한계가 있으며, 조직 운영 특성과 고객 경험을 통합적으로 고려할 수 있는 전문적인 공간 전략 컨설팅의 필요성을 더욱 부각시킨다. 공간의 기능적·운영상의 복잡성을 고려할 때, 단순한 인테리어 중심의 설계를 넘어, 보다 전문화된 전략 중심의 서비스 기획이 필요하다.

급식 공간은 일반적인 식음 공간과는 구별되는 복합적인 특성이 있으며, 조리, 배식, 소비가 제한된 시간과 공간 내에서 동시에 이루어져야 하며, 이 과정에서 위생 관리, 작업 효율, 고객 경험이라는 상충하는 요구들이 통합적으로 고려되어야 하는 공간이기 때문이다(이경아·최여진, 2023; 이용철·안선홍, 2016).

고객과 직원이 같은 공간 안에서 상호작용하는 환경은 단순한 물리적 구성만으로는 한계가 있으며, 고객 경험과 운영 흐름을 종합적으로 고려한 전략적 설계가 요구된다(Bitner, 1992). 이용철과 안선홍(2016)은 단체급식 서비스 환경에서 공간디자인과 서비스 품질이 고객의 만족과 재이용 의도에 유의미한 영향을 미친다고 실증적으로 제시하였다.

또한 이경아와 최여진(2023)은 건축가와 급식 관리자 간의 공간 설계 인식 차이를 비교하면서, 동선 구조, 환기·소음, 좌석 구성 등 물리적 설계 요소들이 고객 만족에 직결된다는 점을 강조하였다. 특히 이들의 연구에서는 산업체 및 학교 급식소 사례를 통해, 자연스러운 진입 동선, 시각적 차단, 부속 공간과의 연결성 등이 중요 설계 요소로 부각되었으며, 이는 실제 공간 구성 시 고려되어야 할 핵심 기준으로 제시되었다. 이처럼 다양한 연구들은 급식 공간이 단순한 식사 장소를 넘어서, 고객 경험, 위생, 편의성, 운영 효율성을 통합적으로 고려해야 하는 서비스 공간임을 시사하고 있다.

급식 공간컨설팅은 이러한 변화된 요구를 반영하여, 공간을 단순한 구조물이 아닌 고객 경험을 담는 통합서비스 시스템으로 인식하고 고객 맞춤형 전략, 운영 효율성, 사용자 경험 등을 통합적으로 설계하는 고도화된 방식으로 구현되고 있다.

따라서, 급식 공간컨설팅의 실행 방식은 서비스디자인이 추구하는 고객 중심적 설계 철학과도 밀접하게 관련되어 있다. Stickdorn & Schneider(2010)는 서비스디자인이 물리적 환경, 사람, 프로세스 등 다양한 요소를 통합하여 전체적인 고객 경험을 설계하는 활동이라고 정의하였다.

따라서 급식 공간컨설팅은 도면 작성에 그치지 않고, 조직과 고객 중심의 가치 제안과 경험 설계를 포함하는 전략적 서비스 기획 활동으로 이해되어야 한다. 이러한 관점에서 급식 공간컨설팅은 단순한 설계 지원이 아닌, 고객 중심 서비스 설계를 포함한 신서비스개발(NSD)의 일환으로 정의될 수 있으며, 신서비스개발(NSD) 프레임워크를 통해 그 과정을 체계적으로 구조화해볼 수 있다(고정연 외, 2025).

다음은 국내 A사가 수행하고 있는 단체 급식 공간컨설팅 서비스의 계획 및 실행 사례를 Johnson et al.(2000)의 신서비스개발 단계(설계－분석－개발－출시)에 맞게 세부적으로 정리하였고, 공간컨설팅의 서비스화를 실현할 수 있는 전략적 설계 모델을 제안하였다. 이는 급식공간이 단순한 설비 수준을 넘어 고객 경험 기반의 서비스 전달체계로 재해석하려는 최근의 경향을 반영하는 것이다.

3.2 사례분석

① 설계(Design) 단계: 고객 니즈 기반의 공간 콘셉트 기획

신서비스개발(NSD)의 첫 단계인 설계(Design)는 제공될 서비스의 개념을 구체화하고, 고객 가치 제안을 설계하는 전략적 기획 단계이다(Johnson et al.,

2000). 실제 급식 공간컨설팅 실무에서도 이 단계는 고객사의 조직 운영 특성과 급식 이용 환경을 파악하고, 공간 활용 목적과 방향을 설정하는 데 집중된다.

A사는 고객사 담당자와의 초기 면담을 통해 식수 인원, 식사 제공 시간, 조식·석식 운영 여부, 주말 급식 운영 여부 등 운영 전반에 대한 정보를 수집하고, 이를 토대로 공간 규모, 배식대 및 좌석 수, 운영 동선 등 설계의 주요 요소를 결정한다. 이 과정에서 A사의 관리자인 담당 컨설턴트의 질문 방식은 고객의 숨겨진 요구를 끌어내는 데 중요한 역할을 하며, 이는 현장에서 중요한 역량으로 인식된다. 또한 현장 진단 시 실제 식사 흐름을 따라 이동하거나, 배식 및 퇴식 동선을 직접 체험하며 공간 내 문제 요소를 파악한다. 이러한 과정에서 촬영된 사진과 관찰된 데이터는 동선 흐름, 혼잡 시간대 밀도, 병목 현상 등을 문서화하는 데 활용된다.

이러한 활동은 페르소나(Persona), 고객여정지도(Journey Map), 가치 제안 캔버스(Value Proposition Canvas, VPC) 등 서비스디자인 도구와 유사한 구조를 가지며, 실무 현장에서는 이를 A사 컨설턴트의 경험과 직관에 기반하여 유사한 방식으로 수행되고 있다. 특히 고객의 이용 행태와 불편 지점을 파악하는 과정이 공간 전략 수립의 출발점으로 인식되고 있으며, 고객사와의 사전 공감대 형성을 위해 콘셉트 보드나 간단한 스케치 도구 등을 활용한 시각화 작업이 병행되는 사례도 확인되었다.

② 분석(Analysis) 단계: 현황 진단 및 Pain Point 도출

분석(Analysis) 단계에서는, 설계된 서비스가 실제 현장에서 문제없이 작동할 수 있는지를 여러 측면에서 확인하게 된다. 특히 사람이 몰릴 수 있는 공간이나, 동선이 겹치는 구간, 좁은 공간에서의 병목 상황 등을 확인한다(Johnson et al., 2000). 급식 공간컨설팅에서는 이 과정이 설계안을 현실에 맞게 조정하는 데 중요한 역할을 한다.

분석의 시작은 고객사로부터 기존 공간 도면, 운영 흐름 이미지, 고객의 소리(VOC)를 받아 기본적인 현황을 정리하는 것이다. 이후 현장을 방문하여 실제 좌석 배열이나 대기 구역, 사람들이 이동하는 경로를 하나하나 살펴본다. 그 과정에서 현장에서 일하는 조리사나 영양사 등과 대화를 나누며, 평소 불편하게 느끼는 점이나 자주 반복되는 이슈들을 수집한다.

사람들이 몰리는 배식대나 퇴식구 주변에서는 동선이 겹치지는 않는지, 기다리는 시간이 길어지지는 않는지를 눈으로 직접 확인한다. 이때는 그림을 그리거나 사진, 영상 등을 활용해 문제 상황을 시각적으로 정리해두는 경우도 많다. 이렇게 모은 자료는 나중에 설계를 고칠 때 중요한 참고가 되며, 경우에 따라 영상 분석 도구를 쓰기도 한다. 다만 실무에서는 수치보다 현장에서 바로 상황을 파악하고 대응할 수 있는 능력을 더 중요하게 본다.

이러한 분석은 SERVQUAL(Service+Quality), SWOT, FMEA(Failure Mode and Effects Analysis, 고장 모드 및 영향 분석)* 같은 진단 도구의 목적과 기능 측면에서 유사한 역할을 수행한다. 실무 현장에서는 공식 분석 도구보다는 관찰 기반의 문제 인식과 고객 피드백 중심의 실시간 진단 방식이 주로 활용되고 있다.

> * FMEA(Failure Mode and Effects Analysis, 고장 모드 및 영향 분석)
>
> 제품, 공정, 시스템, 서비스 등에서 발생할 수 있는 잠재적 고장 모드(결함 유형)를 사전에 도출하고, 각 고장이 미치는 영향과 심각성을 분석하여, 위험도가 높은 부분을 우선적으로 개선·예방하는 체계적인 분석 기법이다.
>
> - 고장 모드(Failure Mode): 제품·공정에서 발생 가능한 결함, 오류, 실패의 유형
> - 영향(Effect): 해당 고장 모드가 고객, 시스템, 안전에 미치는 영향
> - 분석(Analysis): 고장 모드별로 심각도, 발생빈도, 검출가능성 등을 평가

[그림 10-4]는 실제 컨설팅 현장에서 수행된 동선 관찰, 환경 촬영, 시설 상태 점검을 바탕으로 도출된 문제점과 개선 방향을 시각화한 자료로써 조명, 바닥, 벽면, 음수대, 안내판, 배식대 등 공간의 물리적 환경 요소에 대한 점검도 함께 진행한다.

이는 고객 경험에 영향을 미치는 시각적·기능적 서비스스케이프 구성요소로 사전에 시각 자료 확보 및 촬영을 통해 진단된다. 이러한 과정은 미관 개선을 넘어, 고객 이용 흐름, 퇴식 병목, 시야 차단, 동선 겹침 등의 요소를 도식화하고, 이를 바탕으로 공간 개선을 위한 기초 자료로 쓰인다.

[그림 10-4] 현장 관찰 기반 Pain Point 도출

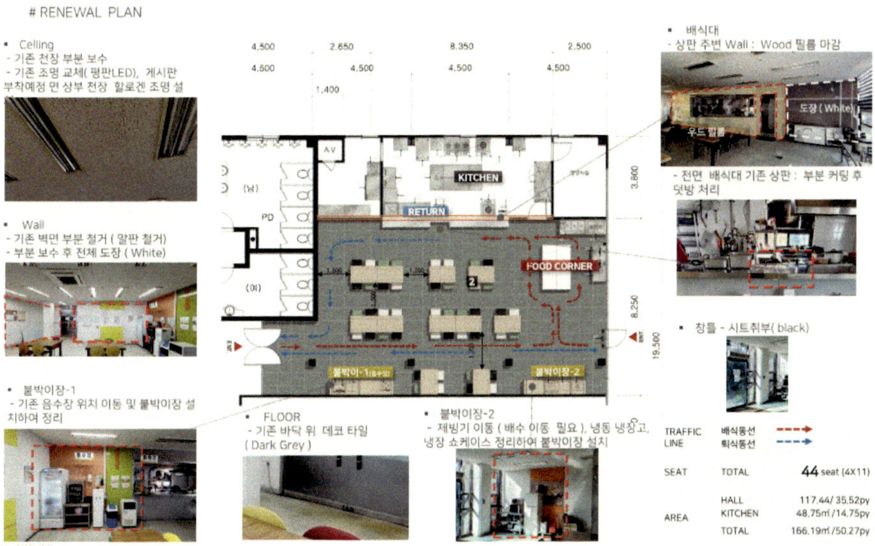

③ 개발(Development) 단계: 공간 시뮬레이션 및 실행 설계 구체화

개발 단계는 설계와 분석에서 도출된 내용을 바탕으로, 실제 현장에서 서비스가 원활히 운영되도록 실행 계획을 정리해 나가는 과정이다(Johnson et al., 2000). 급식 공간컨설팅에서는 단순한 공간 배치나 도면 작성 외에도 고객 경험 흐름을 고려한 설계가 중점적으로 이루어진다.

컨설턴트는 현장에서 관찰하고 수집한 정보를 바탕으로 도면 작업을 한다. 이때 전체 공간의 크기, 좌석 간의 거리, 배식 및 퇴식 경로, 배식대, 식수대, 퇴식구 등의 주요 설비 위치를 점검하며, 실제 사용에 적합한지도 검토한다. 도면은 한 번에 완성되는 것이 아니라, 혼잡을 줄이고 흐름을 개선하기 위해 반복적인 피드백을 통해 도면을 수정하며 완성도를 높여간다.

고객이 설계 내용을 쉽게 이해할 수 있도록, 다양한 시각 자료가 함께 제공된다. 평면도(flow map)가 기본으로 제공이 되며, 3D 모델링(Sketch-Up), 3D 모델링(Rendering) 등도 고객사의 요청이 있거나 평면도만을 보고 이해가 어려울 경우 자료의 형식으로 추가 제공된다,

좌석 구성은 공간 설계에서 매우 중요한 부분인데 이용자들이 식사하는 동

안 머무는 시간, 대기열 형성 여부, 특히 점심 시간처럼 혼잡한 시간대에 얼마나 유연하게 대응할 수 있는지를 모두 고려해서 좌석 수와 배열을 조정해야 한다. 자율배식대의 위치나 퇴식 경로 또한 동선 간섭을 최소화해야 하며, 식판 회수 구역은 퇴식 흐름을 방해하지 않도록 별도로 독립된 공간으로 분리하는 것이 일반적이다.

[그림 10-5]는 실제 컨설팅 프로젝트에서 활용된 설계 사례로, 배식에서 식사, 퇴식까지의 흐름을 보다 효율적으로 구성하기 위해 개발되었다. 대기 인원이 한쪽에 몰리는 현상을 줄이기 위해 메인 배식대와 보조 배식대를 분리하였으며, 다양한 메뉴 접근을 쉽게 할 수 있도록 설계되었다. 퇴식 경로는 주요 이동 동선과 겹치지 않도록 독립된 단일 라인으로 구성하여 병목 현상을 줄이고, 흐름을 단순하게 만들었다. 좌석은 4인석과 1인석을 혼합해 개인과 그룹 이용자 모두를 고려했으며, 회전율과 공간 활용 효율을 높이기 위한 전략적 구성이 반영되었다. 전반적으로 이 설계안은 고객의 이용 방식과 경험을 미리 고려해 만든, 실제 적용 가능한 공간 전략의 예라 할 수 있다.

[그림 10-5] 급식공간의 동선 시뮬레이션 및 기능구역 설계 예시

④ 출시(Full Launch) 단계: 현장 적용 및 피드백 기반 개선

출시(Full Launch) 단계는 설계된 공간이 시공되어 실제 운영에 적용되는 단계로, 신서비스개발(NSD) 프레임워크상에서는 상업화(commercialization)에 해당한다. 이 시점에서는 공사 완료 후 초기 오픈 시 운영 상황을 실시간 점검하고, 고객사 운영자와 함께 예기치 못한 문제 요소를 확인하는 절차가 이루어진다. 초기에는 현장 내 혼선이나 적응 어려움이 발생할 수 있으며, 이를 지원하기 위해 컨설팅 담당자가 현장에 상주하거나 수시로 방문하여 가이드를 제공하는 방식이 활용된다.

이후 고객 피드백을 기반으로 좌석 간격 조정, 안내판 위치 변경, 퇴식 동선 보완 등 세부 요소에 대한 반복 조정이 이루어진다. 피드백은 단순한 사후 조치에 그치지 않고, 고객사와의 실시간 협의 체계를 통해 참여 기반 공동 설계(Co－Design)로 확장된다. 실제 운영 시에는 고객사, 협력사, 컨설팅 담당자 간의 채널(예: 단체 채팅방)을 활용하여 공간 사진, 개선 요청, 운영 정보 등을 실시간으로 공유하며, 이는 컨설팅의 연속성과 민첩성을 강화하는 역할을 한다.

운영 방침 설정, 일정 조율, 부속기기 설치 여부 등에 대해서도 고객사와의 협의를 통해 최종 결정이 이루어지며, 이 과정은 고객 요구의 지속적 반영을 통해 설계-실행-피드백 간 순환적 연계가 형성되는 흐름으로 작동한다. 이와 같이 급식 공간컨설팅은 일회성 설계가 아닌, 고객 경험 기반의 순환형 서비스 개발 프로세스로 기능하며, 신서비스개발(NSD)의 네 단계가 실무 현장에서 체계적으로 적용되는 실증 사례로 해석될 수 있다.

⑤ 고객 참여 기반 순환 구조

급식 공간컨설팅은 설계 초기부터 출시 이후에 이르기까지, 전 과정에서 고객사의 적극적인 참여와 피드백이 반복적으로 이루어지는 순환 구조를 갖는다. 고객사는 각 단계에서 단순한 정보 제공자 역할을 넘어, 설계 방향을 함께 조율하고 의사결정에 실질적으로 참여하는 공동 주체로 기능한다. [그림 10－6]은 고객참여 기반 순환 구조 모형이다.

설계(Design) 단계에서는 고객사와의 심층 인터뷰를 통해 니즈를 구체화하고, 운영 흐름 및 이용자 행동 패턴에 대한 질의응답을 통해 설계 콘셉트가 정제

[그림 10-6] 고객 참여 기반 NSD 4단계 순환 구조

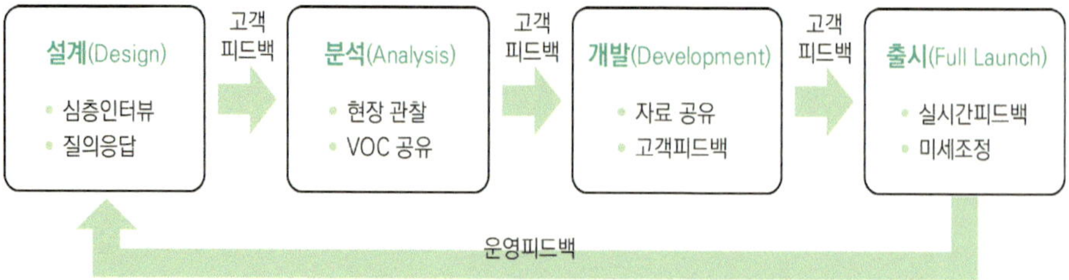

된다. 분석(Analysis) 단계에서는 현장 관찰 결과 및 VOC 자료를 고객과 공유하며, 문제 인식과 해결 방향에 대한 공동 검토가 이루어진다. 개발(Development) 단계에서는 CAD 도면, 3D 시안, 렌더링 자료에 대한 고객 피드백이 반복적으로 반영되며, 배식대 위치, 좌석 구성, 인력 배치 등 구체적인 설계 요소가 고객 의견을 바탕으로 조정된다. 출시(Full Launch) 단계에서는 오픈 이후에도 실시간 피드백 채널(단체 채팅방)을 통해 좌석 간격, 안내판 위치, 퇴식 동선 등 운영 요소에 대한 미세 조정이 지속적으로 이루어진다.

이러한 일련의 참여 과정은 단순한 사후 대응을 넘어, 고객과의 공동 설계(Co-Design) 구조를 실질적으로 구현한 사례에 해당한다. 이는 신서비스개발(NSD)이론에서 강조하는 고객 중심 서비스 개발의 핵심 원리를 실무에 적용한 구체적 사례로 해석될 수 있으며, 급식 공간컨설팅의 서비스화 가능성을 뒷받침하는 중요한 구조적 특성이라 할 수 있다.

⑥ 프레임워크 통합 제안: NSD 기반 급식 공간컨설팅 프로세스

본 연구는 앞서 수행한 사례분석을 바탕으로, 신서비스개발(NSD) 이론의 4단계 흐름인 설계(Design), 분석(Analysis), 개발(Development), 출시(Full Launch)를 기준으로 급식 공간컨설팅의 실무 과정을 구조화하였다.

제안된 프레임워크는 각 단계에서 실제로 수행되는 주요 활동뿐만 아니라, 현장 실무자들이 활용하는 공간 전략, 설계 도구, 피드백 반영 방식 등도 함께 반영하여 현실적인 적용이 가능하도록 구성되었다. 이를 통해 이 프레임워크는 단순히 공간을 설계하거나 배치하는 수준을 넘어, 고객의 요구를 파악하고, 현장의 문제를 분석하며, 실행 가능한 방안을 설계하고, 운영 이후의 피드백까지 반영하

는 전 과정 중심의 서비스 컨설팅 구조로 발전할 수 있는 가능성을 제시한다.

특히 이와 같은 접근은 향후 B2B 기반의 급식서비스 솔루션 개발에도 응용할 수 있는 실용적인 전략 프레임워크로 확장될 수 있다. 또한, 앞서 Yu(2018)가 제시한 신서비스개발(NSD)와 서비스디자인(SD)의 이론적 비교를 통해 확인한 바와 같이, 두 접근은 실행 프로세스, 활동 방향, 관점 및 도구에서 구조적 차이를 지닌다.

본 연구는 신서비스개발(NSD)의 체계적 단계 구조에, 서비스디자인(SD)의 사용자 중심 도구를 대응시킴으로써 전략성과 실행 가능성을 동시에 확보하고자 하였다. 신서비스개발(NSD)이 제공하는 명확한 실행 흐름과 내부 중심 실행틀과 고객 경험을 중시하는 서비스디자인(SD)의 설계 도구를 보완적으로 접목함으로써, 급식 공간컨설팅의 실무 적용성을 높이는 통합적 프레임워크를 구축하였다(고정연 외, 2025).

<표 10-4>는 이러한 통합 프레임워크를 시각적으로 정리한 결과로, 각 신서비스개발(NSD) 단계별로 실제 컨설팅 현장에서 활용할 수 있는 실무 도구와 서비스디자인 기법을 함께 구성하였다. 실무자 인터뷰와 사례분석을 통해 실제로 적용할 수 있는 도구와 산출물을 중심으로 구성한 실천형 프레임워크이다.

이 프레임워크는 고객 경험을 중심에 두고, 공간 개발 과정을 단계적으로 구성함으로써 급식 공간컨설팅을 전략적인 서비스 기획 활동으로 발전시킬 수 있을 것이다.

〈표 10-4〉 급식 공간컨설팅의 NSD-SD 통합 프레임워크

NSD 단계	본 연구 적용 정의	급식 공간컨설팅 주요 활동	실무적 도구 및 기법	서비스디자인 도구	대표적 산출물
설 계	고객 니즈 기반의 공간 콘셉트 기획	• 고객사 조직유형 및 식수 형태 조사 • 조식/중식/석식 여부 및 시간 파악 • 고객 인터뷰로 니즈 도출 • 식사 체험 및 사진 촬영 /동선 관찰 • 고객 유형 구분 및 초기 콘셉트 구상	• 질문리스트 • 메모 • 사진촬영 • 현장 스케치 • 콘셉트보드 • 음성 녹취	• 페르소나 • 고객가치제안 • 이해관계자맵 • 공감지도 • 컨텍스트 맵핑	• 고객유형 및 니즈 정리표 • 콘셉트보드 • 서비스콘셉트 요약안 • 동선관찰사진 • 여정흐름도 • 인터뷰요약 리포트
분 석	현황 진단 및 Pain Point 도출	• 병목구간/이용 흐름 진단 • VOC, 설문, 운영 자료 수집 • 평면도 작성, 현장 관찰 및 문제 구간 확인 • 퇴식/배식 동선 겹침 여부 파악 • 인력 배치 현황 검토	• 동선 관찰표 • 동선 흐름 스케치 • 평면도 기반 분석 • VOC 엑셀 시트 • 문제구간 도식	• 고객여정분석 • 서비스사파리 • 쉐도잉 • 감정흐름시각화 • 서비스청사진	• 프로세스분석 리포트 • VOC정리표 • 병목지점 • 도식화자료 • 동선흐름도 • 페인포인트 맵핑도식
개 발	공간 시뮬레이션 및 실행 설계 구체화	• 2D 평면도 및 3D 스케치업/렌더링 • 고객사 피드백 반영한 설계 수정 • 인력배치 시나리오 도출 • 설계안 공유 및 실시간 협업 • 시공업체, 주방업체 등 입찰 연결	• CAD 도면 • SketchUp 모델 • 랜더링 이미지 • 엑셀 시트 기반 • 인력배치 시나리오	• 서비스 청사진 • 서비스 시나리오 • 포카요케 • 와이어프레임 • 스토리보드 • 롤프레잉	• 설계도면 • 설계변경 요약서 • 인력배치 시나리오 • 고객피드백 반영내역 • 고객검토용 제안서

출 시	현장 적용 및 피드백 기반 개선	• 시공 적용 및 오픈 • 직원 대상 현장 가이드 운영 • 초기 피드백 기반 미세 조정 • 문제시 추가 개선 후 안정화	• 시공관리 체크리스트 • 현장 적용 후 피드백 메모 • 운영가이드 요약서 • 후속방문 시 리마인드 문서	• 고객만족도조사 • 사용성 테스트 • 운영모니터링 대시보드 • 출시 후 피드백 섹션	• 최종운영 안내서 • 고객만족 조사지 • 운영성과 보고서 • 사후피드백 리포터

참고문헌

〈단행본〉

황혜미(2022), 「서비스경영 – 고객접점 실무중심」, 정독.

〈학위 및 학술 논문〉

고정연 · 황혜미 · 박균석(2025), 급식 공간컨설팅의 신서비스개발(NSD) 프레임워크 개발, 한국서비스경영학회 춘계학술대회 발표 자료.

이경아 · 최여진(2023), 단체급식서비스 공간 계획 요소에 대한 건축가와 급식 관리자의 중요도 인식 비교 - 학교와 산업체 급식소를 중심으로, KIEAE Journal, 23(2), 45-52.

이보라 · 서창적(2015), 빅데이터 경영과 고객세분화를 통한 맞춤형 서비스 개발: 신한카드 Sally의 성공요인, 한국서비스경영학회지, 16(4), 329 – 271.

이상기 · 김보영(2015), 스마트폰뱅킹 활성화를 위한 모바일 지갑 서비스 개발: 하나은행 N Wallet 사례를 중심으로, Korea Business Review, 19(1), 157 – 182.

이용철 · 안선홍(2016), 단체급식 서비스스케이프가 고객감정반응 및 행동의도에 미치는 영향, 외식경영연구, 19(4), 61 – 78.

Bitner, M. J. (1992), Servicescapes: The impact of physical surroundings on customers and employees. Journal of Marketing, 56(2), 57 – 71.

Menor, L. J. & Roth, A. V. (2007), “New Service Development Competence in Retail Banking: Construct development and measurement validation,” Journal of operations Management, 25(4), 825 – 846.

Yu, E., & Sangiorgi, D. (2018), Service design as an approach to implement the value co – creation perspective in new service development, Journal of Service Research, 21(1), 40 – 58.

〈기타〉

뉴스핌(2023. 9. 13), 문화누리카드 사업, 사회보장 복지정보공유 활용 우수사례 최우수상.

오은진 · 김난주 · 이서현 · 장지전(2018), 경력단절예방서비스 표준모델 개발, 한국여성정책연구원.

서울시여성능력개발원 블로그.

여성가족부 공식 블로그.

전자신문(2022. 10. 26), 사회보장정보원, 정부혁신 우수사례 경진대회 동상 수상.

전자신문(2024. 9. 26), 한국사회보장정보원, 기관 최초 공공기관 부문 ‘한국 콜센터 품질지수 우수기관’ 선정.

찾아보기

[저자 약력]

황 혜 미

현) 삼육대학교 경영학과 부교수(산학협력)
삼성전자 국내영업본부 마케팅연수소 CS교육담당
서강대학교 경영대학원 마케팅 석사, 서비스경영 박사
한국표준협회 한국서비스대상, KS-CQI 자문위원
한국서비스경영학회 신서비스개발연구회 회장
한국생산관리학회 학술위원 및 이사
SPC그룹 식품과학대학 생산서비스관리 교수

주요 강의 및 컨설팅 수행기업

대기업 및 제조업
삼성전자, 삼성화재, LG전자, LG인화원, 현대자동차, 금호아시아나그룹, 동원그룹, SK 주식회사, CJ인재원, 두산그룹, 한국GM, 한국타이어, 필립스, GSK, 한국화이자

유통·소비재 및 서비스업
신세계백화점, 롯데백화점, 롯데호텔, 롯데월드, 아모레퍼시픽, 파리바게뜨, CJ푸드빌, CJ개발, SPC그룹, 이마트, 자코모, 아가방, 파슬코리아, 스킨푸드

금융기관
신한은행, IBK기업은행, 광주은행, 한국은행, 농협은행, 부산은행, 전북은행, 삼성증권, 미래에셋증권, 새마을금고, 교보생명, 농협중앙회, 롯데화재, BC카드, 삼성카드

의료기관
서울대병원, 서울성모병원, 아산병원, 일산병원, 전남대병원, 삼육서울병원, 삼육부산병원, 마산삼성병원, 예치과, 미르치과네트워크, 당당한방병원

IT 및 물류
SK텔레콤, 삼성전자로지텍, LG헬로비전, 페덱스코리아, CJ대한통운, 로젠택배, 롯데택배

공공기관 및 공기업
청와대경호실, 서울시청, 서울시인재개발원, 서울지방고용노동청, 경찰청, 병무청, 제주도청, 농촌진흥청, 국토해양부, 국민권익위원회, 경북개발공사, 한국철도공사, 한국감정원, 지방행정연수원, 공공경영연구원, 우정인재원, 보건복지인재원, 국립박물관문화재단, 한국무역협회, 한국잡월드

교육·연구기관
서강대학교, 한국외국어대학교, 계명대학교, 대진대학교, 한국리서치, 한국표준협회, 한국강사협회, 러너코리아, 예스티엠, 공공경영연구원

호텔·레저 산업
신라호텔, 해비치호텔, 워커힐호텔, 반얀트리, 휘닉스호텔앤리조트, 플라자호텔, 롯데호텔, 대명리조트, 금호리조트, CJ나인브릿지, 강원랜드, 세브럭 카지노

저 서

서비스경영_고객접점실무(정독), 융합형캡스톤디자인(정독), 서비스KS인증실무(정독), SMAT 서비스경영자격(영진닷컴), CS리더스관리사(영진닷컴)

신서비스개발

초판발행 2025년 7월 15일

지은이 황혜미
펴낸이 김중용

편 집 심성보·김인숙

펴낸곳 도서출판 정독
경기도 고양시 일산서구 하이파크로 113, 102-204
등록 제406-2014-000093호
전 화 031)924-7203 팩 스 031)935-0345
홈페이지 www.jeongdok.co.kr 이메일 admin@jeongdok.co.kr
ISBN 979-11-6858-381-8 93320

정 가 20,000원